The Reformation and Diakonia

종교개혁과
디아코니아

경제 윤리를 중심으로

서로북스

추천의 글

누군가와 한 공동체에서 함께 동역한다는 것은 큰 기쁨이고 영광입니다. 동역의 관계를 통해 새로운 것들을 배우고, 함께 성장하는 기쁨이 있기 때문입니다. 이동호 목사님과의 동역도 그렇습니다. 이동호 목사님이 책을 쓰셨다는 이야기를 들었습니다. 몇 년간 열심히 연구한 내용들을 우리 시대에 맞게 새롭게 정리한 책입니다. 저에게는 큰 감사이고 기쁨입니다. 교회 공동체서 신실하게 성도들을 섬기고 사랑하는 목회자로 동시에 치열하게 연구하는 신학자의 고민이 잘 어우러져 있는 책이였기 때문에 그렇습니다.

이동호 목사님은 광야와 같은 삶의 현실 속에서 묵묵히 말씀에 귀 기울이고 순종하며 주어진 삶을 성실하게 살아가시는 분입니다. 한 사람의 신학자로 하나님 앞에서 늘 신실하게 연구하고, 학업의 현장에서 최선을 다해 후학들을 지도하여 지혜와 지식을 나눌 뿐 아니라, 교회에서는 한명의 목회자로 한 영혼을 향한 안타까움과 긍휼의 마음을 가지고 최선을 다해 사랑하는 분입니다.

그러기에 저는 이동호 목사님의 글을 통해 현대 사회를 살아가는 그리스도인들과 교회를 향해 외치는 종교 개혁자들의 외침을 책 안에서 느낄 수 있었습니다. 세속화와 물질주의 속에서 세상의 빛과 소금으로 살아가야 할 우리의 삶의 길을 보이고 밝히고자 하는 이동호 목사님의 마음이 종교 개혁자들을 통한 글에 가득 담겨 있기 때문일 것입니다. 그래서 이 책을 이 시대를 고민하는 목회자와 섬김의 공동체를 기대하고 바라는 모든 이들에게 꼭 필요한 책으로 추천합니다.

이 책을 읽는 모든 분들에게 우리의 일상에 마주하는 많은 일들의 의미와 가치가 새롭게 다가오는 기쁨이 있기를 소망합니다. 또한, 진정한 행복이 어디에 있는지 발견하고, 하나님의 형상을 닮은 인간으로서 함께 살아가기 위해 필요한 윤리에 대한 정의가 다시 새롭게 세워지는 은혜가 있기를 기도합니다.

산성교회 담임목사 **지성업**

Contents

추천의 글 _2
머리말 _9

Part 1. Diakonia 공동체를 꿈꾸며 _13

    Ⅰ. 들어가는 말 _15

    Ⅱ. 함께 살아가는 공동체의식 "책임"과 "연민" 그리고 "자비" _17
        1. 책임
        2. 자비, 연민

    Ⅲ. 마태복음 포도원 비유를 통해 바라본 하나님의 정의와 공의 _23

    Ⅳ. 교회의 공적 책임의 표현으로서 디아코니아 _28

Part 2. 루터의 종교개혁과 디아코니아 _31

    Ⅰ. 루터의 디아코니아 신학 _33
        1. 십자가 신학과 영광의 신학
        2. 선행의 전제로서의 믿음
        3. 두 종류의 의
        4. 그리스도의 자유와 디아코니아

    Ⅱ. 루터의 소명론과 디아코니아 _50
        1. 직업과 디아코니아
        2. 소유와 디아코니아

III. 루터의 종교개혁에 나타난 디아코니아 실천과 근대복지국가 _56
    1. 루터의 국가 주도형 복지제도
    2. 루터의 디아코니아 실현 - 라이스니히 공동모금함 규정 Leisniger Kastenordnung
    3. 루터의 종교개혁과 디아코니아 사상이 현대복지 국가에 미친 영향

IV. 소결 _64

Part 3. 칼빈의 경제윤리와 디아코니아 _67

    I. 서론 _69

    II. 칼빈의 디아코니아 신학의 단초 _71

    III. 칼빈의 경제 윤리 안에 나타난 디아코니아 사상 _75
        1. 직업윤리와 노동윤리
            1.1 직업윤리
            1.2 노동윤리
        2. 부와 재산에 대한 칼빈의 디아코니아적 이해

    IV. 칼빈의 디아코니아 경제윤리의 현대적 적용 _90

    V. 사회복지 실천 - 종합 구빈원과 프랑스 기금 _96
        1. 종합 구빈원
        2. 프랑스 기금

    VI. 소결 _99

Part 4. 종교개혁자 츠빙글리와 디아코니아 _103

    Ⅰ. 들어가는 말 _105

    Ⅱ. 츠빙글리의 디아코니아 신학 _107
        1. 하나님의 정의와 인간의 정의 안에 나타난 디아코니아 신학
        2. 부와 소유에 대한 츠빙글리의 디아코니아적 이해
        3. 노동의 신성한 가치 – "스위스 연방에 대한 간곡한 경고"(1525)을 중심으로
        4. 이자와 십일조 개혁 - 누가 사회를 혼란스럽게 만들었는가?(1524)를 중심으로

    Ⅲ. 츠빙글리의 디아코니아 - 복지국가의 초석을 이루어 내다 _126

    Ⅳ. 나가는 말 _130

Part 5. 웨슬리의 사회성화와 디아코니아 _133

    Ⅰ. 들어가는 말 _135

    Ⅱ. 웨슬리의 디아코니아 경제윤리를 위한 초석 _137

    Ⅲ. 웨슬리의 디아코니아 경제윤리 사상 _142
        1. 청지기 경제윤리
        2. 직업윤리와 노동윤리

Contents

IV. 경제 윤리를 위한 존 웨슬리의 공헌 - 부의 윤리와 나눔의 윤리를 중심으로 _149

V. 최초로 노동조합을 만든 감리교회 _155

VI. 소결 _158

맺는말 _162
참고문헌 _172

머리말

현재 우리가 살아가는 사회에서 사람들에게 주목 받는 가장 큰 주제는 바로 경제문제와 관련된 모든 것이 아닐까 생각한다. 국가경제를 넘어서 세계경제문제는 지금 당장 개인의 가정경제를 넘어서 세계를 향한 국가의 힘을 의미한다고 볼 수 있기에 모든 사람들의 관심사라고 볼 수 있다. 점점 더 커져가는 일반소비 현상과 소수의 부유층의 상상을 초월하는 사치와 낭비, 가진 자와 없는 자로 대비되는 갑질 문제 그리고 점점 더 심화되는 양극화현상으로 인한 불평등은 우리 사회를 아프게만 하고 있다. 물질적 부와 재화의 불평등한 분배 상황과 가진 자와 그렇지 못한 자가 명확하게 구별되어 함께 공존하고 있는 사회 현실 게다가 각자 개개인의 노력과 능력에 의한 일의 성취 보다는 타고 나면서부터 얻게 되는 집안의 배경과 조건이 삶의 수준을 결정짓는 더 중요한 요인이 되어 버린 상황에서 디아코니아 섬김이라는 단어를 떠올리기는 참으로 어려운 사회이다. 세상이 공정하지 못하고 불평등한 사회 속에서 종교개혁자들이 주장한 디아코니아는 무엇을 이야기 하고 있는가? 불공평해 보이는 세상 그러나 종교개혁자들이 전해준 디아코니아 신학에서 보면 그것은 바로 디아코니아의 시작이요 실천의 장소였다.

I. 이 책의 1장에서는 종교개혁과 디아코니아 라는 주제를 다루기에 앞서 왜 디아코니아인가에 대하여 살펴보고자 한다. 특히 우리가 살아가는 사회에 개인주의적이고 이기적인 행동에 대한 비판과 성찰 그리고 우리가 가져야 할 공공의 선을 위한 윤리의식과 타자에 대한 올바른 이해관계를 살펴볼 것이다. 우리는 의무나 당위에 따라 나타나는 행위보다는 타자를 위한 책임과 배려의 윤리가 필요한 시대에 살아가고 있다. 나의 이웃의 삶을 이해하고 그들의 삶을 배려하는 디아코니아 윤리 의식은 현 시대를 살아가는 우리에게 무엇보다 필요한 가치이다. 우리는 함께 살아가는 사회

공동체를 위해 우리는 무엇을 해야만 한다는 당위성과 타인에 대한 시선과 부담감을 넘어서 자의에 의한 공공의 선에 부합되는 윤리의식을 가져야만 한다. 무엇보다도 책임, 연민, 연대 그리고 섬김을 기반으로 한 공동체 윤리가 필요하다. 이 책의 1장에서는 자기 본연의 이기주의에서 벗어나 함께 살아가는 공공의 선을 목적으로 하는 공동체 윤리가 무엇인지 살펴보았다.

II. 이 책의 2장에서 나는 종교개혁이 단순한 교회의 정체성을 회복하기 위한 교회내적인 개혁이 아니라 교회를 넘어서 사회구조 개혁을 위해 특히 섬김과 봉사라는 활동 영역 안에서 복지개혁의 틀을 이루어 냈음을 확인했다. 16세기 초반 유럽에서 동시다발적으로 일어난 종교개혁은 교회내적으로는 직제와 예배의 개혁으로 이어지고 사회적으로는 복지국가의 틀을 형성하는 촉매제의 역할을 했다. 종교개혁의 새로운 흐름에 늘 함께 했던 주제가 바로 "디아코니아"와 관련된 문제였다. 나는 이곳에서 "루터의 종교개혁과 디아코니아"라는 주제 아래 첫째, 종교개혁자 마르틴 루터의 신학적인 핵심주제인 칭의론을 중심으로 루터의 신학적 사상 안에 나타난 디아코니아 사상은 무엇이었는지 살펴보았다. 두 번째 루터의 사회 - 경제적 윤리 관점에서 루터의 소명론 안에서 이해되고 있는 노동, 직업, 예배 그리고 섬김이라는 주제들이 디아코니아와 관련하여 어떻게 이해되고 있는지 알아보았다. 세 번째 디아코니아의 실천적 영역으로 마르틴 루터의 종교개혁과 디아코니아 사상이 현대 복지 국가에 어떤 영향력을 부여했는지 대해 알아보았다.

III. 이 책 제 3장에서 나는 제1장과 제2장에 이어 칼빈의 경제윤리와 디아코니아라는 주제 아래 종교개혁의 산물인 디아코니아 경제윤리를 다루었다. 세상이 공정하지 못하고 불평등한 사회 속에서 칼빈의 디아코니아는 무엇을 이야기 하고 있는가? 이 곳에서는 크게 세 가지 주제 아래 칼빈의 경제윤리 속에 나타난 디아코니아 사상에 대해 논의 하였다. 첫째 칼빈의 경제윤리의 신학적인 배경이 되는 하나님의 절대주권과 자아부정이라는 가르침과 둘째 사회 경제 윤리와 관련된 칼빈의 다양한 주제에 대한 그의 디아코니아적 견해를 제시한 다음 마지막으로 칼빈의 사회경제 윤리적인 디아코니아 신학이 현대를 살아가는 우리에게 어떤 의미와 가르침을 전하고 있는지에 대해 살펴보았다.

   Ⅳ. 이 책 4장에서는 취리히의 종교개혁자 츠빙글리의 디아코니아 신학에 대하여 고찰해 보았다. 츠빙글리의 디아코니아 신학은 하나님의 절대적인 주권과 은혜 그리고 하나님의 정의 안에서 발견된다. 나는 무엇보다도 먼저 츠빙글리의 논문 "하나님의 정의와 인간의 정의"라는 논문 안에 나타난 디아코니아 사상은 무엇이었는지 살펴보았다. 두 번째 츠빙글리의 사회-경제적 윤리 관점에서 부와 소유 그리고 노동이라는 주제들이 츠빙글리의 디아코니아와 어떤 연관성을 지니며 이해되고 있는지 살펴보았다. 마지막으로 종교개혁시대에 디아코니아 자선행위의 특징인 집중화, 평신도화 그리고 합리화가 츠빙글리 디아코니아 실천 안에 어떻게 이루어 졌는지 살펴보았다.

   Ⅴ. 5장에서는 존재 자체를 위협하며 물질적 만족을 최고의 가치로 삼아가는 물질주의에 빠져 살아가는 우리에게 웨슬리는 어떤 가르침을 주고 있는지 살펴보았다. 무엇보다도 경제의 위기와 물질로 경제의 위기와 물질로 고통당하는 이들이 여전히 우리 사회 안에서 신음하고 있는 이때에 더 많은 것을 소유하기를 꿈꾸기보다 디아코니아를 통한 나눔을 실천하고 축복된 공동체를 꿈꾸기 위해 웨슬리가 남겨둔 신앙의 유산은 무엇이 있는지를 이 책을 통하여 살펴보았다. 이 책을 통해 연구자는 첫째 웨슬리의 사회성화 신학에 담겨진 디아코니아 사상은 무엇이 있는지 살펴보았다. 두 번째 그의 경제윤리 특히 웨슬리의 직업 노동윤리에 나타난 디아코니아 사상을 살펴보았다. 마지막으로 웨슬리의 부의 윤리와 나눔의 윤리에 대해 살펴보면서 부의 소유와 사용에 대한 디아코니아 관점에 대해 논의하였다.

Part 1.
Diakonia 공동체를 꿈꾸며

"너는 이 세 사람 가운데서 누가 강도 만난
사람에게 이웃이 되어 주었다고 생각하느냐?"

그가 대답하였다. "자비를 베푼 사람입니다."
예수께서 그에게 말씀하셨다.
"가서, 너도 이와 같이 하여라."

누가복음 10:36-37

Part 1.
Diakonia 공동체를 꿈꾸며

I. 들어가는 말

꿈을 잃어 꽃이 꺾이는 시대이다. 모든 사람이 경쟁의 라이벌이 되고 다른 사람들은 언제든지 내 등에 칼을 꽂을 수 있는 존재들이라 여기며 서로를 신뢰하지 못하는 그런 세상이 되어 버린 것 같다. 함께 살아가는 연대 의식은 사라져 가며 모두가 경쟁의 대상이 되어버렸다. 사회는 계속 경쟁을 부축이고 그 경쟁을 통해 점수와 실적을 내어 능력을 인정받아야 한다고 이야기 한다. 경쟁에서 진 것은 오로지 개인의 능력 없음이요 개인 책임이다. 불행의 원인을 사회구조에서 찾지 못하고, 자신의 무능에서 찾는 사회, 그래서 결국 자신의 삶을 비관하여 자살을 선택하기도 하는 사회. 이런 비극이 현재 우리가 살아가는 사회이다.

모든 이들은 행복한 삶을 원하고 의미 있는 삶을 추구하며 살아가길 원한다. 그런데 이 행복추구라는 말이 현대를 살아가는 우리에게 무의미하게 다가온다. 하루하루의 삶이 생존하기도 벅찬 그런 삶인데 행복을 추구한다는 것이 사치스럽게 느껴질 때가 있다. 그러나 행복을 추구한다는 것은 모든 인간의 가장 중요한 목표이다. 물론 무엇이 나를 행복하게 만드는가의 내용은 각 개인이 지닌 인생관과 가치관에 따라 다를 수 있다. 그러나 분명한 것은 명품에 대한 집착, 일류에 대한 집착, 일확천금에 대한 집착, 부동산 투기에 대한 집착, 또는 각종 권력에 대한 집착이 우리에게 삶의 의미와 행복을 보장해 주는 것은 결코 아니라는 것이다. 행복의 추구는 사치가 아니라 인간의 권리다. 능력에 따라 누군가 위에 군림하여 이윤을 착취하고 갑질을 행하는 것이 행복이라고 이야기 하는 사람은 없다. 우리가 살아가는 사회는 함께 누리는 공적인 행복 차원이 사라져 가고 지극히 개인적이고 물질만능주의사회가 되어버렸다. 특히 능력주의가 개인의 실력과 업적 그리고 능력에 치부되다 보니 공공성은 사라지고 개인주의 차원이 더 깊이 드러나게 된다. 한나 아렌트는 사적 행복이 행복한 세계를 창조하기 위한 공적 관심으로 확대되지 않는다면, 결국 물질주의_{자본주의, 개인주의}에 함몰되어 이기적 개인만 양산할 것이라고 경고한다. 그녀는 "함께 하는 행복"이 바로 "자기 자신의 행복"으로 이어질 수 있다는 공적 행복을 주장하였다. 한나 아렌트는 "사생활 속에 은거하고 가정과 출세 문제에만 헌신하는 태도는 사적 이해관계가 제일이라고 믿는 부르주아 계급의 타락한 선물"이라고 비판한다.[1] 그녀는 타자를 생각하지 않고 개인의 행복과 안녕만 추구하는 사람은 결국 고립과 외로움에 빠져 오히려 더 불행해 질것이라고 경고한다. 그녀는 공적 영역에서 공적 자유를 가지고 공적 행복을 추구할 때 진정 행복한 삶을 실현 할 수 있다고 하였다. 그렇기에 우리는 공적인 행복이 무엇인지 왜 그것이 중요한지에 대해 생각해 보아야 한다.

    인간의 행복은 나와 너 즉 우리의 삶의 관계 속에서 나타난다. 우리가 각자 꿈꾸는 개인의 행복을 넘어 모두가 느끼고 공감할 수 있는 공적인 행복을 위해서는 나를 넘어 타인의 존재를 인정해야만 한다. 우리는 한 사람의 능력보다는 그 사람의 존엄함을 먼저 바라보아야 한다. 자신의 성공 앞에서 겸손할 줄 아는 사람 그리고 최선을 다한 패배 앞에 당당한 사람, 그러한 사람들이 서로 연결되고 합의를 이루어 낼 수 있을 때 사회를 지탱하는 힘이 될 것이다. 함께 오르려 하던 사다리에 누군가 떨어지려 할 때 손을 내밀어 줄 수 있는 사회를 만들어 나아가야 할 것이다. 나의 이웃을 지능과 교육, 직업과 권력으로 평가하는 것이 아니라 친절과 나눔, 공감과 아량, 인정과 섬김으로 대하게 된다면 인간의 존엄성이 마침내 그 온전한 의미를 되찾을 수 있게 될 것이다. 그로인해 능력의 잣대로 누군가를 평가하고, 누군가를 짓밟고 올라야 출세

---

1) Hannah Arendt, 『전체주의의 기원 2』 이진우 옮김(경기도: 한길사 2006), pp. 66-67.

할 수 있다는 생각에서 벗어나 함께 더불어 풍요로운 삶을 이끌기 위해 자기만의 특별한 역량을 발전시킬 기회를 균등하게 누리게 될 것이다. 우리에게 부여된 능력이라는 달란트가 하나님께서 부여해 주신 것이며 그것이 우리가 살아가는 공동체에 보탬이 되는 능력이 될 때 그리고 더 나아가 소외된 약자들의 삶에 이바지 될 수 있을 때 그것이 윤리적 의미를 지닐 수 있다.

II. 함께 살아가는 공동체의식 "책임"과 "연민" 그리고 "자비"

우리는 무엇보다도 "함께 살아감"에 대하여 적어도 두 가지 질문을 던져 보아야 한다. 첫째는 "누구"와 함께 살아가는가. 둘째, 함께 살아감에서 "살아감"은 어떤 의미를 던지는가? 이 질문 굉장히 단순한 질문처럼 보이지만 사실은 매우 의미심장한 질문이다. 왜냐하면 '나'의 삶과 행복은 '너'의 삶과 분리되어 질수 없기 때문이다. 그렇다면 다음과 같은 질문을 던져 볼 수 있다. 디아코니아 삶을 살아가기 위해 우리에게 가장 중요한 과제인 "함께 살아감"을 위해 우리에게 필요한 가치관과 윤리관은 무엇인가?

1. 책임

하나님의 형상으로 창조된 인간은 홀로 살아가는 존재가 아닌 나와 타자와의 관계 안에서 살아가는 존재이다.[2] 하나님의 형상으로 창조된 인간은 홀로 살아가는 존재가 아니라 함께 살아가는 존재로 창조되었다. 무엇보다도 인간은 창조된 후 하나님과 함께 거닐던 존재였다. 하나님은 그의 피조물인 인간을 홀로 두시지 않고 함께 걸으시고 동행하신 분이다. "함께 거닐다" 그렇다 인간은 홀로 걸어가는 존재가 아니라

---

2) Walter Brueggemann,『하나님, 이웃 제국 – 하나님의 신실하심과 공동선 창조』윤상필 옮김 (서울: 성서 유니온, 2020), 76-77.

'함께 거닐며 살아가는 존재'로 창조된 피조물이다. 특히 인간의 고유성은 그가 하나님의 상대자라는 관점에서 찾을 수 있다. 창세기 1장 28절에 하나님이 그들에게 복을 주시며 하신 축복의 말씀은 하나님이 그와 똑같은 형상인 인간에게 말을 건네며 그와 관계를 맺고자 한다는 것을 시사한다. 하나님은 인간을 창조하신 후 그의 피조물인 인간을 그의 상대자로 삼으셨다. 이것은 인간과 관계를 맺기 위한 하나님의 자유롭고 창조적인 행위이다.[3] 하나님과의 관계는 인간에게 덧붙여지는 어떤 것이 아니다. 하나님과의 관계에서 인간이 인간으로서 존재하게끔 인간은 그렇게 창조되었다.[4] 창세기 1장 27절에서 28절 전반부에 기록된 "하나님이 자기 형상 곧 하나님의 형상대로 사람을 창조하시되 남자와 여자를 창조하시고"의 말씀은 남자와 여자의 공동체 형성이 인간의 사회성의 근본 형식들 가운데 하나라는 점을 나타낸다. 하나님은 남자와 여자를 함께 결합시키셔서 지으셨다. 하나님은 고립된 상태에 있는 개인의 역사를 원하시는 않는다. 그분은 인간 공동체의 역사를 원하시는 분이시다.[5] 하나님의 피조물로서 인간은 하나님과의 관계 속에서, 하나님과 함께, 하나님을 위해서 살아야 할 책임적 존재인 동시에, 이웃과의 관계 속에서, 이웃과 함께, 이웃을 위하여 살아야 할 책임적 존재로 창조되었다.[6]

하나님께서 부여하신 인간의 책임의 의무는 하나님과 타자 앞에서 선 인간 실존의 본질이다.[7] 함께 살아가는 존재, 공동체성을 빼고 인간을 생각할 수는 없다. 우리 인간은 서로에 대해 상대자로서 존재한다. 바로 여기에 인간의 자기 정체성이 있다. 나는 너와 구별되지만, 나는 너와 대화하는 상대자이다.[8] 나의 정체성은 너의 정체성과 구별되지만 분리되어지지는 않는다. 우리 인간은 타자와 관계를 맺으며 함께 존재하고 함께 일하며 서로 의지하며 살아가는 존재이다. 하나님께 생명을 받은 인간은 살

---

3) 강원돈, 『인간과 노동』 (경기도: 민들레 책방, 2002), 27.
4) 앞의 책, 28.
5) Dietrich Bonhoeffer, *Sanctorum Communio*. Eine dogmatische Untersuchung zur Soziologie der Kirche, hg. v. J. von Soosten, DBW1 (Muechen: Chr. Kaiser Verlag, 1986), 52.
6) 김균진, 『조직신학 Ⅱ』 (서울: 연세대학교 출판부, 1987), 29.
7) 조영호, "포스트 휴먼의 기독교 윤리적 함의," 「기독교 사회윤리」 33(2015), 332.
8) 책임을 의미하는 독일어 Verantwortung이라는 단어 안에는 Antwort, 즉 응답, 대답이라는 의미를 내포하고 있다. 책임이라는 의미는 질문자와 응답자 사이의 관계를 전제한다. 책임이라는 것은 질문을 던질 수도 있고 더 나아가 대답할 수 있는 인간 존재의 표현이다.

아 있다는 것에 그치는 것이 아니라 타자와 관계 속에서 대화하며, 삶을 나누고, 사랑을 나누는 존재이다. 그것은 함께 울고 함께 웃는 즉 고통과 기쁨을 함께 나누는 것을 의미한다. 이 나눔의 근원은 바로 하나님께서 본질적으로 사랑이셨고 생명이셨기에 그의 형상으로 창조된 인간 역시 그에게 부여된 책임으로 나타나게 된다. 더 나아가 나와 너의 관계성이란 타자의 이익을 희구한다는 의미이다. 인간의 인간다움은 생물학적 유전적 완전함으로 완성되는 것이 아니다. 오히려 인간의 인간됨은 "관계, 사랑, 자유, 존재, 생명"에 놓여 있다고 말할 수 있을 것이다.[9]

우리가 누리는 삶이 하나님께서 인간에게 부여하신 선물임을 고백하는 모든 이들은 "~을 위한 책임"을 넘어서 "~ 앞에서의 책임" 즉 하나님 앞에서 책임적 존재로서 먼저는 하나님을 위한 사랑을 그리고 나아가 이웃을 위한 사랑을 자신의 책임적 과제[10]로 이해해야 한다. 하나님의 형상은 단지 인간의 능력이나 기능 혹은 그 이상의 의미로만 평가 되는 것이 아니라 타자와의 관계에서 어떤 존재로 서 있어야 하는지를 의미하는 것이다. 따라서 인간은 하나님의 형상의 인격성을 지닌 존재이기에, 하나님의 속성을 공유한 존재인 동시에 "주체적 자유"를 가진 존재이고, 하나님 형상의 관계성을 가졌기에 공동체를 이루고 "사랑의 사귐"안에 있는 존재이며, 그리고 하나님 형상의 기능성을 가졌기에 대리 통치자로서 세상에 보냄을 받은 존재이다.[11] 세상에 보냄을 받은 인간은 이제 책임적 존재로 살아간다. 인간이 책임적 존재로 살아간다는 것은 이웃과 세상에 대한 응답할 의무가 있다는 것이다. 책임은 양도 불가능한 것이다. 타인에 대한 책임을 누군가에게 양도하는 책임은 더 이상 책임이라고 이야기 할 수 없다.[12]

코로나 19 시대에 우리에게 비추어진 우리 소외되고 아픈 이웃의 모습은 동정이 아닌 사회적 책임이다. "나"라는 존재는 "너"와의 관계 속에서 묶여 있기에 "나"라는

---

9) 조영호, "포스트 휴먼의 기독교 윤리적 함의," 338.
10) 참고 Richard H. Niebuhr,『책임적 자아』정진홍 옮김 (서울: 한국장로교출판사, 2012), 117-120.
11) 이도영,『코로나 19 이후 시대와 한국 교회의 과제』(서울: 새물결플러스, 2020), 58.
12) Emmanuel Levinas,『우리 사이 – 타자에 관한 에세이』김성호 옮김 (서울: 그린비, 2019), 167.

존재는 이제 이웃에 대한 책임을 지니고 있는 존재가 된다.[13] 코로나 19로 인해 우리 주변에는 그 어느 때보다도 사회적 약자에 대한 배려와 섬김을 필요로 하고 있다. 비록 우리 모두가 사회적 약자들의 고통을 직접적으로 공유할 수는 없을 지라도 그들의 고통은 우리 공동체의 책임의 영역 안에 머물러 있어야 한다. 코로나 19 사태를 통해 접하게 되는 매일 매일의 뉴스는 우리의 얼굴에 미소를 사라지게 만들고 있다. 환한 미소를 머금는 것만큼 인간의 인간됨을 나타내는 것은 없다. 내가 사랑하는 사람, 좋아하는 사람, 마음을 움직이는 문학 작품, 선한 행위를 목격하고 그러한 경험의 주인공이 될 때 우리의 얼굴에는 미소가 번지게 된다. 그런데 점점 우리 얼굴에 미소가 사라지게 되고 있다. 더욱이 코로나 19로 인해 우리는 마스크 뒤로 미소를 더욱 깊숙이 감추고 숨기며 사라지게 하고 있다. 나와 너의 만남이 비대면으로 나타나고, 대면 사회가 비대면 사회로 계속 이어져 가면서 우리는 지금까지 "너" 즉 "나의 이웃"의 소중함에 대한 이해에서 점점 멀어지고 있는 상황이 되어버리고 말았다. 우리는 타자의 얼굴에 책임을 지고 응답할 수 있는 주체가 되어야 한다. 코로나 19 사태로 인해 주변에서 보이는 창백한 얼굴은 나와 우리사회의 책임을 수반한다.[14] 나와 너 사이의 관계는 타자에 대한 무관심이 아니라 타자에 대한 책임에 있다.[15] 비록 우리가 나의 고통을 타자와 함께 공유 할 수 없으며, 타자의 고통은 쓸모없는 것이라고 할지라도, 타자 즉 나의 이웃의 고통은 공동체 책임의 영역 안에서 나와 분리 되어 질 수 있는 문제가 아니다. 고통의 상호성은 나와 이웃의 연대를 가능하게 한다.[16] 얼굴로서 나타나는 타인은 아무런 의존함 없이 얼굴 그 자체로서 윤리적 호소를 요청한다. 타자는 자기 의지와 상관없이 자신의 존재를 드러내고, 자신의 처지를 보여주는 것으로서 우리는 윤리적 책임으로 응답해야 한다. 우리가 타자에 대한 윤리적 응답은 추론에 의한 것이 아니다. 코로나 19 시대에 필요한 윤리는 타자에 대한 배려의 윤리와 상호간의 책임윤리이다.[17]

---

13) 박원빈, 『레비나스와 기독교』 (서울: 북코리아, 2010), 75.
14) 성신형, 『틸리히와 레비나스의 윤리적 대화』 (서울: 한들출판사, 2018), 63.
15) 박원빈, 『레비나스와 기독교』 82.
16) 앞의 책, 84-85.
17) 김광연, "포스트코로나와 공동체 윤리-타자의 윤리와 배려의 윤리를 중심으로," 「기독교사회윤리」 49(2021), 9~38.

2. 자비, 연민

본래 공동체를 뜻하는 Community는 "함께"라는 "com"과 "선물"이라는 "munus"가 모인 합성어 이다. 공동체란 "서로에게 선물이 되어 주는 모임"이라는 의미를 지니고 있다.[18] 서로에게 선물이 되어 "함께 살아감"에 그 무엇보다도 필요한 것은 바로 자비와 연민이다. 연민은 라틴어 "cum"과 "patior"의 합성어로서 영어로는 'to suffer with' 즉, '누군가의 고통에 함께하다'라는 의미를 가진다.[19] 즉 연민이란 나의 삶이 너의 삶 즉 우리 이웃의 삶과 분리되어 질 수 없으며, 우리 이웃의 고통에 함께 하는 것이 바로 나의 고통에 우리 이웃이 함께함을 나타내기도 한다. 이 연민은 동정과는 구분된다. 고통에 처한 우리 이웃을 불쌍히 여기는 마음은 무엇보다도 중요하다. 그러나 동정하는 사람과 동정 받는 사람 사이의 어떠한 차별과 윤리적 위계는 존재할 수 없다. 도움을 필요로 하는 사람과 도움을 주는 사람의 우월성과 열등성은 존재해서는 안 된다. 도움을 필요로 하는 자에게 도움을 주는 것 그것은 함께 살아감과 함께 고통 하는 것 이외에 그 어떤 것도 필요로 하지 않는다.

성경에 예수께서 비유로 이야기 하신 선한 사마리아 이야기는 자비와 연민에 대한 의미를 우리에게 가르쳐 주고 있다. 일반적으로 우리가 알고 있는 선한 사마리아 이야기는 이름 없는 한 사마리아인의 선행에 초점이 맞추어져 있다. 유대인에게 인정받지 못했던 사마리아인이 한 강도 만난자의 이웃으로 선행과 호의를 베푸는 것이 이 비유의 핵심적인 내용 가운데 하나이기는 하다. 그러나 이 비유의 출발과 결과는 너무나도 큰 차이를 나타내고 있다. 한 율법학자는 자기의 우월성을 나타내기 위해 "나의 이웃이 누구입니까?"라고 예수께 질문을 한다.눅 10:29 율법학자의 질문을 따라서 생각하게 되면 나의 이웃은 강도 만나 고통 속에 울부짖었던 그 사람이다. 그러나 이 대답은 내가 나의 이웃이 누구인지를 결정하는 주체라는 결과에 도달하게 된다.

---

18) 송용원,『하나님의 공동선』(서울: 성서유니온, 2020), 8.
19) 오현선, "하나님의 연민과 인간의 연대 : 지역공동체와 기독교여성교육,"「기독교교육논총」47(2016), 195.

율법학자의 질문은 "내가 주체"가 되는 사고를 우리에게 보여준다. 예수께서는 이런 "나 중심의 사고방식"을 거꾸로 뒤집어 놓으셨다. "누가 강도 만난 자의 이웃이 되겠느냐?" 예수께서 하신 질문은 강도 만난 자가 자신의 이웃이 누구인지를 결정하는 주체가 된다. 율법학자의 대답은 결국 자비를 베푼 사마리아인이었다. 나의 이웃의 고통에 함께 하는 것 즉 연민은 나의 명예와 이상을 실현하려는 목적이 아니라, 지금 아파하는 자들과 고통당하는 자들에 관한 것이다. 고통당하는 자들, 아파하는 자들 그들이 바로 우리를 바라보고 우리가 그들의 이웃이 맞는지 결정할 것이다. 연민이란 우리가 아파하는 자들, 고난당하는 자들이 주체가 된 그곳에 초청되어 들어가 그들과 함께 하는 것을 의미한다.

물질 만능주의와 능력주의 그리고 지극히 개인중심사회에 살아가고 있는 우리에게 나의 이웃을 위한 배려 그리고 돌봄이 그 무엇보다도 이 시대에 우리는 나의 이웃을 위한 배려 그리고 돌봄이 그 무엇보다도 필요하다. 우리는 타자, 즉 나의 이웃을 생각하고 잘못된 이기주의와 혐오로부터 벗어나 함께 살아감의 의미를 되새겨야 할 것이다. 타인의 얼굴에 비추인 아픔과 슬픔은 지금 나의 책임을 요구한다. 선한 사마리아인은 그의 도움을 필요로 하는 자의 이웃이 되어주었다. 내가 주체가 되는 사고방식은 우리를 동정으로 이끌어 가지만, 도움이 필요한 이웃이 주체가 된다면 그곳에는 정의, 평등, 배려 그리고 상호 의존성의 가치가 등장하게 된다. 연민은 공감 즉 "함께 고통함"[20]의 의미로서 단지 타인의 아픔과 슬픔을 수동적인 입장에서 느끼는 것에 그치는 것이 아니라 아픔과 슬픔의 근원을 찾고 없애기 위한 적극적인 개입을 하게 하는 원동력이 된다. 더 나아가 연민과 연대는 분리 불가능하다. 진정한 연민은 우리 가족, 같은 종교, 우리 민족과 국가라는 경계선을 넘어서는 것이다. 한 울타리 안의 동질성의 연대를 넘어서 서로 다름을 인정하고 연대하는 것으로 이어지는 것이 진정한 연대이다.

---

20) "함께 고통함"이라는 의미는 공감이라는 의미로 대신 할 수 있을 것이다. "공감"은 독일어로 "Einfühlung"인 "~속으로 들어가서 느끼다"라는 의미를 지니고 있다. 고통을 분담한다, 나눈다는 의미는 자각하는 것이 아니라 타인의 입장에 능동적인 자세로 받아들이고 적극적으로 개입하는 의미를 지닌다고 이야기 할 수 있다. 타인의 고통이 나의 고통으로 인식하면서 느끼는 것이 공감을 위한 필수 조건이다. 곧 타자의 아픔이 나의 아픔이 되어야 하는 것이다.

Ⅲ. 마태복음 포도원 비유를 통해 바라본 하나님의 정의와 공의

최근 한국 사회에서 다시금 화두가 되는 주제는 "공정"과 "능력주의"이다.[21] 능력주의만큼 공정한 것은 없어 보였다. 혈연이나 성별, 가문과 같은 귀속적 요인이 지배하던 전통사회와는 달리 현대사회는 주로 개인의 역량과 노력에 따라 계층적 지위가 정해지는 사회이다. 사회적 지위의 획득에 성취적 요인이 결정적 영향을 미친다고 해서 오늘날의 사회는 흔히 능력주의 사회라고 불린다. 한 사람의 출신과 관계없이 그 사람의 객관적 능력에 걸맞은 경제적 대가와 사회적 인정을 받는 것이 당연하다고 생각하는 사회이다.[22] 누구나 자신의 능력만큼 노력하여 그 결과물을 얻으면 모두가 공평하고 평등하다고 생각하였다. 그러나 "능력주의"가 다시금 관심의 대상이 된 이유는 모두가 자신이 흘리는 공정한 땀방울의 보상을 받을 수 있을 것이라는 생각을 모두 무너뜨려버렸기 때문이다. 그것도 능력주의가 평등이 아니라 오히려 세상에 다시 불평등을 불러일으키고 있다. 다시 말해 능력주의가 표방해 온 "기회의 평등"과 "능력과 노력에 따른 공정한 보상"이라는 믿음들이 흔들리고 있다. 모든 이들이 함께 잘 살아가는데 요청되어지는 공동선이 무너져 가고 있다.

능력주의는 능력에 따른 지배merti/cracy를 의미하지만, 실제로는 능력과 노력에 따른 응분의 보상체계라는 의미로 사용되고 있다. 능력이 우월할수록 더 많은 몫을 가지고 능력이 열등할수록 더 적은 몫을 가지는 것은 당연시 되곤 한다. 가령 능력이 열등한 이가 능력이 우월한 이와 같은 몫을 가진다면, 그것은 사회 전체의 생산성을 저해하는 비효율이자 부정의한 사태로 강하게 비난을 받게 된다.[23] 능력주의의 더 큰 문제는 불평등을 당연시함으로써 또다시 불평등을 재생산한다는 것이다. 능력주의의 핵심 기능은 불평등이라는 사회구조적인 모순을 온전히 개인의 문제로 돌리는 것이다. 더구나 능력주의는 도덕적으로 좋지 못한 태도를 초래한다. 왜냐하면 능력

---

21) 능력주의라는 용어가 처음 나타난 것은 1958년 영국의 사회학자 마이클 영이 "The Rise of Meritocracy"하는 일종의 공상 사회학 소설을 발표하면서 처음 쓰기 시작한 개념이다. 마이클 영은 외견상 합리적이며 공정해 보이는 능력주의 시스템이 오히려 우리에게 불평등과 차별을 불러오게 되었음을 비판하며 경고한다. Michael Young,『능력주의』유강은 옮김, (서울: 이매진, 2004), 13-14.
22) 강남순,『질문 빈곤 사회』(파주: 행성비, 2021), 156-157.
23) 박권일,『한국의 능력주의』(서울: 이데아, 2014), 8-9.

주의는 승자를 "오만"으로, 패자를 "굴욕"과 "원한"의 감정으로 몰아가기 때문이다.[24] "오만"은 영어 "hubris"나 "arrogance"를 번역한 단어이다. 특히 "hubris"는 히브리어 hybris에서 유래된 말로, 고대로부터 "몫의 침해"를 뜻하는 말이었다.[25] 나의 몫을 초과하여 타자의 몫을 침해하는 태도가 "오만"이다. 타자의 몫을 침해할 만큼 오만한 자는 타자를 깔보고 업신여긴다. 그래서 히브리어에서 유래된 이 오만이라는 "hubris"는 정당한 몫의 분배라는 정의관과 밀접한 연관을 지니고 있다. "오만하다"는 것은 승자가 패자에 대해 느끼는 단순히 주관적 감정만이 아니다. 오만이라는 감정을 표출하는 자는 이미 어떤 식으로든 "타인의 몫"을 침해하여 "정의롭지 못하다"고 할 수 있다. 그래서 고대부터 오만에는 항상 "응분의 대가"가 따른다고 보았고 이 과정이 "정의의 회복 과정"이라고 보았다. 그런데 이 승자의 "오만"에 대응하는 패자의 감정태도도 윤리적으로 문제가 된다. 왜냐하면 그 감정이 "원한"으로 나타나기 때문이다. "원한"은 영어로는 "resentment"이다. 그런데 주의할 점은 이것이 단순히 화가 난 감정 상태를 의미하지 않는다는 것이다. 프랑스어 "르상티망 ressentiment"은 외부로 발산되어 버리고 마는 단순한 분노가 아니라 앙갚음 복수을 하고 싶은 타자와의 관계에서 발생하는 감정태도다. 어떤 것에 원한을 느낀다는 것은, 어떤 것에 대한 분노가 내면에 사무치고 한처럼 응어리진다는 것이다. "능력의 폭정"과 관련해 볼 때, 이 "원한"은 현실에서 성공한 강자에 대해 실패한 약자가 그 강자의 성공을 정당하지 않은 것, 선하지 않은 것으로 간주하면서 동시에 패자 스스로는 강자가 될 수 없는 허약함을 내면화하는 과정에서 느끼는 "자책", 즉 "자기 뉘우침과 나무람"이다. 그래서 원한은 스스로가 억눌리고 업신 당한다는 느낌, "굴욕"을 동반한다. 원한은 분노보다 훨씬 더 지속적이며 치명적이고 적대적이며, 평소에는 드러나지 않고 은폐되어 있다가 어떤 순간에 폭발하는 잠재적 힘을 지닌다.[26] 어떤 사람은 자신의 실력이 뛰어나서 성공했다는 이유로 오만하고, 반대로 다른 사람들은 실패했다는 이유로 원한의 감정을 가지게 된다면, "겸손"은 사라지며 우리가 "공동 운명"을 함께 한다는 생각과

---

24) Michael J. Sandel, 『공정하다는 착각: 능력주의는 모두에게 같은 기회를 제공하는가』, 함규진 옮김 53.
25) 서정혁, 『공정하다는 착각의 이유, 원래는 능력의 폭정』, (서울: 커뮤니케이션북스, 2022), 85.
26) 위의 책, 86-87.

사회적 연대감은 약화될 수밖에 없다.

능력주의는 사회 구성원들 사이의 일정한 평등을 전제한다. 그러나 그 평등은 정당한 차별을 인정하는 평등이다. 능력주의는 구성원들의 서로 다른 기여를 다르게 보상하려고 한다. 즉 능력주의는 분배 정의를 실현하는 수단 중 하나이다. 특히 "기회의 배분"은 누구에게나 공정한 출발선을 열어주는 가장 중요하고 소중한 것이다. 이 능력주의 평등의 이념에 큰 영향을 끼친 인물은 아리스토텔레스 Aristoteles, BC 385-323 이다. 그는 정의의 본질이 평등이라고 주장하면서, 정의를 '동등평등'과 '~에 비례하는 평등'으로 구분했다. 그는 "당사자들이 동등함에도 동등하지 않은 몫을, 혹은 동등하지 않은 사람들이 동등한 몫을 분배 받아 가지게 되면, 바로 그곳에서 싸움과 불평이 생겨난다."고 이야기 한다.[27] 아리스토텔레스는 공정함과 정의를 무차별적이거나 획일적인 평등으로 정의 내리고 있지는 않다. 그는 가치가 동일한 사람들에게는 동일한 몫을 동등성 분배하고, 그렇지 않은 사람들에게는 그 다름에 따라 분배하는 것 비례평등이 정의롭다고 이야기 한다. 곧 가치에 비례하는 평등이 정의이다. 다시 말해 그가 말하는 분배정의란 무차별적인 평등이 아니라, 가치나 기여에 따른 차등 분배, 곧 공직, 부, 권력 등을 각자의 기여도에 따라 다르게 분배하는 것이었다. "분배 정의"는 각 개인의 능력이나 사회에 기여한 정도에 따라서 대우 받아야 한다는 가치로 사회·경제적인 측면에 적용되고 있다. 그러나 아리스토텔레스가 말하는 공정성은 사회적으로 이미 규정된 차이, 곧 출생 성분, 소유 재산, 개인의 역량과 관련한 차이를 전제한 것이었다.[28] 그는 사회 계층구조를 아테네의 시민, 야만인 그리고 노예로 구분하였다. 그가 생각한 공정성이란 아테네 시민이 야만인 보다 더 많은 권리를 그리고 야만인은 노예보다 더 많은 권리를 가져야 한다는 것이었다. 그는 이것을 증명하기 위해 이성을 내세운다. 즉 아테네 시민은 야만인보다 더 큰 이성을 가지고 있고, 야만인은 노예보다 더 큰 이성을 가지고 있다고 생각한 것이다. 결국 아리스토텔레스가 내세우

---

27) Aristoteles, 『니코마코스 윤리학』 이창우 김재홍 강상진 옮김 (서울: 이제이 북스, 2008), 20-25.
28) Konrad Paul Liessmann, Elisabeth Holzleithner, 『정의 *Gerechtigkeit*』 서정일 옮김 (서울: 이론과 실천, 2014), 31-32.

는 정의란 질서유지이다. 그의 정의론은 사회 안전과 통합에 순응하는 자에게는 보상을, 위반하는 자에게는 형벌을 내리는 체제를 의미한다.[29]

그러나 이와는 다르게 성경은 "배분정의"보다는 "회복적 정의", "공공선"에 더 많은 관심을 두고 있다. 구약성서 아모스, 이사야, 예레미야 같은 예언서들은 "정의와 공의"를 하나의 선으로 바라보며, 공평한 배분만이 아니라, 사회적 약자에 대한 배려하는 "회복적 정의"를 "공의" 개념으로 포함시켜 이야기 한다. 특히 마태복음 20장에 나오는 "포도원 주인과 날품팔이" 이야기는 하나님의 정의와 공의가 무엇인지 이야기 해주는 대표적인 말씀이다. 이 말씀은 하루가 시작하는 아침 일찍부터 와서 하루 종일 일을 한 품꾼들과 저녁 늦게 와서 겨우 한 시간을 일한 품꾼들에게 같은 하루의 품 삯, 한 데나리온을 지급한 어느 포도원 주인 이야기이다. 하루 종일 일한 품꾼들은 계약 조건과 달리 자신이 더 많은 일을 했기에 더 받을 것이라는 즉 차등 분배를 적용할 것이라는 기대감에 들떠 있었다. 그러나 포도원 주인이 자신의 기대대로 임금을 지급하지 않자 그들은 항의 한다. 포도원 주인은 "일한 시간"에 따른 차등 분배에 의한 보상이 아니라 늦게 온 품꾼의 "필요"를 보상의 준거로 삼았다. 포도원 주인은 능력에 따른 분배가 아니라 필요에 따른 분배를 강조한다. 즉 성과나 기여에 대한 보상이 아니라 능력이나 자격의 유무에 상관없이 결핍되거나 사회적으로 더 필요한 이에게 사회적 가치를 분배하는 원리를 준거로 삼아 보상하였다. 그러나 먼저 와서 일을 했던 품꾼들은 주인에게 일한 시간만큼 분배가 이루어져야 공정하다고 항의했다. 아마 오늘날에도 대부분의 사람들이 그렇게 따질 것이다. 능력주의는 바로 이런 품꾼들의 생각에 닿아 있다. 일한 시간에 따른 차등적 분배가 공정하다는 것이다.[30] 그러나 포도원 주인의 관심은 모든 품꾼들의 기본적 생존권의 보장과 필요에 있었다. 예수님의 비유의 말씀에는 처음 온자와 나중에 온자의 품삯이 동일하다. 차등적 분배와 기회의 평등을 이야기 하는 사람들에게 이 예수님의 비유는 조건

---

29) 앞의 책, 148.
30) 장은주, 『공정의 배신 - 능력주의에 갇힌 한국의 공정』 (서울: 피어나, 2021), 73.

의 평등을 이야기 한다.

 조건의 평등이란 막대한 부를 쌓아가거나 사회적으로 인정받는 높은 자리에 앉지 못한 사람들도 존중받고 존엄한 그들의 삶을 영위할 수 있도록 하는 것이다. 그것은 사회적 존경을 받는 일에서 역량을 계발하고 발휘하며 널리 보급된 학습 문화를 공유하고 동료시민들과 공적 문제에 대해 숙의하는 것 등으로 이루어진다.[31] 기본소득이야말로 조건의 평등을 실현시킬 가장 좋은 예가 될 수 있다. 기본소득이 정당한 이유는 공유자원은 모두의 것이며, 협업에 대한 보상이며, 자유의 필수 수단인 동시에 주권 실현의 필수조건이기 때문이다. 기본소득이야말로 포도원 주인의 비유에 나타난 '조건의 평등' 정신을 실현하는 매우 좋은 정책이라 할 수 있다.[32] 포도원 주인이 무엇보다도 가치 있게 생각한 것은 "한 데나리온"이라는 임금도 아니요, "노동 시간"도 아니었다. 바로 인간 그 존엄함에 있었다. 오늘도 공쳤다는 허탈함과 좌절감을 안고 종일 염려하며 기다리는 아내와 배고픈 자식들이 있는 집으로 빈손으로 돌아가야 할 품꾼들에게도 하루 품삯을 주어, 생존권을 보장하는 것, 그것이 하나님의 자비이고, 하나님의 공의이다. 특히 이 비유는 질문으로 끝이 나고 있다는 것에 주목해야 한다. 포도원 주인은 항의하는 품꾼들에게 "내 것을 가지고 내 뜻대로 할 것이 아니냐 내가 선하므로 네가 악하게 보느냐마 20:15"고 반문 한다. 이 질문은 포도원 주인의 질문이자, 동시에 예수가 이 이야기를 듣고 있는 청중에게 그리고 오늘을 살아가는 우리에게 남긴 물음이다. 사회적 약자들의 생존권을 보장하고, 그들의 삶을 보장하고 살리고자 하시는 하나님의 정의가 불편해 보이냐는 물음이다. 이 물음을 통해 예수는 청중들에게 경쟁과 차별의 구조 위에 세워진 경제 질서로부터 변두리로 밀려난 사회적 약자들을 선하시고 자비로운 하나님의 시선으로 그리고 그분의 정의로 바라 볼 것인지, 아니면 사회 경제 구조 안에 나타난 경쟁 구조로 볼 것인지 청중에게 선택하게 하신 것이다. 이 말씀의 주제는 하나님 나라의 속성이다. 그것은 노동과 임금으로 나

---

31) Michael J. Sandel,『공정하다는 착각: 능력주의는 모두에게 같은 기회를 제공하는가』, 함규진 옮김 348-349.
32) 오준호,『기본소득이 세상을 바꾼다』(고양시: 개마고원 2017), 145.

타났다. 하나님 나라에서 이루어지는 하나님의 정의는 사람들을 살피시고 살아가게 하는 정의이다. 하나님의 정의는 단순한 형평성에 근거한 응보적 정의도 아니요 배분적 정의도 아닌 한 인간을 살리는 정의다. 한 인간의 존엄함을 살피시는 정의이다. 하나님 나라의 경제적 정의는 이윤을 최대화하는 것이 목적이 아니라 그 나라 백성들의 생명을 살리려는 것이 목적이다.[33]

IV. 교회의 공적 책임의 표현으로서 디아코니아

사회적 연대를 위한 교회 공동체의 공공성과 공동선의 문제를 다룸에 있어서 꼭 집고 넘어가야 하는 것은 그리스도인의 정체성과 교회 정체성이다. 교회의 공공성과 공동선을 위한 공적인 책임은 다양한 시선과 방향으로 나타날 수 있다. 하지만 그 방향성은 언제나 사랑과 섬김에 기반 한 그리스도인의 정체성 그리고 교회의 정체성과 연결되어 있어야 한다. 마르틴 루터는 그의 논문 그리스도인의 자유를 통하여 그리스도인의 정체성에 대해 분명하게 이야기 한다. "그리스도인은 모든 만물의 위에 자유로운 주인이며 그 누구에게도 종속되지 않는다." "그리스도인은 모든 만물을 섬기는 종이며 모든 이에게 종속된다."[34] 이 역설적인 대명제를 통하여 우리 그리스도인의 정체성은 분명해 진다. 복음이 우리를 죄와 죽음으로부터 자유하게 했고, 이 복음을 통하여 자유함을 누리는 우리는 이제 우리 이웃에게 다가가 그들을 섬기는 자로 서 있어야 한다. 예수 그리스도와 하나 됨을 통하여 이루어 낸 그리스도인의 자유란 하나님의 주권과 통치가 교회라는 울타리를 넘어서 세상 속에서 나타나는 디아코니아적 자유이다.

교회의 공적 책임은 그리스도 공동체 안에 뿌리를 두고 있는 섬김 즉 디아코니아

---

33) 김판임, "예수의 비유를 통해서 본 하나님의 정의," 「신학사상」 162 (2013), 50-51.
34) WA 7, 21.

를 통해서 이루어 질 수 있다. 그리스도인의 섬김으로 표현되는 디아코니아Diakoina는 복음선포Kerygma, 가르침Didake, 교제Koinonia 더불어 교회의 중요한 정체성 가운데 하나이다. 몰트만은 교회의 정체성인 디아코니아를 인간 안의, 인간 사이의, 인간과 하나님 사이의 장애물을 극복하고 제거하는 일을 실천하는 것으로 이해한다. 특히 그는 하나님 나라 안에서의 디아코니아 이해는 화해의 실제적인 사역으로 이해한다. 모든 나누어지는 것이 다시 자리를 잡고 평화가 다툼 안에 자리 잡게 되는 것 그것이 바로 디아코니아 임을 강조한다.[35] 교회 공동체의 정체성은 예수 그리스도 중심의 디아코니아 섬김의 가치 전환을 가지고 사회적으로 "함께 – 살아감"을 책임지는 공동체이다.[36]

예수와 함께 하는 공동체는 우리를 사랑과 섬김 안으로 우리를 인도한다. 십자가 아래 있는 디아코니아란 고난을 나누고, 고난을 수용하고 고난을 넘겨받는다. 교회 공동체는 섬김과 나눔 그리고 화해로서 부름을 받은 공동체이다. 교회 공동체는 자신의 공동체에 속한 고난당하는 사람에게만 관여하는 것이 아니라, 모든 곳에서 고난당하는 사람들에게도 관여하는 것이다. 그것은 창조를 위한 책임적인 윤리 의식이 실천됨으로써, 이 땅의 가난한 자들, 소외당하는 자들, 사회적 약자들의 편이 되어주고 돌보아주고, 인간 공동체 안에서 정의와 평화를 위한 모든 수고에 참여하는 일을 실현하는 것이다.[37] 함께 살아가는 공동체를 위한 치료제가 있는데 그것은 바로 아파하는 공동체를 치료하는 능력을 스스로 깨우는 것이다. 우리는 "치료 받아야 할 사회"를 꿈꾸는 것이 아니라, 단지 이 무관심하고 낙심하는 세계에 돌입하는 치료의 능력을 찾아가고 있다.

---

35) Jürgen Moltmann, *Diakonie im Horizont des Reiches Gottes*, studienbuch Diakonik. band 1. (Neukirchen-Vluyn: Neukirchener Verlag, 2006), 328-329.
36) 김옥순 "파울 필리피의 그리스도 중심 디아코니아 신학에 관한 연구,"「신학과 실천」26(2011), 300.
37) Martin Robra, *koinonia – Diakonia*. Schlüsselbegriffe ökumenischer Diakonie, studienbuch Diakonik. band 1. (Neukirchen-Vluyn: Neukirchener Verlag, 2006), 358-359.521 오준호,『기본소득이 세상을 바꾼다』(고양: 개마고원 2017), 145.

The Reformation and Diakonia

Part 2.
루터의 종교개혁과 디아코니아

하나님의 의가 복음 속에 나타납니다.
이 일은 오로지 믿음에 근거하여 일어납니다.
이것은 성경에 기록한 바
"의인은 믿음으로 살 것이다"
한 것과 같습니다.

로마서 1:17

좋은 나무는 좋은 열매를 맺고,
나쁜 나무는 나쁜 열매를 맺는다.

좋은 나무가 나쁜 열매를 맺을 수 없고,
나쁜 나무가 좋은 열매를 맺을 수 없다.

마태복음 7:17-18

Part 2.
루터의 종교개혁과 디아코니아

I. 루터의 디아코니아 신학

1517년 마르틴 루터의 95개 테제의 발표로 촉발된 종교개혁은 단순히 성 베드로 성당의 건축비 마련을 위한 면죄부 판매에 대한 도전만은 아니었다. 루터를 비롯한 종교개혁자들의 도전은 이미 천년동안 지속되어 온 죄장소멸로 인한 시혜적 자선 사상의 만연에 대한 도전이었고, 절대적 부에 편승하여 타락의 나락을 달리는 수도원에 대한 도전이었으며, 수도원의 무분별하고 무책임하게 그리고 무차별적으로 실시하는 자선에 대한 강력한 반발이었다. 더 나아가 노동하지 않고 걸식하는 수도승과 걸식자들에 대한 거룩한 비판이었다.[38] 종교개혁은 카톨릭 교회의 노동윤리로 인해 더욱 심해진 빈부 간의 격차, 즉 부자들, 점점 타락한 교회와 대다수의 상대적으로 가난한 민중 간의 격차에 대해 반발하면서 나타난 것이다.[39] 교회는 모든 이웃을 배려해야 한다는 그들의 사명을 점점 외면했다. 교회의 재산은 가난한 자들을 돌보는 일 보다는 교회와 수도원을 짓고 그곳에 필요한 성만찬 상, 성문, 교회의 종, 오르간 그림, 그리고 많은 성상을 만드는 일에 주로 사용되었다.[40] 또한 성직자들의 관심은 오직 보다 높은 성직에 오르기 위한 매관매직에 관심이 있었고, 족벌주의를 마다하지 않았다. 그들은 이웃에 관심을 기울이기 보다는 안락하고 정치적으로 영향력 있는 자리를 추구하고자 했으며 이를 위해 가난한 자들의 세금을 통해 얻어진 돈을 자신의 이익을 위해 사용하였다.

종교개혁 신학의 중심이 되는 칭의론은 로마카톨릭 교회의 공덕사상에 기초한 칭

---

38) 최무열,『사회복지의 뿌리를 찾아서 -기독교 사회복지의 역사- 』(서울 : 나눔의 집, 2008), 135.
39) Konrat Paul Liessmann, Manfred Fuellsack,『노동 Arbeit』윤도현 옮김 (서울 : 이론과 실천, 2014), 85-86.
40) 김옥순, "칭의론과 디아코니아" 김동춘 "칭의와 정의" (서울 : 새물결플러스, 2017), 540.

의론을 비판하였고, 교회 현상에 대해 비판하였다. 무엇보다도 루터가 이해한 칭의론과 교회론은 새로운 디아코니아 활동과 복지적인 돌봄에 대해 이해 할 수 있는 근거를 제공해 주었다. 마르틴 루터의 종교개혁운동은 섬김과 봉사의 활동 영역 안에서도 상당히 많은 부분 영향을 미친 사회개혁운동이었다. 루터는 그의 신학의 중심 주제인 "이신칭의"사상, 즉 "믿음으로 의롭다함을 얻는다"는 명제아래 교회의 본질에 속하는 디아코니아를 풀어나간다. 루터는 면죄부 판매에 반대하는 95개조 반박문 중 제42조 테제부터 45조 테제까지 디아코니아와 관련하여 면죄부 판매가 올바른 섬김과 봉사의 의미를 퇴색시켰음을 강조하였다.[41] 그는 면죄부를 살 돈으로 가난한 사람들을 도와야 한다는 그리스도인의 사회책임을 강하게 주장하였고 이는 단순히 개별적인 도움을 넘어서 그리스도인의 사회 책임에 대해 새로운 신학적인 방향을 제시하였다. 마르틴 루터는 "이신칭의" 사상을 주장하면서 동시에 노동윤리와 직업윤리에 대해 새로운 해석을 시도했고, 이는 나중에 산업시대의 발전에서 아주 중요한 역할을 하게 된다. 그의 노동윤리와 직업윤리의 해석은 성직자들의 사변적 삶이라는 개념에 대한 비판이었다.

1. 십자가 신학과 영광의 신학

루터는 본래 종교개혁을 일으키고자 하는 의도를 가지고 있지는 않았다. 그래서 그는 95개조 항의문을 쉬운 독일어로 쓰지 않고 어려운 학문적 언어였던 라틴어로 기록하였다. 그는 단지 면죄부 판매 등 당시 교회가 가르치는 잘못된 주장들에 대해 학문적인 토론을 의도했을 뿐이었다. 그러나 루터의 의도와는 다르게 "이 95개 조항 항의문"은 빠르게 인쇄되어 유럽 전역에 각기 다른 언어로 번역되어 알려지기 시작하였

---

[41] 95개조 조항중 42조항에서 45조항은 그 당시 잘못된 자선사업을 비판하고 새로운 디아코니아적 신학의 방향성을 제시한다. 테제 42조에서 45조 조항은 다음과 같다. 42조. "면죄부를 얻는 것은 자선사업과 비슷한 것으로 비교하는 것이 교황의 생각이 아니라는 것을 우리는 그리스도인들에게 가르쳐 주어야 한다." 43조. "가난한 자를 구제하고 궁핍한 자에게 꾸어주는 것은 면죄부를 사는 것보다 더 나은 것임을 우리는 그리스도인들에게 가르쳐야 한다." 44조. "왜냐하면 사랑은 사랑의 행위들로 성장하며 인간은 더욱 나아지기 때문이다. 그러나 그는 면죄부를 통해서 인간은 더 나아지지 못하고 단지 부분적으로만 형벌로부터 벗어날 수 있다." 45조. "가난한 사람을 보고도 지나쳐버리고 그 대신 면죄부를 주는 사람은 교황의 면죄부를 사지 못하고 하나님의 진노를 얻게된다는 것을 그리스도인들에게 가르쳐 주어야 한다." 지원용, 95개조 논제 해설,『루터선집』제5권 (서울 : 컨콜디아사, 1984), 194-195.

다. 그래서 그는 여러 논쟁에 휩싸이게 되었다. 1517년부터 1521년까지 논쟁은 계속되었다. 1518년 루터는 자신이 소속되어 있던 어거스틴 수도회 수도사들 앞에서 자신이 새롭게 발견한 신학인 십자가 신학을 설명하는 "하이델베르크 논쟁"을 발효하게 된다. 루터는 자신의 신학을 "십자가 신학"[42]이라고 이야기 하면서 로마카톨릭 교회의 스콜라주의 신학을 "영광의 신학"이라고 비판하였다. 루터의 "십자가 신학"이란 먼저, 학문적인 차원에서는, 중세 이성 중심의 "스콜라 신학"을 거부하는 것이다. 그리고 이 개념이 뜻하는 바는, 기독교 신앙과 신학의 중심[43]은 십자가에 달리신 예수 그리스도께 있다는 것이다. 루터에게 있어서 십자가는 진정한 기독교 신학의 토대요 기준으로서, 믿는 자가 죄와 의심으로 가득 찬 그늘진 세상에서 어떻게 존재해야 하는지를 조명하고, 하나님이 어떻고, 하나님이 어떻게 행동해야만 하는지에 관한 인간의 선입관들에 도전한다.[44] 루터는 "십자가 신학"을 통해 어떻게 그리스도인이 어두운 황무지인 타락한 세상에서 존재해야 하고, 실존적이고 형이상학적인 불확실성에 대한 깊은 불안에 대응하며 살아가야 하는지에 대한 비전을 제안하였다. 더 나아가 루터는 단지 십자가에 머무는 신학이 아니라 이를 발전하여 "십자가 신학"은 곧 바로 "부활의 신학"임을 표명한다. 왜냐하면 부활이 없는 십자가는 희생제의에서 벗어나지 못하기 때문이다. 그러므로 우리는 루터의 디아코니아 신학을 논의함에 있어, 한편으로는 그의 "십자가 신학"에서, 다른 한편에서는 "인간론"에서 출발해야 한다.

마르틴 루터의 신학윤리의 출발점은 인간이다. 즉 그의 신학의 출발점은 "인간은 창조자이신 하나님과 어떤 관계를 맺고 있는가? 하나님 앞에서의 인간은 어떤 존재이며 어떻게 행동해야 하는가?" 라는 물음에 중점을 두고 있다. 죄 속에서 태어나고

---

42) 루터는 95개 논제 때문에 마인츠의 대주교 알브레히트에 의해 로마 교황청에 공식적으로 제소되었다. 그리고 테첼과 잉골스타트대학의 교수인 요한 엑크의 공격을 받았다. 로마에 있는 아우구스티누스 은둔 수도회 총 책임자는 우선 루터에 대한 소송을 열기보다는 루터가 본래 의도한 바대로 면죄부 논쟁을 신학적인 토론의 방식으로 해결하고자 하였다. 스타우피츠는 1518년 4월 26일 하이델베르크에서 열리는 자신의 수도회 총회에서 자신의 입장을 밝혀 줄 것을 루터에게 요청하였다. 이렇게 해서 유명한 루터의 하이델베르크 논쟁이 이루어졌다. 루터는 이 논쟁에서 스콜라 신학자들의 '영광의 신학'(theologia gloriae)에 반해 자신의 신학을 '십자가의 신학'(theologia crucis)이라고 불렀다. 이성덕, "종교개혁 이야기"(파주: 살림출판사 2006) 19.
43) 루터는 자신의 신학인 십자가 신학을 다음과 같이 정의 내린다. "오직 십자가만이 우리의 신학이요, 십자가가 모든 것을 시험한다.", "오직 십자가 그 자체가 진리의 심판자요 증인이다" 재인용 Bernhard Loshe/ 정병식 역, "마르틴 루터의 신학" (천안 : 한국신학연구소 2009), 64.
44) Alister E. McGrath/김선영 "루터의 십자가 신학 - 마르틴 루터의 신학적 돌파" (서울: 컨콜디아사 2015), 295.

죄 속에서 살고 죄 속에서 존재하는 인간은 의로운 하나님 앞에서 철저한 죄인이다. 이러한 죄는 인간이 하나님과의 관계를 단절케 하고 결국 인간을 죽음으로 이끄는 원인이 된다. 이런 점에서 루터의 지대한 관심은 "죄인인 인간이 어떻게 의로워질 수 있겠는가?" 다시 말하면 "죄인 된 인간이 어떻게 의로우신 하나님을 만날 수 있는가?"였다. 이에 대해 루터는 "의인론" 즉 "십자가 신학"을 전개한다. "오직 믿음으로 Sola Fide" 나 "오직 그리스도의 은혜만으로 Sola gratia Christi" 라는 종교개혁 강령은 루터의 십자가 신학을 표현하는 문구이다. 루터가 이야기 하는 십자가 신학이란 십자가의 고난 속에 숨겨진 의로우신 하나님을 만나는 것이다. 인간이란 죄 된 존재이기 때문에 사랑과 희생의 상징인 그리스도의 십자가를 통해서만이 전지전능하시고 의로우신 하나님을 만날 수 있는 기회를 갖는다. 인간은 죄로 뒤범벅이 된 존재이기 때문에 인간 스스로는 도저히 선한 존재가 될 수 있는 기능을 가지고 있지 않다. 더 나아가 선행을 행할 수 있는 존재이지도 못한다. 인간이 하나님을 만나는 길은 의로움을 받는 것이고, 의롭다 함을 받는 길은 십자가 앞에 나가야 하며 십자가 앞에 꿇어 엎드릴 수 있는 길은 신앙을 가질 때 가능하다. 즉 신앙에 의해서 의로움을 받을 수 있고, 신앙을 통해서만 하나님과 관계를 맺을 수 있으며 더 나아가 신앙을 통해서 하나님의 의로움을 선행으로 이웃에게 행할 수 있게 된다.

로마카톨릭의 신학이 하나님을 인간적인 방법으로 대하는 것이라면, 루터의 십자가 신학은 인간적인 범주의 사상을 뛰어넘는 하나님의 생각이다. 로마카톨릭의 영광의 신학은 쉽게 말하면 다음과 같다. 한 사람이 다른 사람에게 호감을 사고 그에게 대접을 받기 위해서 친절, 선물, 돈, 아부와 아첨 등이 필요한 것과 같이 하나님에게도 동일하게 행동하는 것이 바로 영광의 신학이다. 영광의 신학은 하나님의 은혜를 축소시켜서 인간적인 것으로 만들어 버린다. 이러한 영광의 신학은 궁극적으로 선한 행위만을 강조하는 공로주의 즉 "이신칭의"가 아닌 "이신행위론"으로 빠져들게 만든다. 따라서 영광의 신학은 사람을 드러내는 신학이 된다. 영광의 신학은 하나님의 영광이 아니요 자신의 명예와 이익을 추구하는 신학이다. 수많은 종교지도자들과 로마의 군사들 그리고 메시아로서의 예수를 거부했던 많은 유대인들이 추구했던 세상적 왕권을 가진 메시아 사상이 바로 영광의 신학의 핵심이다. 영광의 신학자들에게 하나님은 부차적인 존재가 되고 인간의 능력이 영광을 받게 된다. 영광의 신학자들이 추구하는 것은 결국 하나님의 영광이 아니라 인간의 영광이다. 반면에 십자가의 신학에서 인간의 공로는 사라진다. 십자가 신학에서 사람은 주인공이 되지 못한다. 십자가 신학에서 인간은 무대의 주인공이 아니라 주인공을 빛나게 하는 어릿광대와 같은 존재이다. 십자가 신학에서 사람은 부차적인 것이 되고 하나님만 드러난다. 십자가 신학은 하나님을 인간적으로 만들려는 모든 시도를 무너트리고 하나님 그분의 계시만을 드러낼 뿐이다. 예수 그리스도의 십자가에서 미움과 시기는 사랑으로, 나약하고 연약함은 강함으로, 부정의함은 정의로움으로, 그리고 억압과 착취는 섬김과 나눔으로 새롭게 창조되어진다. 따라서 예수 그리스도의 십자가만이 그리스도인의 표본이요 모범이여 목표가 된다. 루터의 십자가 신학은 종교적 사변이나 신학적 논리체계와 대립되어 있다. 십자가 신학은 관념 안에 사는 것이 아니라 신앙의 경험 안에 사는 것이다. 이런 의미에서 루터의 십자가 신학은 예수 그리스도의 십자가에 나타난 계시의 신학이요, 또한 칭의를 가져다 주는 신앙의 신학이다.

　　루터의 디아코니아Diakonia 신학사상의 출발점은 의인론이다. 루터는 인간의 존재론적 입장, 믿음을 통해 의롭다 여김을 받은 그리스도인에게서 디아코니아 사상을 풀어나간다. 루터에 의하면 죄인인 인간은 선한 일을 행할 수 없고, 또 선한 행위를 통해 스스로 의를 성취하고 구원에 이를 수 없다. 루터에게 있어 사람이 이웃을 섬기고 봉사할 수 있는 것은 오직 예수 그리스도를 믿는 믿음을 통해 변화된 존재가 되었을 때 가능하다. 이신칭의, 즉 믿음을 통해서 의롭다 칭함을 받았을 때 비로서 그리스도인의 선행이 가능하다는 것이다. 루터는 비텐베르크 대학에서 성서학교수로서 시편강해1513-15년,로마서강해1515년,갈라디아서 강해1516년,히브리강해1516년를 하는 과정에서 특히 로마서 1장 17절의 "하나님의 의 Iustitia Dei"라는 개념의 새로운 의미를 발견하게 되는데, 이 "하나님의 의"는 전통적 해석에 따라서 심판하시고 벌하시는 하나님의 진노를 의미하지 않고, 죄인이 그의 신앙과 믿음 즉 하나님에 대한 신뢰를 통해서 얻게 되는 하나님의 자비와 사랑으로 이해하게 되었다.[45] "하나님의 의"가 드러남으로 새로운 정체성을 가진 존재가 되어서 사랑과 섬김으로 살아가는 것이 바로 디아코니아 신학의 관점으로 보는 칭의 사상이다. 루터는 교회규정과 율법을 행하는 것을 선행으로 인식하고, 이러한 선행이 인간을 의롭게 만든다고 주장하는 당시 로마 카톨릭교회의 스콜라주의적 공로사상 즉 "이신행위론적" 입장에 대하여 철저히 비판하면서 "이신칭의"의 정당성과 그것의 윤리적이고, 실천적인 입장이 무엇인지 분명하게 이야기하고 있다.

2. 선행의 전제로서의 믿음

루터에게 있어 하나님을 향한 인간의 사랑은 절대로 인간에 의해서 시작될 수도 주도 될 수도 없다. 순수하고 참된 사랑은 하나님을 향한 소유적이고 자기본위적인 사랑, 하나님을 이용해서 자기 자신의 이익을 추구하는 그런 사랑과는 전적으로 다르다. 소유적이고 자기본위적인 사랑에서 하나님은 단지 한 개인의 욕망과 욕구들을 충족시키기 위한 수단으로 전락한다. 이처럼 루터는 인간의 타락한 본성 자체로부터는 참된 사랑이 나올 수 없다고 보았다. 그래서 루터는 인간으로 하여금 순수한 동기와 목적을 가지고 사랑할 수 있게 만들어 주는 것, 즉 새로운 창조물로 거듭남으로써 참된 사랑을 할 수 있게 만들어 주는 것이 선행되어야 한다고 말한다. 그것은 바

---

45) 손규태,「마르틴 루터의 신학사상과 윤리」, (서울: 대한기독교서회, 2005), 27-28.

로 예수 그리스도요, 이 예수 그리스도를 꼭 붙잡을 수 있는 것은 믿음이기에, 루터는 믿음이 사랑에 선행하고 우선해야만 한다고 주장한다.[46]

루터는 "선행에 관하여 Von den guten Werke"라는 그의 설교에서 무엇이 가장 선한 행동인가? 에 대해 이야기 한다. 그는 기도, 금식, 자선 등과 같은 외적인 종교 활동을 선행이라고 이야기 하지 않고 먼저 하나님의 계명으로부터 선행이 무엇인지 풀어나간다. 이 설교에서 그는 구약의 십계명을 근거로 문제를 풀어나간다. 특히 그는 그리스도인의 삶의 방향을 제시하는 제1계명을 강조한다. 그에게 있어 누구든지 자신의 생각과 행동이 하나님의 마음에 드는 것이라는 확신을 가지게 되면 그의 신앙은 하나님의 첫째 계명을 완성하는 것이며 그의 행위는 선한 것이다.[47] 그래서 루터는 다음과 같이 이야기 한다 :

"가장 첫째 되고 최고의 선한 행위는 그리스도에 대한 신앙이다… 왜냐하면 모든 행위들은 이런 행위에서 일어나야 하기 때문이다."[48]

모든 선한 일 가운데서 가장 선한 일은 무엇인가? 라는 질문에 루터는 요한복음 6장 28-29절 말씀을 근거로 이야기 한다. 모든 선한 일 중에 가장 선한 일은 바로 예수를 구주로 영접하여 믿음으로 받아들이는 일이다.[49] 루터는 모든 선한 행위는 예수 그리스도를 믿는 믿음 안에서 이루어져야 한다고 이야기 한다.[50] 루터의 입장에서 보면 믿음은 그 자체로 선행이거나 그 믿음으로부터 나오는 모든 행위는 선행이 된다. 선행이라고 지칭되어지는 그 모든 것들이 믿음 없이 행하는 것이라면 루터의 입장에서는 선행이 될 수 없다. 루터에게 있어서 선행이란 누구의 기준에서 어떤 마음으로 행해야 하는가가 중요하다. 루터에 의하면 그리스도인이 믿음으로 하는 행위만이 선행이 될 수 있다. 그래서 루터는 다음과 같이 이야기 한다:

---

46) 김선영, "믿음과 사랑의 신학자 마르틴 루터" (서울: 대한기독교서회, 2014), 256.
47) 손규태, 「개신교 윤리 사상사」, (서울: 대한 기독교서회, 1998), 35.
48) WA 6, 204.
49) 위의 책, 204.
50) 위의 책, 204.

"그가 행하는 것이 하나님을 기쁘시게 한다는 것을 마음 가운데 확신한다면, 비록 그것이 짚 한 오라기를 집어 올리는 작은 일이라고 할지하도 그 행위는 선한 것이다. 만일 확신이 없거나 의아한 생각이 든다면 비록 그것이 죽은 자들을 다 살리고 그가 그 자신을 불사르게 하는 일이라고 할지라도 그 일은 선한지 않다."[51]

루터에게 선행이란 어떤 행위를 하느냐가 중요한 것이 아니라 그리스도인이 믿음을 가지고 하나님을 기쁘시게 하는 것이 무엇보다 중요하다.요8:29[52] 루터에게 있어서 믿음 없이 행하는 모든 행위는 죄이며 동시에 우상숭배와 동일하다.[53] 즉 믿음으로 하는 모든 행위는 최고의 행위가 되며 믿음이 없는 모든 행위는 가식과 흉내에 지나지 않는다고 이야기 한다. 믿음이 전제된 모든 그리스도인의 행위는 허위와 가식을 벗은 진실한 것이 될 수 있는 것이다. 루터는 십계명의 첫 계명을 기도, 금식, 구제와 같이 종교 활동을 통해 지키는 것과 믿음 안에서 지키는 것의 차이점을 분명히 하고 있다. 믿음을 가지고 지키는 첫 계명은 하나님의 참 된 산 자녀를 만들지만, 믿음 없는 종교 행위들은 더 사악한 우상 숭배와 세상에서 가장 해로운 위선자를 만드는 일이라고 비판한다.[54] 결론적으로 루터에게 있어서 '무엇이 선한 행위인지', '무엇을 해야만 하는지', '어떻게 하면 경건하게 되는지'가 중요한 것이 아니라 '하나님을 올바르게 믿는 믿음'이 그 무엇보다도 선행의 근거가 되며, 목적이 되는 것이다.

참된 그리스도인의 사랑이란 곧 오직 예수 그리스도를 믿는 믿음의 열매라는 점을 고려할 때 사랑에 대한 루터의 개념에 있어서 주목할 또 다른 점이 있다. 그것은 바로 믿음이 사랑의 출발점일 뿐만 아니라 목표점이기도 하다는 사고다. 이것은 다음과 같은 의미를 지니고 있다. 한편으로 믿음이 사랑의 출발점이 된다는 것은 이 사랑이 항상 예수 그리스도를 믿는 믿음으로부터 흘러오기 때문이다. 다른 한편으로 믿음이 사랑의 목표점이 되는 것은 이 사랑이 주된 목표로 삼는 것이 믿음, 즉 다른 사람들

---

51) 위의 책, 206.
52) 위의 책, 205.
53) 위의 책, 211.
54) 위의 책, 212.

을 믿음으로 인도하고 마지막 시점까지 믿음 안에서 함께 지속적으로 성장하는 것이기 때문이다. 이와 같이 믿음이 그리스도인의 사랑의 출발점이요 또한 목표점이기도 하다는 것은, 다른 말로 표현하여 그리스도 안에서 그리고 그리스도를 통해서 하나님이 근원적으로 믿음과 사랑의 출발점이요 종착점이라는 것을 의미한다. 즉 하나님으로부터 그리스도인의 존재와 삶이 비롯되고, 그리스도인의 존재와 삶은 그리스도를 믿는 믿음을 통해서 그리고 그 믿음으로부터 흘러나오는 사랑을 통해서 하나님을 향하여 방향 지어져 있다는 것이다.[55] 루터에게 있어 믿음으로 행하는 모든 선한 행위는 하나님이 중심이 된다.[56] 즉 사람이 무엇이 선한지, 어떤 행위가 옳은지, 어떤 방법이 선한지 판단하는 것이 아니라 오로지 하나님께서 모든 것을 결정하신다. 이렇게 하나님 중심의 믿음을 가진 그리스도인은 자신의 명예와 기쁨을 위해 선행을 하는 것이 아닌 오로지 하나님의 기쁨을 위해서 선행을 도모한다. 그리스도인은 결코 자신의 공적이나 선을 축척하기 위해 하나님의 뜻을 행하는 것이 아니라 섬김과 봉사가 하나님이 주신 사명인줄 알기에 아무런 보상도 바라지 않고 섬기고 봉사하는 것이다. 루터에게 디아코니아Diakonia의 문제는 어떻게 행위 해야만 하는 것이 중요한 것이 아니라 어떻게 믿어야만 하는 것인가가 중요한 것이다.

3. 두 종류의 의

　1519년 루터는 '두 종류의 의'란 주제로 설교를 하게 된다. 이 설교를 통해 루터는 그리스도 안에 있는 하나님의 의를 인간이 어떻게 받아들이게 되며 이 하나님의 의가 그리스도인의 삶과 어떤 관련을 맺게 되는 가를 이야기 한다.[57] 마르틴 루터가 이야기 하는 '두 종류의 의'의 틀은 두 차원으로 구성되어져 있다. 첫째 '밖에서 주어진, 다른 사람의 의'를 의미하는 '외래적 의義 = iustitia aliena'란 차원이다.[58] 루터는 이 '외래

---

55) 김선영, "믿음과 사랑의 신학자 마르틴 루터" (서울: 대한기독교서회, 2014), 272.
56) 김한옥, 「기독교 사회봉사의 역사와 신학」, (부천 : 실천신학연구소, 2004), 302.
57) Martin Luther, "두 종류의 의", John Dillenberger/ 이형기옮김 「루터 저작선」, (고양 : 크리스챤다이제스트, 2013), 133.
58) 위의 책, 133.

적 의'를 우리가 예수를 구주로 고백하고 믿는 믿음을 통해서 우리에게 들어오는 그리스도의 의로 설명한다. 이 의는 우리 자신 안에서 생성되는 '고유한 의'의 근거이며 원인이자 근원이다. 밖으로부터 그리스도인 안으로 스며들어 오는 외래적 의 곧 그리스도의 의는 그리스도 안에서 드러나야 하는 고유한 의의 원인과 근거가 된다. 루터는 다음과 같이 묘사한다.

> "그리스도에 대한 믿음으로 말미암아 그리스도의 의는 우리의 의가 되며 그분이 가진 모든 것이 우리의 것이 된다."[59]

이 '예수 그리스도의 의'는 인간의 행위로 얻어지는 것이 아니다. 이 예수 그리스도의 의는 우리의 수고도 없이 오직 은혜에 의해서 우리에게 스며들어온 의이다. 하나님은 인간의 죄를 용서하시고, 그리스도 때문에 죄인을 의롭다고 여기신다. 죄인에게 주어진 의는 자기 자신에 의해 생성된 자기의 것이 아니라, 예수 그리스도에게 속한 '밖으로부터 온 의'이다. 인간은 스스로 이 의를 획득할 수 없고, 오직 예수 그리스도로 말미암아 하나님의 무상의 은혜를 통해 그에게 수여되고 주어지는 것을 바랄뿐이다. 죄인의 의는 '능동적인 의'가 아니라 오직 그가 받을 수 있을 뿐인 '수동적인 의'이다. 이 모든 것은 그리스도가 인격적으로 죄인의 의, 곧 십자가에 못 박히시고 부활하고 승천한 그리스도라는 진술 안에 포함되어 있다. 그리스도가 자신을 인간과 하나로 만들었을 때, 이 '밖으로부터 온 의'는 인간의 것이 되고 그를 하나님 앞에서 의롭게 만든다.[60]

두 번째 종류의 의는 '우리 자신의 고유한 의lustitia propria'란 차원이다.[61] 우리 자신의 의는 홀로 행하는 의가 아니라 첫 번째 의 곧 예수 그리스도의 의와 더불어 행하는 의이다. 이 의는 첫째로 "육을 죽이고 자기와 관련된 욕망을 십자가에 못 박는 삶"

---

59) 위의 책, 135.
60) Paul Althaus/ 이형기 옮김, 「마르틴 루터의 신학」, (파주 : 크리스챤다이제스트 2017), 257-258.
61) Martin Luther, "두 종류의 의", John Dillenberger, 이형기 옮김, 「루터 저작선」, 136.

이며갈 5:24, "둘째로 이 의는 이웃을 사랑하는 의"로 나타나며 셋째로 "하나님에 대하여 유순하고 경외하는 의"이다.62 이 두 번째 의인 '우리 자신의 고유한 의'는 첫 번째 예수 그리스도의 의의 산물이며, 실제로 그 열매이자 결과이다. 이 의는 다른 사람의 유익을 구하기 때문에 사랑을 행한다. 그래서 그 의는 모든 영역에서 하나님의 뜻을 행하며 자기에 대하여 근신하며 이웃에 대해서는 의로우며 하나님에 대해서는 경건하게 사는 모습으로 나타난다.63 루터는 이 두 의의 관계에 대해 그리스도를 신뢰하는 자는 그리스도 안에 존재하고, 그리스도와 하나이며, 그리스도의 이와 똑같은 의를 가지게 된다고 설명한다. 이 두 번째 의를 만들어 가는 과정이란 선행을 행하며 유익하게 살아가는 삶의 방식이라고 제안하면서 루터는 특히 하나님, 이웃, 그리고 자기 자신과의 관계를 언급한다. 이 두 번째 의의 차원과 관련하여 루터는 그리스도가 그리스도인이 열심히 따라야 할 모범을 보였다는 것 그리고 그리스도인은 종의 모습으로 이웃을 섬겨야 함을 강조한다.64 루터는 이것을 다음과 같이 설명한다:

> "그러므로 이 의는 자신을 미워하고 이웃을 사랑하며 자신의 유익을 구하지 않고 다른 사람의 유익을 구합니다. 그리고 이러한 것이 그 의의 전체 생활방식입니다. 이 의는 자신을 미워하고 자신의 것을 구하지 않기 때문에 육을 십자가에 못 박습니다. 그 의는 다른 사람의 유익을 구하기 때문에 사랑을 행합니다. 그래서 이 의는 모든 영역에서 하나님의 뜻을 행하여 자기에 대해서는 근심하며 이웃에 대해서는 의로우며 하나님에 대해서는 경건하게 삽니다."65

이 두 번째 의에서 우리는 루터의 디아코니아 정신을 발견하게 된다. 루터에게 있어서 디아코니아 신학의 출발점은 바로 예수 그리스도를 본받고 그리스도의 형상을 회복하는 것이며 그리스도 자신이 우리를 위하여 모든 것을 행하시고 자신의 유익을 구하지 않으신 것처럼 이제 '오직 믿음으로 말미암아 의롭다' 여김을 받은 이들에게

---

62) 위의 책. 136.
63) 김동춘, "가톨릭 칭의론 :칭의인가, 의화인가?" 김동춘 "칭의와 정의" (서울 : 새물결플러스, 2017), 230.
64) 김선영, "루터의 칭의론 재조명 : 오직 믿음으로만?, 김동춘 "칭의와 정의" (서울: 새물결플러스, 2017), 242-243
65) Martin Luther, "두 종류의 의", John Dillenberger, 이형기옮김, 「루터 저작선」, 136-137.

있어서 이웃을 사랑하고 섬기는 일은 자기만족을 추구하는 것이나 보상을 기대하는 것이 아니라 이타적인 삶을 살아가게 되는 것이다. 이 삶은 예수 그리스도가 우리를 위해 십자가에 자기를 희생하신 것과 같은 자기를 희생하는 삶이다. 예수 그리스도의 형상을 회복한 그리스도인은 이제 자신만을 위한 삶을 추구하지 않고 다른 사람의 일을 돌보며 살아가게 된다.고전 13:5, 빌 2:4 그리스도인은 이제 인간의 죄의 본성을 벗어버리고 새로운 삶을 향해 나아간다. 즉 이웃의 처지가 자신의 처지보다 더 좋지 않은 것에 대해서 괴로워하며, 이웃의 삶이 자신의 삶보다 더 낫기를 바라며, 이웃의 삶이 자신의 삶보다 더 낫다면 본인의 삶이 나을 때 기뻐하는 것과 같이 기뻐하게 된다.[66]

예수 그리스도의 의는 우리의 수고 없이 오직 은혜에 의해 우리에게 스며들으면서 밖으로부터 우리에게 들어온다. 이 의를 통하여 의인은 이제 자신과 이웃과 하나님과의 관계에서 선을 추구하며, 자기를 죽이고 이웃을 사랑하며 하나님을 경외하여 예수 그리스도의 의를 완성해 나아가는 것이다. 루터는 이제 우리에게 주어진 그리스도의 "외래적 의"와 "우리 자신의 의"라고 하는 두 차원을 "그리스도인의 자유"라는 그의 논문에서 믿음과 사랑의 두 차원으로 재구성해 놓는다.

4. 그리스도의 자유와 디아코니아

루터는 중세 카톨릭의 공덕사상을 강하게 비판하면서 구원은 인간의 선행을 통한 인간의 노력으로 얻어지는 것이 아니라는 것을 분명히 한다. 루터는 바울에 의지하여 "인간은 자기 자신의 행위가 아니라, 그리스도의 의를 통하여 경건치 못한 자를 의롭다 여기시는 하나님에 대한 믿음을 통해서만 의롭게 됨"을 강조하였다.[67] 루터에 의하면 모든 그리스도인은 오직 그리스도의 복음을 통해 참된 자유를 얻게 된다. 이 자

---

66) 위의 책, 141.
67) 이성덕, "마르틴 루터의 신학과 사회복지", 대학선교회「대학과 선교」, (서울 : 대학선교학회 제10집, 2006), 119.

유를 내적 자유라 지칭하는데 이 내적 자유는 인간의 행위를 통해 얻어지는 것이 아니라 전적으로 하나님의 사랑의 선물이다. 루터의 칭의론은 선행자체를 부정하거나 폄하한 것이라고 볼 수는 없다. 오히려 그의 칭의론 사상은 행위 없는 구원으로 이해되어지는 것이 아니라 오직 믿음으로 구원 받은 자유인으로서 어떻게 행동해야 하는지 그리고 그 은혜가 얼마나 값비싼 은혜인지를 이야기 하면서 신앙인이 가져야할 실질적인 의로움이 무엇인지 이야기 한다. 이에 대한 루터는 다음과 같이 이야기 한다:

> "그리스도인은 모든 만물의 위에 자유로운 주인이며 그 누구에게도 종속되지 않는다. Ein Christenmensch ist ein freier Herr über alle Dinge und niemand untertan."
>
> "그리스도인은 모든 만물을 섬기는 종이며 모든 이에게 종속된다. Ein Christenmensch ist ein dienstbarer Knecht aller Dinge und jedermann untertan."[68]

루터가 제시하는 사랑 개념을 파악하는데 있어서 받게 되는 윤리적이고 신학적 질문 중 하나는 왜 혹은 무엇을 위해서 예수 그리스도가 죄인을 구원하셨는가라는 질문이다. 왜냐하면 루터는 예수 그리스도를 믿는 믿음을 통해서 죄와 죽음으로부터 자유를 얻는 것 그것 자체로써 끝이 아니라는 것을 분명하고도 강력하게 보여주기 때문이다. 루터의 사고 속에서 오직 예수 그리스도를 믿는 믿음 안에서 가능한 "~으로부터 자유"는 반드시 "~을 향한 자유". 즉 사랑의 섬김을 위한 그리스도인의 자유로 이어진다. 이 두 자유는 상호 떼여야 뗄 수 없는 관계로 엮여져 있으며, 루터가 생각하는 그리스도인의 자유는 이 두 차원을 다 가지고 있는 자유이다. 이와 같이 예수 그리스도를 믿는 믿음에 토대를 둔 그리스도인의 자유는 이 믿음의 열매로 맺어지는 사랑으로서의 그리스도인의 자유와 불가분의 관계를 맺고 있다. 그렇게 때문에 자신의 능동적, 점진적 의와 거룩함의 차원에서 믿음과 사랑은 두 개의 그러나 한쌍

---

68) WA 7, 21.

으로 묶여진 조화로운 관계로 등장한다. 믿음, 사랑, 그리고 그 관계성의 핵심은 "~으로부터 자유"에서 "~을 향한 자유"라는 그리스도인의 자유의 두 차원에 대한 루터의 사고에서 분명하게 발견된다. 루터에 의하면 예수 그리스도를 믿는 믿음에 의한 죄, 즉 불신앙, 자기본위, 속박된 의지로부터의 자유는 그 내적 필연성으로 인해서 반드시 하나님, 이웃, 그리고 자기 자신과의 관계속에서 사랑이라는 믿음의 열매들을 맺는 자유로 나타난다.[69]

루터가 1520년에 발표한 "그리스도인의 자유 Von den Freiheit eines Christenmenschen라는 논문을 통해 이야기 한 두 가지 명제, 즉 그리스도인은 "자유로운 만물의 주"이며 더불어 "모든 사람에게 예속된 만물을 섬기는 종"이라고 이야기 할 수 있었던 근거는 바로 예수 그리스도의 삶이 그러했기 때문이다. 하나님의 아들이신 예수 그리스도는 "만물의 위에 자유로운 주인"이셨으며 그 누구에게도 종속되지 않으신 분이셨다. 더불어 그분은 "모든 만물을 섬기는 종의 모습"을 보여주셨다. 그리스도인은 예수 그리스도로부터 살아가고, 또 예수 그리스도 안에서 살아가는 사람들이다.[70] 루터는 그리스도인이 믿음을 통해 의롭게 됨으로 자유함을 누리고 또한 이웃을 섬기는 종의 모습으로 살아갈 수 있는 이유를 "그리스도와의 연합"을 통해서 가능한 일이라고 이야기 한다. 부활이요 생명이신 예수 그리스도 요11:25, 길이요 진리요 생명이신 예수 그리스도 요14:6, 말씀이 되신 예수 그리스도 마 4:4를 통하여 인간은 의롭게 되며 더불어 말씀 안에서 인간이 자유를 누리게 된다.[71] 죄인인 인간은 하나님의 말씀인 예수 안에서 자아가 소멸되고 구원을 얻는다. 죄의 종이 진정한 자유인이 되는 것이다. 이 자유는 자신의 공적을 요구하는 율법을 지킴으로써 획득되는 것이 아니고 오직 믿음을 통하여 의롭다함을 받을 때 주어지는 것이다. 예수를 믿는 믿음 안에서 우리를 부자유하게 하는 죄의 멍에가 풀어진다. 그리스도인은 예수를 믿는 믿음 안에서 죄의 사함을 얻은 자유인이며 그의 자녀가 되는 권위를 갖는다. 이런 의미에서 인간은 자신

---

69) 김선영, 「믿음과 사랑의 신학자 마르틴 루터」 (서울 : 대한 기독교 서회, 2014), 194.
70) Dietrich Korsch, 「Martin Luther, Von der Freiheit eines Christenmenschen」, (Leipzig : Evangelische Verlagsanstalt, 2016), 81-82.
71) WA 7, 21.

의 구원을 위하여 율법도 선행도 필요로 하지 않는다. 그것에 의하여 의롭게 되려는 시도는 오히려 구원에서 멀어지게 할 뿐이다.[72] 루터가 이야기 하는 그리스도의 자유는 오직 신앙에 의해서 이루어지는 것이다.[73] 그리스도인의 자유는 계명과 율법에 얽매이어 두려워하여 행동하는 모든 것에서 부터의 자유이다. 이것은 그렇다고 방종과 같은 제멋대로의 행동을 의미하는 것은 아니다. 인간의 행위를 규정하는 계명조차도 인간을 의롭게 할 수 없으며, 오히려 인간을 억압하고 억누르게 된다. 규례와 율례와 계명은 결코 인간을 의롭게 할 수 없음을 이야기 하며 루터는 오직 인간을 의롭게 하며 자유롭게 하는 것은 예수 그리스도를 믿는 믿음을 통해서만이 가능하다는 것을 이야기 한다.[74] 믿음만이 인간의 의이며, 모든 계명의 충족이 된다. 어떤 선행도 인간을 의롭게 여기지 못하며 오직 믿음만이 의의 바탕이며, 그 모든 존재이다. 하나님의 말씀에 순종하는 것은 오직 믿음에 의해 이루어지는 것이며, 이 믿음을 통하여 행위가 뒤따르는 것이다.[75] 루터는 다음과 같이 이야기한다 :

> "그리스도인은 모든 것으로부터 자유로우며, 모든 것 위에 서며, 따라서 의인이 되고 축복받기 위해서 그 어떤 선행도 필요치 않으며 오히려 믿음이 그에게 모든 것이 넘치도록 풍요를 가져 준다는 것을 분명히 알 수 있을 것이다."[76]

봉사와 섬김이라는 명제 아래 실천적 의미만을 내세우면 자칫 우리는 자의적으로 선을 행하는 공적주의로 내 몰릴 수 있다. 루터는 믿음과 선행의 관계를 이야기 할 때 항상 마태복음 12장 33절[77]을 인용한다.[78] 좋은 나무가 좋은 열매를 맺듯이 루터는 선하고 의로운 행위가 결코 선하고 의로운 사람을 만드는 것이 아니라 반대로 선하고 의로운 사람이 의로운 행동을 행하는 것임을 이야기 하고 있다.[79] 루터는 그리스도인이 그가 좋은 열매를 맺기 위해 어떤 나무가 되어야 하는지 이야기하고 있는 것이다.

---

72) 김한옥 "기독교 사회봉사의 역사와 신학", 303.
73) WA 7, 25.
74) 위의 책, 24.
75) 위의 책, 26.
76) 위의 책, 28.
77) "나무도 좋고 열매도 좋다 하든지 나무도 좋지 않고 열매도 좋지 않다 하든지 하라 그 열매로 나무를 아느니라" 마 12:33.
78) Dietrich Korsch,「*Martin Luther, Von der Freiheit eines Christenmenschen*」, 148.
79) WA 7, 32.

예수 그리스도와 연합하여 내적인 자유를 얻은 그리스도인은 이제 이웃을 향해 나아간다. 루터는 다음의 글에서 그리스도인은 그리스도안에서 살아가고, 사랑으로 그 자신을 위해서가 아니라 이웃 안에서 이웃을 위해 사는 것임을 분명히 하고 있다 :

> "그리스도인은 그 자신 안에서가 아니라, 그리스도와 그의 이웃 안에서 사는 사람이다. 신앙으로 주 안에서 살고, 사랑으로 이웃 안에서 산다. 신앙을 통해 그는 자신을 넘어 하나님에게 이르며, 사랑을 통해 하나님 앞에서 자신을 낮추어 이웃에게 이른다. 그는 항상 하나님과 그의 사랑 가운데 머문다... 보라 이것이 모든 죄에서 마음을 자유롭게 만드는 의롭고 영적인 그리스도인의 자유다."[80]

루터의 논문 "그리스도인의 자유"에는 그리스도인이 하나님 앞에 그리고 이웃 앞에 어떤 존재로 살아가야 하는지 이야기한다. 루터는 그리스도인은 하나님의 자녀로서 먼저 자기 자신을 위해서가 아니라 그리스도와 이웃을 위해서, 즉 "그리스도를 위해서는 믿음을 통해서", "이웃을 위해서는 사랑을 통해서 봉사하는 존재"임을 이야기한다. 그리스도인은 신앙을 통해서 자신을 넘어 하나님께로 올라가고, 사랑으로 말미암아 하나님에게서 다시 자신에게 내려와, 항상 하나님과 하나님의 사랑 안에 머문다. 결과적으로 루터는 죄인인 인간이 이제 예수 그리스도를 통하여 죄에서 자유함을 얻게 되면 이제 이 자유함을 통하여 이웃을 위해 봉사하는 사람이 되어야 한다고 가르침으로써 기독교 신앙이 자기만족과 유익을 위한 수단이 되어서는 안되고, 먼저는 하나님을 섬기고 그리고 더불어 사회 안에서 이웃을 섬기는 실질적인 삶을 위한 것임을 강조한다.[81]

루터의 칭의론은 전적으로 하나님의 구원의 선물로서 이제 인간은 믿음을 통해 의로워진 존재로 하나님과 마주하는 자유인이 된다. 선행과 섬김을 강조하는 것은 우리를 자의적으로 선을 행하게 하는 공덕주의로 빠져들게 할 위험이 내포되어 있다.

---

80) 위의 책, 38.
81) 김한옥,『기독교 사회봉사의 역사와 신학』307.81) 김한옥,『기독교 사회봉사의 역사와 신학』307.

그러나 루터의 칭의론은 선행자체를 부정하거나 폄하한 것이라고 볼 수는 없다. 오히려 그의 칭의론 사상은 행위 없는 구원으로 이해되어지는 것이 아니라 죄의 노예 아래 있는 인간이 이제 믿음을 통해 구원 받은 자유인으로서 어떻게 행동해야 하는지를 이야기 한다. 죄의 굴레에 놓여진 인간을 의롭게 하는 믿음은 업적주의, 율법, 착취, 억압과 폭력으로부터 인간을 완전하고 직접적이며 영원한 하나님과의 사귐으로 해방시킨다. 이제 의롭다 여김을 받은 이들은 하나님의 자녀들이 되며 그리스도와의 사귐 속에서 하나님과 하나가 된다. 루터의 칭의론 속에 나타난 그리스도인의 자유란 무엇보다도 먼저 하나님과 인간의 관계회복이다. 하나님에 대한 관계 속에서 죄인들은 이제 의롭다 여김을 받고, 타락한 자들이 용납되며, 종된 자들이 자유롭게 된다. 더불어 하나님과의 관계 속에서 자유함을 누린 자는 이제 이웃 앞에 섬기는 자로 서게 된다. 루터는 죄인인 인간이 이제 예수 그리스도를 통하여 죄에서 자유함을 얻게 되면 이제 이 자유함을 통하여 이웃을 위해 봉사하는 사람이 되어야 한다고 가르침으로써 기독교 신앙이 자기만족과 유익을 위한 수단이 되어서는 안되고, 먼저는 하나님을 섬기고 그리고 더불어 사회 안에서 이웃을 섬기는 실질적인 삶을 위한 것임을 강조한다.[82]

루터가 그의 논문 "그리스도인의 자유"를 통해 오늘날 우리에게 주는 교회와 사회의 도전은 무엇인가? 전적으로 하나님의 은혜로 의롭다 여김을 받은 신앙인의 진정한 자유는 이웃을 위한 봉사와 섬김의 자유를 사는 삶이다. 신앙인의 진정한 자유는 인간을 그의 외적인 모습들, 즉 성별, 인종, 경제력 혹은 사회적 배경과 지위에 의해 억압하는 것들로부터 해방시켜 '그리스도 안에서 하나'되는 자유이다.[83] 예수 그리스도와 연합하여 이루어낸 그리스도인의 자유란 하나님의 주권과 통치가 교회라는 울타리를 넘어 세상에 나타나는 디아코니아적 자유이다. 세상 속에서 인간을 속박하는 모든 요소들로부터 인간의 존엄함을 해방시키고, 경제적으로 사회적 빈곤층들이

---

82) 김한옥, 『기독교 사회봉사의 역사와 신학』 307.
83) 김옥순, "종교개혁 핵심 진술에 나타난 자유의미와 디아코니아 실천에 관한 연구," 208.

부에 대한 분배에 참여할 수 있도록 사회보장 내지 복지법률에 대한 요구를 촉구시켜야 한다.[84] 이를 위한 신앙인의 소명으로 직업을 통해 얻은 소득을 이웃을 위한 섬김과 봉사라는 연관성 속에서 생각해야 하며, 나눔의 의미와 함께하는 공동체의 의미를 되새겨야 할 것이다.

II. 루터의 소명론과 디아코니아

1. 직업과 디아코니아

기독교 역사에서 직업이라는 개념을 순수한 세속적 활동을 나타내는 특수한 표현으로 처음 사용한 사람은 마르틴 루터이다.[85] 루터는 중세의 성직주의와 수도원주의를 반대하고 삶의 모든 영역을 소명의 영역으로 가져옴으로 직업에 대한 새로운 인식을 가져왔다. 루터는 라틴어 성서를 독일어로 번역할 때 라틴어 'vocatio'를 독일어 'Berufung'으로 번역함으로 오직 영적 직무로, 부름 받은 자에게만 사용하던 '직업'이라는 단어를 세속영역까지 확장 적용함으로서 수도사 제도를 비판하는 근거로 사용하게 된다.[86] 루터는 하나님의 부르심 위에 직업의 가치를 둠으로 세상 속에서 행해지는 모든 일은 평등하며 동등한 가치를 지니고 있음을 강조한다. 따라서 루터에게 있어서 어떠한 직업이라도 특권을 가질 수는 없다. 루터는 그의 논문 "독일 크리스챤 귀족에게 An den christlichen Adel"라는 글을 통해 "교황, 주교들, 사제들 및 수사들을 영적 신분이라 부르고 군주들, 영주들, 직공들 및 농부들은 세속적 계급이라고 부르는 것은 순전한 거짓과 위선이다"[87]라고 이야기 하며 "우리 모두는 세례를 통해 사제들로 성별되기"[88]때문에 "모든 그리스도인들은 참으로 영적 신분에 속하며 그들 사이에는 직무상의 차별 이외 다른 아무 차이도 없다"[89]고 이야기 한다. 노동의 신성을

---

84) 위의 책, 209.
85) 강원돈,『인간과 노동 = 노동윤리의 신학적 근거』(성남: 민들레책방, 2005), 167.
86) 최주훈,『루터의 재발견 : 질문, 저항, 소통, 새로운 공동체』(서울: 복 있는 사람, 2017), 285.
87) Martin Luther, "독일 크리스쳔 귀족에게", 지원용편,『루터선집』제9권 (서울: 컨콜디아사, 1983), 142.
88) 위의 책, 142.
89) 위의 책, 142.

강조한 루터는 모든 직업을 주님을 향한 성직으로 이해하였기에 성직자나 일반 직장인이나, 세상의 왕이나, 행정가나 기술자나 모두가 하나님의 부르심에 따른 것이고, 모든 직업이 소명으로 이해되었기에 차별이 없는 것이었다.[90] 따라서 루터는 사람의 출신 성분이 직업을 결정하는 것이 아니라 하나님의 명령과 위임에 따라 부르심으로 받는 소명이 각 사람의 직업을 결정하는 것이라고 이야기 한다.[91] 하나님은 각 사람에게 그가 선 자리에서 그를 불러 각기 다른 직업을 수행하게 하셨는데, 사람들은 자신의 직업을 수행하면서 하나님을 섬기고, 아주 하찮은 일이라도 믿음을 통해 얻은 자유 안에서 각자 자신에게 주어진 일을 행할 때 하나님을 기쁘게 하리라는 확신을 가지게 된다.[92]

루터는 세상에 존재하는 모든 다양한 직업들이 이웃을 섬기기 위한 것이라는 것을 강조한다. 루터는 인간과 직업을 고정 시켰던 중세 신분제도를 깨뜨리고 직업을 이웃봉사의 기능으로 파악하는 길을 열었다.[93] 루터는 자신이 하는 모든 일들이 이웃을 위한 일이요 그들을 섬기는 일이라면 그 일이 바로 거룩한 소명의 부르심을 입은 성직이라고 주장한다. 따라서 루터는 하나님을 섬기는 일이 곧 이웃사랑의 일과 직결된다는 것을 강조하면서 모든 사람들이 자신에게 맡겨진 일을 통해 이웃에게 봉사하는 것이 곧 예배라는 것을 가르친다.[94] 루터의 전반적인 사회윤리, 특별히 그의 디아코니아 활동은 예배로 이어진다. 루터는 "도움을 필요로 하는 사람들을 돕고 섬기는 그리스도인의 사랑보다 더 큰 예배는 없다"[95]고 말하면서 교회의 디아코니아와 관련된 사회봉사활동과 공동체적 활동을 강조하였다. 루터에게 있어 직업과 노동이란 이웃에 대한 섬김으로 교회라는 울타리를 넘어 세상 안에서 드려지는 예배로 이해되어진다.[96] 루터에게 있어서 예배란 이웃을 섬기고 하나님께 순종하기 위해 그리스도인을 세상 밖으로 부르는 것이 아니라 세상 안으로 부르는 것이다. 이 부르심 속에서 그리스도

---

90) 황의서, "루터, 칼빈, 웨슬리의 경제윤리," 『신앙과 학문』 제16권 제2호, (2011), 289.
91) Theodor Strohm, *Diakonie und Sozialethik - beitraege zur sozialen Verantwortung der Kirche*, (Heidelberg: Heidelberger Verlagsanstalt, 1993), 51.
92) 강원돈, 『인간과 노동 = 노동윤리의 신학적 근거』, 171.
93) 위의 책, 171.
94) 최주훈, 『루터의 재발견 : 질문, 저항, 소통, 새로운 공동체』, 288-289.
95) 재인용, 이양호, 『루터의 생애와 사상』 (서울: 대한 기독교서회, 2002), 239.
96) 손규태, 『개신교 윤리 사상사』 (서울: 대한 기독교서회, 1998), 39.

인은 이제 각자의 위치에서 성실히 자신의 일을 행할 때 먼저는 하나님께 순종하는 그리스도인의 모습으로 더불어 그 순종을 통해 이웃을 사랑하는 자로 서있게 된다.

루터가 이야기 하는 직업윤리의 중심적인 가치는 자아성화가 아니라 이웃의 필요를 채우는 것이었다. 그의 직업윤리 의식은 노동에 대한 생산, 수입, 소득 그리고 일의 성과가 중요한 것이 아니라 함께 더불어 사는 이웃의 생계를 보장하기 위한 것이다.[97] 루터는 직업과 노동의 의미를 단순히 인간이 자신의 이익을 취하기 위해 얻는 소득 사업에만 국한 시키지 않고 하나님께서 부여해 주신 소명으로 인식하였다. 따라서 루터에게 노동이란 하나님께 드리는 섬김과 봉사요 더불어 이웃을 위한 섬김과 봉사이며, 이 노동에 대한 소명은 누구나 예외 없이 받은 것이며 모두가 할 수 있다고 보았다. 따라서 루터에게 있어서 노동을 거부하는 것은 다른 사람들을 섬기라는 소명을 거부하는 것으로 이해될 수 있다. 특히 루터는 이 소명을 거부하는 사람은 다른 사람들의 부담이 된다는 점을 강하게 강조하였다. 예를 들어 루터는 게으름을 도둑질의 한 형태로 이해했다. 왜냐하면 게으름은 다른 사람의 수고에 의존하여 살아가는 것이기 때문이다.[98] 루터에게 있어서 그리스도인이 각자 소명에 따라 직업을 가지고 살아가는 것을 거부하는 것은 내 이웃을 섬기라는 부르심을 거부하는 것과 동일한 의미이다. 루터는 당시에 사회적으로 만연되어 있던 구걸에 대하여 단호하게 반대하는데 자신의 노동의 대가로 얻은 소득으로 생계를 유지하지 않고, 구걸을 통해서 생계를 유지하고 구걸을 조장하던 구걸 수도승의 행위에 대해서도 신랄하게 비판하였다.[99] 루터에게 있어서 노동과 반대되는 구걸이란 하나님의 의지와 뜻에 반대되는 행동이다. 루터는 직업과 노동을 이웃사랑의 증거요 소명으로 이해하고 있다. 그에 반해 구걸은 노동에 대한 가치를 깎아 내리는 행위요, 무질서요 그리고 이웃사랑을 거부하는 행위이다.[100]

---

97) Theodor Strohm, *Diakonie und Sozialethik*, 49.
98) 박영호,『기독교 사회복지』(서울 : 기독교문서선교회, 2009), 693-694.
99) 강원돈, "기독교 사회윤리 관점에서 본 요한 힌리히 비헤른의 복지사상,"『기독교사회윤리』제14호, (2007), 10-11.
100) Guenter Ruddat / Gerhard K. Schaefer, *Diakonisches Kompendium*, (Goettingen : Vandenhoeck & Ruprecht GmbH & Co.KG, 2005), 48.

루터의 소명론에 나타난 직업윤리를 통해 우리는 직업과 노동이 칭의의 수단과 도구가 아니라 하나님의 은혜의 선물임을 깨닫게 된다.[101] 직업이나 노동이 자기 자랑의 근거가 아니요 오히려 믿음 안에서 하나님의 은혜를 받은 사람이 행하는 자유로운 활동이며 이 자유로운 활동은 하나님의 부르심 속에서 일어나는 일이기에 모두가 각자의 위치에서 최선을 다해 하나님을 섬기게 되고, 아주 작은 일이라도 믿음을 통해 그 일이 하나님을 기쁘시게 한다는 확신을 가지게 된다는 것을 알게 된다. 더불어 이 기쁨은 나를 통하여 이웃의 필요를 채우시는 하나님의 은혜를 체험하게 만든다. 물론 대량실업으로 인해 수많은 사람들이 직업을 찾지 못하고 또 잃고 있는 현대 사회에서 직업 소명론이 적합한 설득력을 갖기에는 다소 어려움이 있지만, 대량실업이 하나님의 소명을 받지 못한 것으로 인지 할 수 없고 오히려 이 문제는 현대 사회의 구조 문제로 인식해야 할 것이다.[102] 루터의 직업윤리를 통해 우리는 부르심을 소망하는 희망 윤리의식과 부르심에 응답하는 책임윤리를 구분하여 강조해야 할 것이다. 부르심을 소망하는 희망윤리의식이란 직업을 아직 구하지 못한 이들이 직업을 찾아가는 과정 속에서 각각 받은 소명이 무엇인지 깨달을 수 있도록 그리고 적합한 직업을 찾을 수 있도록 인도하는 것이며, 부르심에 응답하는 책임윤리는 이미 직업을 가지고 있는 자들에게 각자 자신의 직업이 하나님의 소명의 부르심에 입은 것임을 이해시키고, 지금 하는 모든 일들이 자신만을 위함이 아니라 이웃을 섬기는 일이요 하나님께 드리는 거룩한 예배임을 깨닫게 해야 할 것이다.

---

101) 우병훈, "루터의 소명론 및 직업윤리와 그 현대적 의의," 『한국개혁신학』 제57권, (2018), 126.
102) 강원돈, 『인간과 노동 = 노동윤리의 신학적 근거』, 172.102) 강원돈, 『인간과 노동 = 노동윤리의 신학적 근거』, 172.

2. 소유와 디아코니아

루터의 소유론Eigentum에 대한 입장 역시 디아코니아와 관련하여 그의 노동과 직업 윤리처럼 사회윤리관점에서 출발한다. 루터는 개인의 사유재산을 인정하면서도 동시에 그 재산이 이웃과의 관계 속에 놓여 있다는 것을 명백히 이야기한다. 그는 다음과 같이 이야기 한다.

> "자신을 위해서 소유를 유지하는 것은 선한 행위라고 간주할 수 없고 이웃을 위한 것이어야 한다… 그리스도인의 재산과 양식은 이웃을 더 잘 돕고 보호하고 지키기 위한 것이다."[103]

루터는 십계명의 제 8계명 '도둑질 하지 말라'는 계명을 토대로 개인의 사유재산을 인정한다. 루터는 재산소유를 인정하면서 세상 속에서 그리스도 법에 따라 재산을 사용하도록 이야기 한다. 루터의 제 8계명 이해는 내 것과 다른 사람의 것을 구별하고, 자신의 소유를 지켜내는 것과 개인의 재산 소유를 보호하고, 재산 축척을 정당해 주는 것이 아니다. 루터가 이야기하는 '도둑질 하지 말라'는 개념은 사유재산을 인정하여 부의 축척을 정당화하는 것이 아니라 가난한 사람을 구제하고 그들과 나누라는 사상이 더 깊이 담겨져 있다. 즉 그리스도인이 소유를 필요로 하는 것은 이웃에 대한 봉사를 위해서이다.[104] 루터에게 소유란 가난한 이웃들에게 베풀기 위해 필요한 것이다. 따라서 그리스도인에게 소유란 이웃에 대한 봉사를 하기 위한 것이기에 그리스도인들이 재산을 소유하려는 집착으로부터 자유로워야 하며, 그리스도인이 재산을 소유하는 근본적인 의미는 자기만족과 삶의 목표를 채우기 위함이 아니요 이웃과 함께 더불어 사는 공동체를 위한 것임을 분명히 한다. 루터에게서 소유는 하나님의 창조 안에 있는 좋은 선물이다.[105] 이 선물은 개인의 생계를 위해서 뿐만 아니라 이웃을 위해서 사용해야만 하는 것이다. 루터에게 있어 개인의 사유재산은 하나님께서 위

---

103) 재인용, Theodor Strohm, *Diakonie und Sozialethik*, 52.
104) 위의 책, 53.
105) 위의 책, 53.

탁하신 재산이며, 개인은 이 재산을 관리하는 관리인이다. 관리인으로서 그리스도인은 이 재산을 자신을 위해서가 아니라, 이웃을 위해 책임의식을 가지고 사용해야 한다. "즉 이제 너의 재산은 더 이상 너의 것이 아니라 너의 이웃의 것이다."[106] 그러므로 재산 소유주의 사유재산 사용에 대한 경제 원리는 "공동사용"에 대한 책임이 따르고 있다. 부의 과도한 축척은 넓은 의미로 보면 사회로부터 공공의 물질을 도둑질하고 있는 것이다.[107] 이러한 행위는 사회 구성원들의 경제적 정치적 평등을 파괴하는 행위로 과도한 부의 축척은 궁극적으로 공동체를 깨트리는 것이다.[108] 루터가 이해한 직업은 항상 자신의 생계보장과 더불어 동시에 전체 공동체의 삶에 대해서 책임을 지는 것이었으며, 각자 개인의 재산과 소유 역시도 이웃에 대한 섬김과 봉사에 대한 의무를 지는 것이었다. 루터에게 재산은 개인을 위한 것이 아니라 공동체를 위한 것으로 정치적으로는 복지사회를 위한 국가경제의 전선을 발전시키는 기능으로 보았다.[109]

결과적으로 루터가 이야기하는 소유란 개인의 이익을 위한 물질적 이익을 넘어서 이웃을 더 잘 돕고 보호하기 위한 것이다. 부유한 자들은 자신의 부를 내어놓음으로 가난한 자들의 생계를 돌보고, 도움을 받은 자들은 그들의 노동력이 있는 한, 노동을 통해 얻은 물질을 다시 공동체에 내어주어야 한다. 이는 부유한 사람은 가난한 사람보다 더 많은 세금을 내어 가난한 사람들이 다시 스스로 일어나 자립할 수 있도록 고용을 창출하고, 도움을 필요로 하는 사람들이 그들의 노동력을 통해 벌어들인 소득을 또 다시 세금으로 내어 놓음으로 또 다른 도움을 필요로 하는 사람들이 돌봄을 받을 수 있도록 하는 것이다.[110] 루터가 이해한 개인의 소유란 단순히 사유재산을 인정하여 부의 축척을 의미하는 것이 아니라 이 풍요로움이 공동체를 위한 의무로서 나타나야 한다는 것이다.

루터의 디아코니아적 입장에서 바라본 소유론을 통해 우리는 사회의 모든 구성원

---

106) 위의 책, 54.
107) 김옥순, "디아코니아 관점에서 본 보편적 복지의 타당성에 관한 연구,"『신학과 실천』제34호, (2013), 425.
108) 한기채,『성서 이야기 윤리』(서울: 대한 기독교서회, 2003), 100.
109) Theodor Strohm, *Diakonie und Sozialethik*, 53.
110) 김옥순, "디아코니아 관점에서 본 보편적 복지의 타당성에 관한 연구," 425.

들이 함께 더불어 살아가는 공동체 윤리를 배우게 된다. 우리가 살아가는 사회에서 섬김이 자칫 무조건적인 물질과 부의 나눔으로 나타나게 된다면 자칫 엄청난 사회비용이라는 부담으로 우리 앞에 나타날 수 있다. 국가가 약자들과 연대하는 노동정책[111]으로 사회적 약자들에게 적극적으로 사회 참여의 기회를 제공할 때, 사회적 약자들은 그들의 노동력을 제공하고, 그 노동력을 통하여 자립함으로 소득 가운데 세금을 내어 또 다른 약자들에게 기회를 제공하게 된다. 우리는 노동을 통한 생산 활동과 그에 따른 소득 그리고 조세납부를 통해 모든 국민이 생계를 보장받을 수 있는 복지정책을 기대할 수 있다. 노동력을 제공함으로서 고용능력을 창출해 내고, 노동을 통한 소득증대는 조세납부를 통해 모든 사람들이 안정된 삶을 살아가도록 보장받는 사회를 이룩할 수 있다.[112]

III. 루터의 종교개혁에 나타난 디아코니아 실천과 근대복지국가

1. 루터의 국가 주도형 복지제도

16세기 종교개혁시대는 근대 사회복지 운동의 출발로서 그 특징은 중앙화, 평신도화 그리고 합리화였다.[113] 이 시대에는 교회의 디아코니아 운동들이 중앙으로 통합되고, 디아코니아 운동을 조절하는 새로운 기관들이 나타났으며 이에 따라 디아코니아와 관련된 프로그램들은 교회의 영역에서 점차로 일반 사회복지 기관들로 이전되었

---

111) 우리나라 경제 성장론은 "고용 없는 성장"이 핵심이었다. 이러한 경제 성장론에 입각한 국내 경제는 내수 산업을 기반으로 한 경제 성장보다는 수출을 통해 채산성을 맞추는 거대기업들의 "고용 없는 성장"을 통하여 세계경제 시장에서 큰 경쟁력을 확보하게 되었고, 내수에 의존하는 산업들과 기업들은 생존 위기에 직면한 상황에 까지 이르게 되는 현상들이 나타나게 되었다. 국민소득에서 자본이 차지하는 몫은 줄어들기는커녕 끊임없이 증가해 왔고, 어느 때에는 극적으로 늘어나기까지 했다. 이런 경우에는 국민경제에서 생산과 소비의 거시균형이 깨어질 수밖에 없고, 그 타개책은 자본과 상품을 국외로 밀어내는 것밖에는 없었다. 그 결과, 우리 사회에는 가난이 확산되고 구조적인 가난의 함정에 빠진 사람들의 좌절과 절망이 심화되었다. 이러한 문제를 해결하기 위해 대외적인 변수들이 요동치지 않는 튼튼한 내수 경제에 바탕을 둔 건강한 개방경제를 추구해야 할 것이다. 노동하는 사람들의 소득을 증가시키고 노동을 하고자 하는 사람들의 소득을 보존해야 할 것이다. 내수를 늘리는 가장 중요한 방안은 산업 발전과 변화의 추이에 따라 새로운 일자리들을 많이 만들어내고 사람들이 그 일자리들을 얻을 수 있도록 훈련시키는 일이다. 이와 더불어 노동임금을 획기적으로 높이고 일자리를 찾고 있는 사람들의 소득을 보전해 주어야 할 것이다. (강원돈, "또다시 등장한 성장주의 담론을 경계하며"『Kang Won-Don's Essay』,(2018.5.14.) http://socialethics.org/wwwb/CrazyWWWBoard.cgi?db=essay)
112) 김옥순, "디아코니아 관점에서 본 보편적 복지의 타당성에 관한 연구," 426.
113) 김주한,『마르틴 루터의 삶과 신학 이야기』(서울: 대한 기독교 서회, 2002), 188.

다. 이러한 변화를 주도한 사람이 바로 루터였다.[114]

　루터는 자선가들의 구원을 얻는 수단으로 전락한 공덕주의에 입각한 "이신행위론"에 대한 폐단과 이로 인한 절대적 부에 편승하여 타락의 나락을 달리게 한 수도원의 재산 증식, 단순히 가난하다는 것만으로 미화되어 구빈원을 이용해서 문전걸식한 자들의 증가, 그리고 노동을 하지 않아도 의식주가 해결된다는 인식으로 인한 걸식자들의 양산 등을 신랄하게 비판하였다.[115] 특히 루터는 탁발수도단에 대해 계속해서 문제를 삼게 되는데, 1519년 그는 '고리대금에 대한 짧은 설교'에 붙인 소견에서 구걸에 대해 반대하면서 탁발수도단이 "모든 것을 구걸 자루에만 의지한다고" 비판하였다.[116] 이어서 그는 1년 후 1520년에 "독일 크리스챤 귀족에서"란 논문을 통해 귀족들에게 구걸의 철폐와 탁발수도승 해체를 요구하게 된다. 루터는 그의 논문을 통해 모든 귀족들에게 '만일 가난한 자들의 착취와 같은 불의가 일어나면 그들이 속해 있는 모든 지역에 책임감을 가지고 그들의 의무를 다할 것'을 상기시켰고, 특히 모든 구걸을 철저하게 금지시켰다.[117] 루터는 구걸이 하나님의 뜻에 위배되는 행동이며, 곤경 때문에 구걸하는 것은 그리스도인에게 돌아갈 부끄러움이라고 이야기 하며, 세속 제후들이 직접적으로 혹은 공의회를 통해 모든 지역에 그들의 교회를 설립하여 구걸을 폐지하고 가난한 자들을 돌보는 일의 책임을 지도록 이야기하였다.[118] 루터는 세속 제후들에게 그들의 사회적 책임을 눈앞에 제시하면서 그들에게 빈민에 대한 구호의무를 체계적으로 실시하도록 촉구했다.[119] 루터는 공덕주의에 입각한 구원의 이데올로기 사상에 이의를 제기하고 자선의 폐단과 걸식에 대한 분명하고도 구체적인 개혁안을 제시하였다. 그의 자선에 대한 개혁에는 교회의 디아코니아 구조가 국가사회복지체제로 전환되어야 함을 제안하며, 이러한 국가주도형 사업을 통해서 항구적인 빈

---

114) 위의 책. 188.
115) 최무열, 『사회복지의 뿌리를 찾아서 - 기독교사회복지의 역사』 (서울: 나눔의 집, 2008), 135-137.
116) 홍주민, 『디아코니아학 개론 -디아코니아 실천을 위한 이론서』 (오산: 한국디아코니아연구소, 2009), 102.
117) Reinhard Turre, *Diakonik - Grundlegung und Gestaltung der Diakonie*, (Neukirchener Verlag des Erziehungsvereins Gmbh, Neukirchen-Vluyn, 1991), 17.
118) 위의 책. 17.
119) Gerhard K. Schaefer/ Volker Herrmann, "*Geschichte Entwicklungen der Diakonie von der Alten Kirche bis zur Gegenwart im Ueberblick*", Volker Herrmann/Martin Horstmann, Studienbuch Diakonik - biblische, historische und theologische Zugaenge zur Diakonie band 1 (Neukirchener-Vluyn: Neukirchener, 2008), 148.

민문제의 해결 그리고 공동기금에 의한 조직적이며 합리적인 사회보장제도의 확립 뿐만 아니라 법령의 제정을 통한 정부차원의 사회사업을 실시할 것을 제안하였다.[120]

루터의 사회개혁 속에 나타난 디아코니아의 특이한 점은 이전까지 교회와 수도원이 주도한 자선 활동들이 정부 관리들과 연합 속에서 시행될 수 있는 길을 열었다는 점이다.[121] 루터는 당시 사회문제 발생의 일차적인 책임이 정부에 있다고 보았다. 따라서 교회가 국가보다 앞선 구제행위를 시행하기보다 두 번째 위치에 서서 국가와 협조하여 국가의 관리를 책임지도록 하며 모든 도시는 국가주도 하에 도시의 빈민을 위한 구제시설을 갖추어야 한다고 주장하였다. 루터는 재원 마련에 대해 교회가 전적으로 협조해야 하고, 교회의 영지수입과 성도들이 기부할 수 있는 분위기를 조성해야 하며, 나아가 조직적인 구호를 위해 모든 국민에게 세금을 부과해야 한다고 주장하였다.[122] 루터는 국가가 주도하는 복지국가를 이루기 위해 무엇보다도 정부가 앞장서서 그 당시 만연되어 있던 공덕사상의 폐해로 나타난 구걸행위를 폐지하고, 가난한 사람을 어떤 분명한 기준 아래에 구분하고 돌보는 사회복지 계획을 세우고 개발할 것을 촉구하였다. 루터의 주장은 단순히 구걸자와 탁발수도승들의 사회적 폐해를 넘어서 지금까지 걸인들과 구걸자들을 양산한 잘못된 스콜라주의적 업적주의 신학과 교회론에 대한 도전이었기에 이 문제를 교회적 차원을 넘어 국가적 차원에서 해결해야 한다고 주장했던 것이었다.

루터가 정부와 교회와의 연합을 통해 디아코니아에 기초한 사회복지사업을 가능케 한 배경은 그의 "두 왕국론"의 신학에 그 근거를 두고 있다고 이야기 할 수 있을 것이다. 루터는 가난한 사람들에게 도움을 베푸는 사회복지 제도를 건설하여 사회질서를 개혁하려고 하였다. 루터의 두 왕국론은 기독교와 세속국가와의 관계의 충돌과 대립보다는 보전과 공존을 모색한다.[123] 두 왕국론에 따르면 하나님은 양손에 칼

---

120) 최무열, 『사회복지의 뿌리를 찾아서 - 기독교사회복지의 역사』 140.
121) 김주한, 『마르틴 루터의 삶과 신학 이야기』 190.
122) 박영호, 『기독교 사회복지』 694.
123) 위의 책, 695.

과 복음을 들고 세상을 통치하신다.[124] 칼과 복음의 관계는 상호보완적이며 상호견제 기능을 한다. 루터에게 국가 공권력은 공동복지에 대한 의무를 지며, 그 의무는 겸손과 그리스도의 사랑에 의해서 행동해야만 하는 것이다.[125] 루터의 두 왕국론은 사회복지에 관한 실제적이면서도 실행 가능한 기초들을 제공하였다. 사회복지와 관련하여 루터의 두 왕국론에서 결정적인 요소는 공적 신앙에 대한 그의 주장이다. 루터에게 그리스도인의 믿음은 개인적인 차원에서 뿐만 아니라 공공의 차원에서도 주장되고 양육되어야 한다. 또 공적인 신앙에 대한 루터의 개념은 교회와 국가 관료들과 협력으로 특징지어 졌으며, 이로 인해 16세기 정교한 사회복지 제도의 발전을 가져오게 하였다.[126]

2. 루터의 디아코니아 실현 - 라이스니히 공동모금함 규정 Leisniger Kastenordnung

루터는 사회복지를 발전시킬 수 있는 가장 적합한 수단은 사회복지와 관련된 문제들을 법으로 제도화시키는 것이라고 생각하였다. 루터는 시의회가 사회복지 관련법을 제도화함으로 그 동안 산발적이고 개인적인 차원에서 이루어진 자선활동들이 더 조직화 될 수 있음을 강조하였다. 그로인해 가난한 자들의 요구들에 효과적으로 대응하면서 사회복지에 대한 정부차원에서의 포괄적인 접근 또한 가능하게 할 수 있다고 믿었다.[127]

루터는 여러 도시에서 디아코니아와 가난한 자들의 구제 제도들을 개혁하게 만든 새로운 법령제정을 위한 초안 작업에 기여하였다. 가난한 자들에 대한 구제의 개혁의 첫 구체적인 도약은 루터의 비텐베르크 헌금자루규정에서 이루어졌다.[128] 루터는

---

124) 손규태,「마르틴 루터의 신학사상과 윤리」(서울: 대한기독교서회, 2005), 183-184.
125) Theodor Strohm, *Diakonie und Sozialethik*, 55.
126) 김주한,『마르틴 루터의 삶과 신학 이야기』190.
127) 위의 책, 192.128.
128) 홍주민, "16세기 유럽 사회복지 형성과정에 나타난 개신교의 역할과 기여에 관한 연구 - 마틴루터와 요한네스 칼빈을 중심으로,"『한·독 사회과학논총』제17권 제2호, (2007), 237-238.

예배와 디아코니아의 개혁을 결합한 사회복지 조치들인 "비텐베르크 직제"의 발전에 결정적으로 영향을 미쳤다. 루터는 대부분 개혁적인 법률제정에서 가난한 자들의 구제를 위해 실제적인 조치들을 위해서 노력하였다. 예를 들면 비텐베르크 조문은 "공동 헌금은 가난한 고아들, 가난한 사람들의 자녀들에게 제동되어야 할 것이다."[129]라고 명문화하고 있다.

사회복지 제도에 대한 루터의 새로운 접근은 많은 도시들에 퍼져나갔고 크게 영향을 미쳤다. 루터의 디아코니아 신학에서 출발한 복지 프로그램은 개인적이고 교회중심적인 자선 행동의 차원에서 공적이고, 사회적이며, 공동체적인 사회복지 제도로의 변경을 가져왔다. 특히 루터는 교회의 관할 구역에서 도움을 필요로 하는 사람들을 위해 금고를 설치할 것을 권했고 그 결과로 1523년 "라이스니히에 공동모금함 금고규정"을 도입하였다. 특히 루터는 예배를 공익헌금을 위한 자선과 연결하였다. 그는 라이스니히 "공동모금함 법령" 서문에서 "하나님 앞에서 그리스도의 사랑으로 곤고한 이들을 돕는 것보다 더 위대한 예배는 없다"고 선언했다. 루터에게 디아코니아는 "예배 이후의 예배"와 같았다. 초대교회 예배와 자선의 밀접한 결합은 중세교회에서 분할되었다가 루터에 의해 다시 연결되었다.[130] 라이스니히 의회는 공동기금을 설치하고 예배의 질서를 개혁해 나갔다. 이 법령은 뚜렷한 특징을 지니고 있었는데, 그것은 공동기금 유지를 위한 과제 규정이었다. 이는 가난한 사람들을 위한 규정으로 첫 번째 개신교 안에서 나타난 가난한 자들을 위한 세금이었다.[131] 그리고 이 법령에는 진실로 가난한 사람들만 구제하고 다른 자들은 구걸을 그만두고 일을 해야 한다는 종교개혁의 기본적인 입장을 철저히 반영하고 있다. 또 다른 특징은 이 라이스니히 법령의 구성에서 10명의 관리자를 두고 있었는데, 2명은 귀족 중에서, 2명은 현직 시의원들 중에서 3명은 도시의 일반 시민들 중에서, 그리고 나머지 3명은 지방 농민들 중에서 선출하여 이 법령을 지켜 나갔다는 점이다.[132]

---

129) 재인용, 김주한, 『마르틴 루터의 삶과 신학 이야기』 193.
130) 송용원, 『칼뱅과 공동선』 (서울 : 한국기독학생회출판부, 2017), 260.
131) 홍주민, "종교개혁과 디아코니아," 『신학연구』 46호, (2004), 276.
132) 최무열, 『사회복지의 뿌리를 찾아서 - 기독교사회복지의 역사』 143.

라이스니히 공동기금을 위한 재원은 교회의 재산과 자금들, 유언에 의한 상속 재물들을 몰수함으로 가능하게 되었다. 특히 루터는 기존의 재단들과 수도원 건물들, 교회당들을 기금으로 사용함으로써 지금까지 온 세상의 재물로 살찌고 호화를 누렸던 교회와 성직자들의 끔찍한 잔재들이 크게 감소하기를 기대했던 것으로 보인다. 이렇게 마련된 공동기금은 흉년 기간에 사용되었고, 비상시에 가격을 안정시키기 위해 밀과 콩을 비축하고, 교회, 학교, 병원과 같은 공공건물들을 유지, 건설하는 등의 사업에 주로 사용되었다. 라이스니히 공동 기금은 개인 구호를 넘어서 흉년에 대비하고, 재난 및 비상시 물가를 안정시키는 한편, 공공건물을 유지하고 건설하는 것을 포함하여 다양한 사업에 사용되었다.[133]

라이스니히 공동모금함의 근본사상들은 다음과 같다. 첫째, 공동함에 나타난 가난한 자 돌봄은 성서에 기초하며 신학적으로 성찰된 것이었고 둘째, 지금까지 가난한 자를 돕는 제단들이 개별적으로 관리되었다면, 이 공동함을 통해 모든 재원 조달 가능한 수단들이 관리되어 효율적으로 사용하게 되어졌다. 예를 들어 사회행정당국이 만들어졌는데, 시의회는 그들 가운데 명예직으로서 빈민 구호인을 두고 그들이 빈민구호법을 실천하도록 책임지게 했다. 그들에게 유급 노동력이 조달되었는데 그 노동력은 디아콘이라고 불렸다. 그들은 가정방문을 통해 이웃들의 필요를 살피는 임무가 있었고, 물자를 나누어주는 일을 집행하였다.[134] 셋째, 가난한 자 돌봄은 예방적인 돌봄에까지 이르렀다. 이러한 돌봄은 예방적인 차원에서 비상시를 대비하여 비축분을 마련하기까지 하였다. 마지막으로 라이스니히 공동함의 가난한 자를 위한 돌봄은 이제 기관적으로 조직화 되었을 뿐만 아니라 교회적이며 시민적으로 함께 공동체에 대한 책임을 지는 공동의 가난한 자 돌봄이었다.[135] 이 공동함은 종교개혁의 도입을 통해서 새로운 형태의 함께 사는 공동체의 삶을 보여주었다.

---

133) 위의 책, 144.
134) Gerhard K. Schaefer/ Volker Herrmann, *Geschichte Entwicklungen der Diakonie von der Alten Kirche bis zur Gegenwart im Ueberblick*, 148.
135) 김옥순, 『디아코니아 신학 - 섬김과 봉사 교회의 디아코니아 활동을 위한 신학적 성찰』(서울: 한들 출판사, 2011), 91-93.

종교개혁이 진행되어지는 동안에 많은 도시들은 개신교 교회공동체규정과 공동함 규정의 도움으로 거지, 가난 그리고 실업의 문제들을 끌어안았다.[136] 그러나 가난한 자에 대한 돌봄이 루터가 생각한 교회공동체의 주도에 의해서 공권력이 함께하는 공동복지 생각과는 달리 일방적으로 시의회 행정 속으로 빠져 들어가게 되고 곳곳에서 집사 직무가 소멸되는 현상에 이르게 되는 결과[137]로 나타나게 되었다.[138] 그래서 종교개혁 후기로 볼 수 있는 30년 전쟁 말기에는 종교개혁적인 디아코니아의 위기를 가져왔다. 즉 지역주민과 함께하는 목사 직무가 이제 영적 차원으로만 위축되어졌고, 목사의 영적 책임 이외의 모든 책임들은 권력을 쥔 공권력 기관에 넘겨졌다.[139]

3. 루터의 종교개혁과 디아코니아 사상이 현대복지 국가에 미친 영향

루터는 원래 교회 공동체가 주도해서 공권력과 협동적인 디아코니아를 수행하려고 의도했으나, 시간이 지나면서 그 결과는 완전히 반대로 되어졌다. 루터는 처음부터 공권력을 수용하였다. 그 이후 교회의 디아코니아가 종교전쟁의 소용돌이 속에서 공권력 아래로 들어가면서 부분적으로 파괴되었고, 또한 개신교 내부의 신학자들과 목사들에 의해서 잘못 인도된 것은 놀라운 것이 아니다. 그럼에도 불구하고 개신교의 디아코니아 활동은 오늘날 복지 국가 모델을 고양시키기 위한 충분한 자극이었다.[140]

루터의 종교개혁과 관련된 섬김과 봉사는 개신교 내방선교의 창시자 Gründer der Inneren Mission der Evangelischen Kirche 불리우는 요한 힌리히 비헤른[141] Johann Hinrich Wichern, 1808-1881에게 많은 영향력을 행사하게 된다. 비헤른은 독일의 디아코니아 역사에서 가장 걸출한 사상가이자 실천가였으며, 내방선교 Die Innere Mission의 설립자로 기독교

---

136) 위의 책, 56.
137) 시간이 지남에 따라 교회는 말씀의 선포와 교회내의 봉사활동에만 그 역할을 제한시키고 교회 밖 사회는 절대주의 국가의 관료들에 의해 복지경찰제도로 이끌리게 된다. 더불어 루터의 금고규정에서 금고 이사나 빈민구호자는 정치에 속하는 사람들이었고, 이들이 바로 디아온, 집사와 동시되었지만, 이 집사직의 임무는 목회적 성격을 띠고 있었으나 그들의 작업 내용은 세속적이었다. (강원돈, "기독교 사회윤리의 관점에서 본 요한 힌리히 비헤른의 복지 사상," 13.
138) Theodor Strohm, *Diakonie und Sozialethik*, 68.
139) 위의 책, 16.
140) 김옥순,『디아코니아 신학』103.

의 사랑의 행위를 체계적으로 조직하고 전개한 인물이다.[142] 그는 루터의 만인사제직 사상을 사랑의 실천과 연결하였고, 루터의 라이스니히 금고규정의 정신에 따라 교회와 사회의 영역에서 버림받은 사람들을 위해 디아코니아 활동을 펼쳐나갔다.[143]

내방선교는 사회구조의 틀 안에서 디아코니아를 구체화하기 위해 비스마르크 정권의 사회법제정에 깊이 관여하게 되고 이 결과 디아코니아 전통의 영향을 받은 현대 복지 국가들 중에서 "최초의 사회보장법"이 비스마르크에 의해서 "입법화"되었다.[144] 그는 1881년을 출발점으로 해서 1883년부터 1889년 사회보장법을 제도적으로 정비하였다. 그 결과 1883년 의료보험, 1884년 산재보험, 1889년 근무 장애보험과 노후 연금보험이 제정되었다.[145] 비스마르크 시대에 표방한 사회정책과 사회보장법은 사회 관료주의에 의한 강제적 보장제도의 실행이었으며 신앙인의 사랑을 배제시킨 관료주의적인 성격이 강했다. 그럼에도 불구하고 루터의 디아코니아 사상은 현대 복지국가를 형성[146]하는데 상당한 영향력을 끼친 것은 분명하다.[147]

---

141) 현재 독일의 디아코니아 기관은 약 31, 000개이고 46만 여명의 직원이 그곳에서 일하고 있고 70만 명 정도의 자원 봉사자 들과 100만이상의 의료침대나 수혜를 제공하는 등, 디아코니아 실천운동은 거대한 규모로 진행되고 있다. 이들 직원 중 26만 명 정도가 고정된 시설에서 근무를 하고 있는데 그중 40%에 해당하는 이들이 양로원, 청소년 기관, 장애인 기관, 그리고 병원에 속하여 있다. 특히 독일 전체 장애인 시설의 1/2, 유치원의 1/4, 병원의 1/10이 디아코니아 기관에 의해 운영되고 있다. (홍주민, "한국교회의 디아코니아 실천을 위한 디아코니아학의 가능성 모색을 위해 -독일의 디아코니아학의 형성을 중심으로-," 『신학과 실천』 제8호 (서울 : 한국실천신학회, 2005년), 238-239.
142) 강원돈, 『사회적 개신교와 디아코니』 (오산 : 한신대학교 출판부, 2016), 31.
143) 강원돈, "기독교 사회윤리의 관점에서 본 요한 힌리히 비헤른의 복지 사상," 34.
144) Theodor Strohm, *Diakonie und Sozialethik*, 26.
145) 홍주민, "섬김의 르네상스," 『기독교사상』 4월호(통권 제592호), (2008), 233.
146) 루터의 복지원칙과 영향은 16세기의 중앙집권화된 빈자구호를 독일 뿐 아니라 유럽에 확산시키는 역할을 했다. 구체적으로 독일을 비롯하여 스칸디나비아 국가들, 즉 덴마크, 노르웨이, 스웨덴, 그리고 핀란드도 루터의 사고를 종교개혁과 함께 받아들였다. 종교개혁은 복지사업의 세상적 구조와 사회정책의 새로운 발전으로 가는 길을 열어 놓았다. (홍주민, "종교개혁과 디아코니아," 276.)
147) 김옥순, 『디아코니아 신학』 104-105.

IV. 소결

루터가 주장한 종교개혁의 핵심 사상인 칭의론은 그리스도인의 사회책임에 대하여 새로운 신학적 방향성을 제시해 주었다. 그의 사회윤리에 나타난 디아코니아 사상을 무엇보다도 그의 소명론 안에서 살펴볼 수 있었다. 루터는 인간과 직업을 고정시켰던 중세신분제도를 깨뜨리고 직업을 이웃봉사의 기능으로 파악하는 길을 열었다. 그는 예수 그리스도의 십자가 의를 통해 변화된 그리스도인이 하는 모든 일에는 구분도 구별도 없으며 그들의 직업과 노동의 결과가 이웃을 위한 일이요 그 일이 무엇보다도 이웃을 섬기는 일이라면 그 일이 거룩한 소명의 부르심을 입은 성직이요 예배임을 가르쳤다. 루터의 직업 소명론이 가지는 가치는 퇴색되지 않았다. 오늘날 자본주의 사회에서 이해되는 직업이란 갑과 을을 구분 짓는 잣대가 된다. 있는 자와 없는 자를 구분 짓는 잣대가 되어버린 직업윤리 의식, 있는 자만이 "갑"이 되고 없는 자는 "을"이 된다는 새로운 계급사회구조를 형성하게 된 이러한 직업윤리 의식은 섬김이 아닌 착취와 억압으로 돌변하게 되었다. 이런 점에서 우리는 루터에게 많은 것을 배우게 된다. 루터의 직업윤리의 중심적인 가치는 이웃을 위한 섬김과 봉사이다. 자기 유익만을 추구하는 직업이 아니라 이웃을 위해 섬기는 직업이 곧 예배가 된다는 루터의 직업윤리 의식을 통해 우리는 섬김과 봉사를 다시 배우게 되고, 있는 자와 없는 자로 구분 짓는 사회가 아니라 사랑으로 연대하는 사회를 꿈꾸고, 이웃을 섬기는 것이 곧 하나님을 섬기게 된다는 것을 깨닫게 된다.

The Reformation and Diakonia

Part 3.
칼빈의 경제윤리와 디아코니아

그러므로 여러분은 먹든지 마시든지,
무슨 일을 하든지, 모든 것을
하나님의 영광을 위하여 하십시오.

고린도전서 10:31

Part 3.
칼빈의 경제윤리와 디아코니아

I. 서론

농촌사회를 기반으로 한 경제윤리를 전개한 루터와 달리, 제네바에서 활동한 칼빈은 상업이나 금융이 발달한 도시 중산층의 입장에서 경제문제에 접근한다.[148] 그는 당시에 가장 선진적 영역이라고 할 수 있는 상업이나 무역 또는 산업 분야 종사자들에게, 그들이 직업을 통해 하는 일이 하나님 보시기에 합당하다고 선언했다. 담보와 이자를 지급하거나 신용을 바탕으로 이루어지는 자금 거래, 은행업, 대규모 상업과 무역 등 현실 세계에서 벌어지고 있는 경제 현상들을 자신의 신학적 사고 안으로 가져와 정교한 윤리체계를 만들어 낸 인물이 바로 칼빈이다.[149]

칼빈의 종교개혁의 중심지였던 스위스 제네바에서 신구교간의 대결이 가시화된 것은 1532년 면죄부 판매의 문제 때문이었다. 면죄부는 1517년 루터가 비텐베르크에서 종교개혁을 일으킨 도화선이었지만, 그로부터 15년이나 후에 제네바에서도 같은 문제를 일으키게 되었다. 그러나 제네바의 종교개혁은 단지 로마카톨릭에서 개신교로의 전향만을 의미하지는 않는다. 그것은 풍습과 사회 일반의 개혁이라는 면도 포함하고 있었다. 제네바 종교개혁은 신앙적이고 교리적인 면뿐만 아니라 도덕적이고 사회적인 면에서의 개혁과 쇄신이라는 방향에서 진행되었다. 칼빈의 스위스 제네바 종교개혁 초기부터 진행된 도덕과 풍습 그리고 새로운 사회를 위한 개혁들은 다음과 같다.

---

148) R,H. 토니, 『기독교와 자본주의 발흥』 고세훈 옮김 (서울: 한길사, 2015), 182.
149) 조광호, 『초대교회의 경제윤리와 이후의 발전』 (서울: 한들출판사, 2019), 210.

- 1535년 4월 16일 거리에서 추는 춤을 금지했다.

- 1535년 8월 10일 소위원회는 교회 재산들의 목록들을 작성할 것을 결정했다. 그 재산들은 교회와 학교, 병원 등의 사회복지시설로 사용하게 되었다.

- 1535년 11월 29일 위원회는 일반병원구빈원의 설립을 결정했고, 그것을 생뜨 끌레르 구수녀원에 세웠다. 이 의료복지기구는 일곱 옛 병원구빈원들, 모든 교회들, 예배당들, 교구들, 수도원들과 형제단들의 수입들로부터 지원받았다.

- 1536년 2월 6일 종교개혁에 우호적인 새로운 소위원회 위원들을 뽑고, 제네바에 사회적이고 도덕적인 생활에서 질서를 세우기 위한 새로운 조치들을 즉각 취하기로 결정했다.

- 1536년 3월 7일 도시에서 윤락녀들을 없애기 위한 조치가 취해졌다. 그녀들은 직업이든지 제네바든지 하나만 선택해야 했다.

- 1536년 3월 10일 제네바의 질서들은 위원회의 명령에 의해 소속된 촌락교구들에도 도입되었다.

- 1536년 5월 21일 주권을 가진 시민들이 만장일치로 새로운 신앙을 채택하기로 결의했던 그 시민의회에서 또한 의무공교육을 실시하기로 결정했다. 그 의무공교육은 유럽에서 최초로 이뤄진 것이다. 그리고 아마 세계에서 최초이기도 했을 것이다.

- 1536년 6월 13일 위원회는 주일 외에 축일에 휴무하는 것을 금지하였다. 왜냐하면 종교개혁이전에는 종교적 축일이 일년에 절반에 이를 정도로 많아서 게으름이 만연

했었다. 그러나 제네바는 종교개혁과 함께 그것을 종식시키고 근면한 사회를 만들어갈 기틀을 마련했던 것이다.

- 1536년 6월 16일 위원회는 도시의 모든 거주민들에게 설교를 들으러 가야한다고 명령했다.(벌금 3솔 sol) 그 이유는 십계명의 네 번째 계명 안식일을 거룩히 지키라는 계명을 기억하여 지키기 위함이었다.

- 1536년 6월 28일 200인 위원회는 술집에 대한 규정을 채택했다. 그래서 신의 이름을 망령되이 일컫는 일과 카드놀이, 주사위 놀이, 설교시간에 그리고 9시 이후의 야간에 마실 것을 제공하는 행위 그리고 포도주나 빵을 이유 없이 비싸게 파는 행위를 금지했다.[150]

II. 칼빈의 디아코니아 신학의 단초

칼빈의 신학을 지배하는 세 가지 기본적인 관념들은 하나님의 절대주권, 하나님께 영광 그리고 예정론이다.[151] 이 세 가지 신학적인 관점의 핵심은 바로 하나님 중심이다. 칼빈은 그의 저서들을 통해 인간이 직면하고 있는 모든 문제들을 그의 신학의 중심 주제인 하나님의 주권 사상아래에서 설명하려는 시도를 하였다. 특히 인간의 모든 경제행위를 통해 나타내고자 했던 그의 디아코니아 사상은 무엇보다도 하나님의 영광을 위한 것이었다.[152]

칼빈의 디아코니아 신학은 일반 사회복지와 근본적으로 그 출발점과 목적을 다르게 하고 있다. 일반 사회복지가 인간의 삶의 질을 향상시키고 인간의 행복을 증진하

---
150) 이오갑, 『칼뱅, 자본주의의 고삐를 잡다』 (경기도: 한동네, 2019), 97-99.
151) 김기련, 『종교 개혁사』 (서울: 한들 출판사, 2011), 301.
152) 황봉환, 『기독교 경제윤리』 (서울: 예영커뮤니케이션, 2003), 115-116.

는 목표를 가진 인본주의적 관점이라면 칼빈의 디아코니아 신학은 신본주의적 관점 아래 하나님의 절대주권과 인간의 자기부정이라는 주제로 출발한다. 칼빈은 인간은 스스로 옳은 일을 할 수 없을뿐더러 선을 선택할 자유조차도 잃어버린 존재라고 설명한다.[153] 그의 유명한 예정론은 이런 입장에서 이해되어 질 수 있다. 인간은 전적으로 부패해서 구원받을 가능성이 전혀 없고, 의를 선택할 자유조차 상실했다. 따라서 인간이 구원을 받을 수 있는가 없는 가는 전적으로 하나님의 손에 달려 있다. 예정론을 어떤 사람은 구원받고, 다른 이는 구원을 받을 수 없다는 선택론적인 입장이 아니라, 구원이 인간의 행위 혹은 그의 업적에 의해 달려 있는 것이 아니라 오직 하나님의 절대적인 주권 아래 놓여 있다는 것이다.[154] 하나님께는 구원받을 자와 구원받지 않을 자가 이미 결정되어졌다는 것은 중요하지 않다. 정말로 중요한 것은 인간의 구원과 그로인해 나타나는 의로움은 전적으로 하나님의 주권으로 결정되어진다는 사실이다. 칼빈의 선행에 대한 입장도 역시 하나님의 절대적인 주권이라는 주제아래 이해되어진다. 칼빈은 경제와 사회에 나타난 모든 문제점을 바로 인간의 죄와 타락의 결과로 발생한 것으로 보았기 때문에 죄인인 인간은 하나님의 구속의 은혜를 떠나서는 선한 일을 행할 수 없다. 인간 사회나 경제의 수평적 무질서는 하나님과 인간 사이의 수직적 관계가 깨어진 데서 온 결과이기 때문에 어떤 사회나 경제 제도로 죄로부터 사회 구성원들을 구원할 수 없으며, 인간 사회 속에서 일어나는 사회, 경제, 정치 등의 문제점에 대한 궁극적 해답을 제공해 주지 못한다는 것이다.[155]

칼빈은 하나님 앞에서 온전히 자기를 부정하고 하나님의 절대주권을 인정했을 때 교만과 허식이나 자랑이나 탐욕, 욕심, 명예 즉 자기를 사랑하는데서 나오는 모든 죄악으로부터 빠져나올 수 있다고 이야기 한다.[156] 또한 주님의 명령을 좇지 않고 자기를 부인하는 일이 없으면서 선행을 하는 것은 자기 자랑일 뿐이며, 사람의 칭찬을 위해서 행하는 것으로 보았다.[157]

---

153) John Calvin,『기독교 강요(중)』, 원광연옮김 (고양: 크리스챤 다이제스트, 2003), 197.
154) John Calvin,『칼빈의 예정론』한국칼빈주의연구원 (서울 : 기독교문화사, 1993), 41-45.
155) 황봉환,『기독교 경제윤리』(서울: 예영커뮤니케이션, 2003), 116.
156) John Calvin,『기독교 강요(중)』, 205.
157) 앞의 책. 205.

선행이 자기 자랑이 아니요 오직 하나님께 영광이 되기 위한 전제 조건은 바로 하나님을 향한 온전한 믿음이다. 이 믿음이 이웃사랑을 일으키는 원동력이 된다. 이웃을 섬기고 돕는 것은 하나님의 명령에 순종하는 일이요, 하나님의 명령에 순종하는 것은 자기를 부인하고 오직 하나님의 주권 앞에 무릎 꿇는 것이다. 하나님의 절대 주권 아래 자기 자신을 부인하는 것은 자기의 의지를 따라 사랑할 이웃과 사랑할 방법을 결정하는 것이 아니라, 하나님이 그것을 결정하시고, 그 결정에 인간은 철저히 순종하는 것이다. 또한 칼빈은 하나님께서 그리스도를 모범으로 세우셨기에 우리의 삶 속에도 그리스도의 모범을 실현해야 된다고 이야기 한다.[158] 칼빈이 제시한 그리스도인의 온전한 삶이란 그리스도를 본받아 이웃을 자기보다 낮게 여기고 이웃의 유익을 구하는 삶이다. 칼빈은 우리 인간이 무슨 자격이 있기에 선행을 행하고 또 그 선행을 받을 수 있는 존재가 될 수는 없다고 이야기 한다. 다만 우리 모두가 사랑을 받을 수 있는 이유는 모든 사람이 바로 하나님의 형상을 가지고 있기 때문이다.[159] 하나님 형상의 속성은 기독교 사랑의 존재론적 토대가 된다. 칼빈은 하나님이 자기의 형상대로 인간을 창조하셨음을 강조하였다. 하나님은 인간을 창조하심으로 획일적으로 만들지 않으시고 다양성을 가지게 하셨다. 남자와 여자, 부자와 가난한자, 약자와 강자, 우둔한 자와 재능 있는 자등이 모두 다 하나님의 피조물이다. 그러나 이 같은 다양성에도 불구하고 인간이 모두 하나님 앞에서 평등한 이유는 바로 하나님의 형상으로 지음 받은 존재이기 때문이다. 따라서 그 어느 누구도 다른 사람 위에 군림할 수 있는 존재가 아니다. 특정한 사람에게 하나님의 은사를 주신 것은 바로 사람 위에 군림하기 위함이 아니요 하나님과 이웃을 섬기는데 사용하도록 하기 위함이다.[160]

---

158) 칼빈은 그의 저서 기독교 강요에서 그리스도를 나타내는 삶에 대해 다음과 같이 이야기 한다." 이보다 더 효과적인 가르침이 또 어디 있겠는가? 주께서는 오로지 한 가지 조건, 즉 우리의 삶 속에서 그리스도를 드러낸다는 조건으로 우리를 그의 자녀로 받아 들이셨다. 그러므로, 만일 우리가 의를 위하여 우리 자신을 드리고 헌신하지 않는다면, 그것은 그야말로 극악무도한 배신으로 우리 창조주 하나님을 거역하는 것일 뿐 아니라 우리를 구원하신 그리스도 자신을 저버리는 행위인 것이다." John Calvin, 『기독교 강요(중)』, 199.
159) 하나님 형상으로 창조된 우리 인간은 모든 이들에게 사랑을 베풀고 또한 받을 수 있는 놀라운 특권을 지니고 있다. 이러한 관점에서 칼빈은 다음과 같은 공공의 선을 위한 윤리적 책임을 이야기 한다. "우리는 사람이 어떤 사람인지, 어떤 대우를 받아야 하는지에 대해 생각하지 말아야 한다. 우리는 이것을 뛰어 넘어 하나님이 우리를 연합하시고 결합하실 목적으로 이 세상에 두셨다는 것을 깨달아야 한다. 하나님이 우리 위에 당신 형상을 도장처럼 찍으셔서 우리가 똑같은 속성을 나누어 가졌으니, 마땅히 우리로 하여금 서로 돕도록 고무할 것이다. 자기 이웃을 보살피는 일을 거절하는 사람은 자신의 가치를 훼손하며 더 이상 인간이 되고 싶지 않다고 선포하는 사람이다. 우리는 불쌍하고 천대 받는 사람들의 얼굴에서 반사되는 우리 자신의 얼굴을 볼 수 있어야 한다. 심지어 우리와 가장 다른 사람에게서도 그렇게 해야 한다." 재인용, 송용원, 『칼뱅과 공동선』 (서울: 한국기독학생회출판부, 2017), 75.
160) 박영호, 『기독교 사회복지』 (서울: 기독교문서선교회, 2001), 323.

이 하나님의 형상이 그리스도의 성령으로 말미암아 사람들 속에서 새로워지고 회복되어진다. 때문에 우리는 누군가가 도움을 필요로 할 때 그 사람이 하나님의 형상으로 창조된 하나님의 피조물임을 알고 그를 도와야 한다.[161] 우리를 미워하는 자를 사랑하고, 악을 선으로 갚아 주며, 저주하는 자에게 축복한다는 것은 마 5:44 정말 어려운 일이지만, 그럼에도 불구하고 이 모든 일을 이룰 수 있는 길은 오직 한 가지 우리 이웃의 내면 안에 있는 하나님의 형상을 바라보는 것이다. 이 하나님의 형상이 우리를 이끌어 모든 이웃을 사랑하고 포용하게 만들어 주는 것이다.[162] 하나님 형상으로 창조된 인간은 서로를 사랑해야 하는 충분한 이유를 가지고 있다. 모든 그리스도인은 이웃에 대한 책임이 있다. 이는 바로 자기부정의 삶을 사는 바탕이며, 사회적 성화를 이루기 위한 바탕이 된다. 더 나아가 그리스도인이 하나님 형상을 가진 이들에게 베푸는 섬김과 나눔은 거룩한 희생과 같다. 섬김과 나눔은 하나님 앞에 드리는 선물과 같은 것이다.[163] 칼빈은 그리스도인에게 요구되는 디아코니아적 사랑이 단지 인간들 사이에서만 일어나는 실천의 문제로 보지 않았다. 오히려 그는 실천적 문제를 넘어 하나님께 드려야 할 거룩한 영적인 예배가 될 수 있음을 강조한다. 하나님을 향한 영적 예배와 이웃을 위한 헌신과 사랑은 자아를 부정하는 삶이 되게 하는 새로운 존재론에 대한 전제다. 이웃을 섬기며 살아야 할 그리스도인은 하나님과 이웃을 향하여 자아를 부정해야 한다. 칼빈은 "자아부정"이라는 주제를 사회적 성화와 연결 지어 확장시켰다. 하나님을 향한 자아부정은 자신의 뜻을 따라 이웃을 섬기지 않고 하나님의 뜻에 순종하도록 한다. 이웃을 향한 자아부정은 도움을 필요로 하는 이웃을 멸시하거나 얕잡아 보지 않고 그를 인격체로 바라보게 한다. 더 나아가서 이러한 자아부정은 이웃의 형편과 처지를 초월하여 사랑을 베풀게 한다. 그러나 칼빈이 말하는 자아부정은 그리스도인이 자신의 의지를 스스로 통제함으로써 나타나는 겸손한 태도가 아니다. 진정한 자아부정은 올바른 믿음 안에서 가능한 것이다. 그래서 그는 그리스도인의 이웃사랑을 자기의 의를 좇아 행하는 선한 행실로 보지 않고 믿음에서

---

161) John Calvin, 『기독교 강요(중)』, 211.
162) 위의 책, 212.
163) 칼빈은 신명기 16장 설교를 통해서 다음과 같이 이야기 한다. "우리는 하나님이 우리에게 주신 모든 것을 그분에게 돌려드려야만 한다. 예를 들어 자선의 경우 각 개인은 교회 공동선을 위해 그들이 받았던 선물들을 되돌려 드려야 한다. 이것이 향기로운 봉헌이 되는 희생 제물이다." 재인용, 송용원, 『칼뱅과 공동선』, 74.

우러나오는 섬김이라고 보았다. 사람들은 모두 자아 중심적이라서 하나님에 대한 사랑이 지배하기 전에는 이웃에 대한 사랑이 결코 활기를 띨 수 없다. 사랑이라는 이름 하에 모든 이들은 서로 자신들의 이득만을 살피며, 이익은 곧 탐욕으로 탈바꿈하게 된다. 그러나 하나님의 사랑이 지배하는 곳에는 서로의 형제애와 사랑이 동반된다. 네 이웃을 네 몸과 같이 사랑하라마 22:39는 하나님의 말씀은 자신을 먼저 사랑하고 다음에 이웃을 사랑하라는 말씀이 아니다. 이것은 우리 자신에게 집착되어 있는 자기애에서 벗어나 이웃을 동등하게 바라보고, 자신의 이익 때문에 타인을 소홀히 되하지 말라는 말씀이다.[164] 하나님 앞에 자신을 부정하고 그의 주권을 인정했을 때 비로서 디아코니아는 실현되어지는 것이다.

III. 칼빈의 경제 윤리 안에 나타난 디아코니아 사상

칼빈은 루터와는 다른 경제 환경 속에서 개혁활동을 펼치었다. 루터는 독일에서 농업 경제가 발달한 지역에서 활동한 반면에 칼빈은 도시경제가 활력을 얻는 시기에 제네바에서 활동한 개혁가였다. 도시경제가 상업과 화폐에 의존하고 있다는 사실을 알고 있던 칼빈은 새로운 직업윤리와 노동윤리를 통해 그리스도인이 가져야할 디아코니아적 경제윤리관을 확립한다. 특히 칼빈의 사회윤리학적인 사상 가운데 가장 관심을 많이 끈 것이 그의 경제관이다. 경제문제들에 대한 칼빈의 견해 그 자체가 그 시대에는 새로운 도전과 비전을 드러냈을 뿐만 아니라 후세에 미친 영향도 컸다. 칼빈의 경제관에서 특히 직업과 노동 그리고 임금과 부에 대한 사상은 단순한 경제 윤리적인 개념을 넘어서 디아코니아적 의미를 가지고 있다. 칼빈의 경제윤리안에 나타난 직업과 노동의 목적은 바로 디아코니아였다.

---

164) John Calvin, 『존 칼빈 성경주석 2: 공관복음 II』 (서울: 신교출판사, 1978), 283.

1. 직업윤리와 노동윤리

1.1 직업윤리

직업을 지칭하는 용어 독일어 'Beruf'나 영어 'calling'은 모두 종교적인 의미를 내포하고 있다.[165] 종교개혁자 마르틴 루터는 기독교 역사에서 직업이라는 개념을 처음으로 세속적 활동을 나타내는 특수한 표현으로 사용한 인물이다.[166] 루터는 직업에 대한 새로운 인식을 가져왔다. 그는 직업의 가치를 하나님의 부르심이라는 소명위에 둠으로써 세상에서 행해지는 모든 직업 활동의 가치가 동일할 뿐만 아니라 평등하다고 주장하였다. 따라서 그에게 특별히 어떤 특권을 가지고 있는 직업이 있거나 혹은 어떤 일에 특권을 부여하는 직업이란 있을 수 없는 것이었다.[167] 그러나 루터는 이 새로운 직업 관념에 숨은 경제적 가능성을 발전시키지 못하고, 기존 신분질서를 유지하고, 경제적 전통주의에 복귀한다. 루터가 주장한 직업윤리 속에는 현실 속에서 적극적으로 생활하는 것 보다는 주어진 환경에 대한 '복종'과 '순응'이라는 한계성을 드러내었다.[168] 그러나 칼빈은 '복종'과 '순응'이라는 한계성에서 벗어나 근대적 직업 관념을 발전시키고, 자기 자신의 직업에 성실히 임하는 것이 하나님께 영광이라는 소명론[169]을 발전시켰다.[170] 칼빈은 소명과 예정론을 연결하여 이야기 하였다. 그는 모든 사람들이 하나님에 의해서 그의 위치가 결정되어지므로 하나님의 소명 없이 자기 자신의 뜻대로 살아간다는 것은 목적 없는 삶이요 더 나아가 삶이 상실되어 질수 있다고 경고한다.[171]

---

165) Max Weber, 『프로테스탄티즘 윤리와 자본주의 정신, 직업으로서의 학문/직업으로서의 정치/사회학 근본개념』 김현욱 옮김 (서울: 동서문화사, 2010), 63.
166) 강원돈, 『인간과 노동 = 노동 윤리의 신학적 근거』 (성남: 민들레책방, 2005), 167.
167) 이동호, "루터의 종교개혁과 디아코니아," 「기독교사회윤리」 41 (2018), 48.
168) 도로테 죌레는 종교개혁 신앙에 근거한 직업 소명론에 대해 반기를 제기한다. 그는 종교개혁을 통해 나타난 소명론에 입각한 직업윤리와 노동 윤리는 직업의 종류나 목적을 고려하지 않는 체 그저 부지런히 열심히 노동하는 것이 "덕" 그 자체가 되었다고 이야기 한다. 틀에 박힌 무의미한 노동이 "소명"으로 불리게 되었으며, 착취적인 노동 상황이 "하나님이 당신을 세운 자리"라는 명예로 오히려 노동자를 억압하게 되었다고 본다. Soelle - Sreffensky Dorothee, 『사랑과 노동』 박재순 옮김 (천안: 한국 신학 연구소, 1992), 111..
169) 직업에 대한 이해는 모든 종교개혁자들에게 적용된다. 특히 칼빈은 직업에 담겨 있는 의미를 부각시키기 위해 Vocatio(소명)이라는 단어와 함께 군사적 표현인 Statio(직분 혹은 위치)라는 단어를 즐겨 사용하였다.
170) 김홍섭, "존 칼빈의 경제, 경영 사상과 현대적 적용에 대한 연구 - 유통, 물류에의 적용 관점," 「한국항만경제학회지」 31 (2015), 150.

칼빈은 직업을 우리의 자아실현을 위한 장소로 생각하거나 생계를 유지하기 위한 돈벌이의 수단으로만 바라보지 않았다. 칼빈에게 직업이란 무엇보다도 우리 인간의 의무이자, 하나님의 섭리를 이루어가는 하나님의 부름 즉 소명이라는 관점에서 이해된다. 그는 직업을 각자가 자신의 자리를 지켜야할 초소처럼 생각하였다. 그는 모든 사람들은 각 개인에게 주께서 지정해 주신 생활 방식이 있으며, 그 다양한 생활들을 소명이라고 불렀다. 칼빈은 직업을 소명으로부터 뿐만 아니라 하나님의 은혜 곧 선물이라는 관점으로 설명하기도 한다. 하나님은 자신의 섭리를 이루어가는 일에 사람들을 부르시는데 그치지 않고, 그 일의 각자의 자리에서 자신의 재능과 역량으로 수행할 수 있는 은사들을 부여하셨다. 때문에 우리는 부여된 은혜에 대한 책임을 지니게 된다. 칼빈은 직업에 대한 이해를 하나님의 은사로부터 유출해 냄으로써 두 가지 중요한 발전을 이루어 내었다. 무엇보다도 먼저 직업의 다양성을 폭넓게 인정했다는 것이다. 농업이든, 상업이든, 그 어떤 직업이든 하나님이 주신 은사에 따른 것이기에 그곳에는 어떤 차이도 있을 수 없다. 또 다른 하나는 직업에는 귀천이 없다는 것이다. 은사의 다양성은 직업의 다양성으로 이어지면서, 동시에 모든 것이 하나님으로부터 오는 은사이기에 그 어떤 직업도 무시되거나 천대 받을 수는 없다.

하나님이 인간에게 은사를 허락하신 분명한 목적이 존재한다. 칼빈은 우리가 직업을 통해서 하나님이 부르신 그 목적을 이루어 갈 수 있다고 주장한다. 그에게 있어 하나님의 소명인 직업을 통해 일한다는 것은 생계의 필요를 충족시키는 수단일 뿐만 아니라 하나님의 뜻을 실현하는 영적 행위가 된다.[172] 하나님의 뜻을 실현하는 이 영적 행위의 한 모습이 바로 디아코니아이다. 하나님은 우리를 나름의 특정한 자리에 위치시키셨고, 우리의 이웃은 그런 소명에 대한 우리의 헌신이 제공하는 섬김을 필요

---

171) 칼빈은 세속적인 직업과 관련된 소명에 대한 그의 견해를 다음과 같이 요약하고 있다. "마지막으로 주목해야 할 사실은, 주님은 우리들 각자가 인생의 온갖 활동을 하는 가운데 우리 각자의 소명을 기억하고 존중할 것을 명하신다는 것이다. 인간의 마음이 얼마나 안절부절하지 못하고 끓어 오르며, 변덕으로 이랬다저랬다 하며, 단번에 이것저것을 다 잡으려는 야망이 얼마나 강한지를 하나님은 잘 알고 계신다. 그러므로 우리의 어리석음과 경솔함으로 인해서 모든 일이 혼란에 빠지는 일이 없도록 하기 위해서, 하나님은 각자각자 자기에게 주어진 삶 속에서 실행할 분명한 의무들을 지정해 주셨다. 그리고 사람마다 자기에게 주어진 적절한 한계를 벗어나지 않도록 하기 위해서, 하나님은 이처럼 각기 다른 삶의 양태를 "소명"이라 이름 하셨다. 그러므로 개개인에게 주어진 삶의 양태는 주님이 지정해 주신 일종의 초소(哨所)와도 같아서, 아무렇게나 마음 내키는 대로 거기서 벗어나서 이리저리 방황 할 수 없는 것이다." John Calvin,『기독교 강요 중』, 247-248.
172) John Calvin,『기독교 강요 중』, 249.

로 하며, 우리 역시 그들의 섬김을 필요로 한다. 그것은 단순한 직업이라는 개념을 넘어 소명으로 이해되어야 한다. 모든 사람은 자기 자신 혼자서 살아가는 것이 아니기에 모든 사람들은 직업을 통해 서로의 필요를 충족시켜 주어야 한다. 다시 말해 직업은 개인의 이익만을 추구하는 목적을 가지고 있는 것이 아니라 공동체의 유익을 위한 것이다.[173] 칼빈은 직업선택에 있어서도 "도둑질 하는 자는 다시 도둑질 하지 말고 돌이켜 가난한 자에게 구제 할 수 있도록 자기 손으로 수고하여 선한 일을 하라"에베소서 4장 28절 주석을 통해 '우리 이웃들에게 유익을 가져다주는 일을 택하라'고 이야기 한다.[174] 하나님은 우리의 소명이라는 수단을 사용하셔서 우리의 이웃을 사랑하고 섬기시는 분이시다. 결국 우리는 하나님께는 오직 믿음만을 가져가고 우리의 이웃에게는 선행을 가져간다.[175] 우리의 소명은 모든 선한 일이 하나님으로부터 다른 이들에게 흘러가게 하는 통로가 되는 것이다.

탐욕과 착취를 통해 나타난 경제 활동은 모든 것을 왜곡하게 만든다. 오늘날 경제적 일탈은 근본적으로 영적 질병이다. 공동체의 유익을 위해 주신 하나님의 선물을 바르게 쓰라는 부르심을 부정하는 것이다. 그리스도 안에 있는 하나님 형상 회복은 사회경제적 소통을 통한 창조 세계의 목적을 회복하는 일을 수반한다. 이 연대는 박애와 자선 그리고 섬김을 포함하고 자발적인 섬김과 소통이 교차하는 가운데 이루어 질 수 있다. 칼빈이 이야기 하는 직업윤리는 바로 디아코니아를 통한 창조세계의 회복이다.

칼빈에게 있어 직업의 목적은 하나님의 일을 하는데 있다고 할 수 있다. 하나님은 그의 피조물로부터 영광을 받기 원하시는 분이시다. 그 영광은 바로 하나님이 창조하신 이 세상이 하나님의 뜻에 따라 평화롭고 조화롭게 그리고 서로 섬김으로 이루

---

173) 칼빈은 누구보다도 직업과 노동에 대한 이해를 새롭게 도입해서 직업과 노동을 인간의 의무와 과제로 받아들이게 하였다. 칼빈은 다른 사람이나 공동체를 고려하지 않는 이기적인 이윤추구의 극대화와 탐욕적 태도를 항상 비판하였다. 칼빈은 개인주의적 부의 축적, 공동체성을 무시하고 재산만 늘리는 것을 철저히 비판했다. 더불어 그는 아무리 근면하고 열심히 노동해도 체제적 구조 악 때문에 빈곤에서 벗어나지 못하는 제도적 문제성에 대하여 누구보다 예민하게 반응한 인물이다. 정미현, 「칼빈의 경제윤리와 젠더」,「기독교사회윤리」19 (2010), 185-186.
174) John Calvin,『존 칼빈 성경주석 9: 로마서 빌립보서』(서울: 성서교재간행회, 1979), 357.
175) Michael Hortan,『칼뱅이 말하는 그리스도인의 삶 - 하나님의 주권과 영광』, 김광남 옮김 (서울: 이바서원, 2016), 362.

어지는데 있다. 그것을 위해서 피조된 우리 인간은 서로 의지하고 협력하며 살아가는 것이 필수적이다. 하나님이 각 사람에게 다른 은사를 허락하신 이유는 바로 이것에 있다. 모든 사람은 자신의 직업을 통해 은사를 발휘함으로써 자기 자신의 이익만이 아니라 이웃에게 큰 유익을 주고 그것으로써 하나님의 뜻을 이루어가는 일에 동참하게 되는 것이다.

1.2 노동윤리

칼빈은 "노동Arbeit"을 인간에게 고통과 스트레스를 제공하는 부정적인 의미와 인간의 삶에 기쁨을 앗아가는 것으로 이해 한 것이 아니라 인간의 일상적인 삶 속에서 열정과 자긍심을 낳게 하는 긍정적 요소로 이해한다. 창조 세계는 하나님의 일로 시작되었고 인간은 하나님처럼 일하는 존재로 창조되었다. 노동은 하나님의 동역자인 인간에게 주어진 선물이다. 이 선물은 자기 자신의 넘어 공동체 전체의 유익을 위해 하나님이 베푸시는 은혜이다. 그러나 고대 그리스에서 노동에 대한 이해는 하찮은 것이요, 특히 노예들이 담당했으며, 왕이나 귀족들은 노동에서 면제되어 여가를 누리며 살았다. 노동을 의미하는 그리스 단어 ponos는 슬픔이나 형벌, 처벌을 뜻하는 ponea와 같은 어원으로서 힘들고 괴로운 노역을 암시한다. 그래서 그리스인에게 노동 자체는 악 이외에 아무것도 아니었으며 사람들이 복종해야만 하는 필요악이었다.[176] 노동에 대한 가치평가라는 면에서는 서양 중세 사회 역시 동일했다. 중세사회의 노동 개념은 당신의 고정된 사회계급과 별도로 이해되기 어렵다. 그 계급이란 성직자, 귀족과 기사, 농민과 장인으로 구성되며 모든 사람은 자신의 계급과 조건에 머물러야 한다는 것, 사회 계급과 직업은 사회의 신성하고 불변하는 형식이며 따라서 그것은 노동 이전에 존재한다는 스콜라 철학의 지배를 받았다.[177] 이런 바탕에서, 고

---

176) 김정일, 『노동』 (서울: 소화, 2014), 65-66.
177) 앞의 책, 83.

귀한 영적 계급인 성직자들에게는 교회의 성무가, 귀족과 기사들에게는 통치와 전쟁이, 그리고 농민과 장인들에게는 생황에 필요한 노동이 고유한 임무로 맡겨졌다.

칼빈의 노동에 대한 이해는 철학적이거나 경제학적인 성찰이 아니라 철저하게 성서적이고 신학적이다. 특히 노동에 대한 이해는 단지 창조나 타락의 관점만이 아니라 그리스도론을 바탕으로 한 그리고 종말론적이기도 한 회복의 관점과 디아코니아적 관점이 들어있다. 칼빈에 따르면 인간은 태생적으로 노동하는 존재이다. 태초에 인간이 창조 된 것 자체가 바로 노동하기 위해서이다. 노동이 인간 실존의 근본적 조건이라는 것이다. 그는 창세기 주석을 통해 다음과 같이 이야기 하였다.

> "모세는 이제 땅이 인간이 그것을 경작하는 일을 한다는 조건에서 주어졌다고 덧붙인다. 거기로부터 사람들은 게으름이나 무위도식하기 위해서가 아니라 무엇인가를 하는 일에 종사하도록 창조되었다는 결론이 나온다. 그런 노동은 분노나 싫증이 전혀 아닌 즐거움과 기쁨이 넘치는 것이었다."[178]

또한 신명기 설교를 통해서도 다음과 같이 이야기 하였다.

> "우리는 그렇게 태어났습니다… 그리고 죄 이전에조차도, 아담이 낙원을 살았던 것은 그것을 경작하기 위해서였다고 말해집니다… 죄가 세상에 들어오기 전에도 사람들은 이미 어떤 노동에 종사해야 했습니다. 왜 그럴까요? 무익한 나무 둥치처럼 있는 것은 우리의 본성에 어긋나기 때문입니다."[179]

칼빈에게 인간의 노동은 무엇보다 하나님의 지속적인 창조와 섭리의 과정에 참여하는 수단이며, 동시에 하나님의 그런 섭리가 자신들 속에서 이뤄지도록 내어주는 믿

---

178) 재인용, 이오갑,『칼뱅, 자본주의의 고삐를 잡다 - 그의 경제사상과 자본주의』, (시흥: 한동네, 2019), 231.
179) 재인용, 앞의 책, 231.

음의 행위이다. 칼빈은 하나님은 세상의 창조로써 자신의 일을 끝낸 것이 아니라 현재도 계속해서 일하고 계신 분이시다. 칼빈은 하나님의 부르심에 대한 응답으로 소명을 이행하는 것과 직업에 성실히 임하는 것을 동일하게 보았다. 더 나아가 그는 노동을 성화되는 과정으로 인식하고 있다.[180] 하나님은 인간의 노동을 통하여 그들의 생명을 유지시키시는 분이시다. 그러므로 우리 인간이 노동을 하는 것은 하나님이 일하시는 것이다. 하나님이 일하시기에 우리는 일을 한다. 인간의 노동은 곧 하나님의 노동이다.[181] 즉 인간이 개발할 수 있는 노동력은 하나님께서 그의 피조물의 생활을 위하여 공급하시는 하나님의 노동 그 자체다. 그것은 바로 하나님의 노동이다. 때문에 우리가 모든 면에서 바르게 행동하고 실천하기 위해서는 우리 자신을 하나님의 행동과 일치시켜야 한다. 그러나 인간의 노동도 다른 모든 것처럼 죄로 인해 손상되어졌다. 하나님을 향한 순종이 거부되었기에 인간은 자기의 노동을 자기 마음대로 하는 것으로 만들어 놓게 되었다. 인간의 노동이 하나님의 노동에서 벗어남으로 노동은 축복이 아니라 고통과 불안, 불의와 억압의 원천이 된 것이다.[182] 우리의 노동이 진정한 하나님의 노동이 되기 위해 우리는 하나님의 신성한 활동에 참여해야 한다. 인간은 죄에 빠져 있지만, 예수님과 하나 됨을 경험하게 되면, 노동은 자신이 하는 것이 아니라, 인간 안에 내주하시는 예수님이 하는 것이다.[183] 칼빈의 사회윤리학적인 입장에서 본 노동윤리 역시 루터와 마찬가지로 인간의 존재론적 입장에서 살펴볼 필요성이 있다. 하나님의 일이 나의 일이 되기 위해 우리는 먼저 예수 그리스도와 하나 됨을 통해 내 안에 존재하시는 예수 그리스도가 일하고 계신다는 것을 깨달아야 한다. 칼빈에게 있어 하나님의 일이 곧 나의 일이 된다는 것은 바로 예수 그리스도와 죄인인 인간이 하나 됨을 통해 나타나게 된다. 죄인인 인간의 노동을 통해서는 가치 있는 결과가 나올 수 없다. 죄의 결과는 억압과 착취이지만 은혜의 결과는 섬김과 봉사요 은혜이다. 예수 그리스도의 은혜를 통해 의롭게 여김을 받은 그리스도인의 노동은 세상을 회복시킨다. 세상에서의 노동이 회복되어진다. 이 회복은 전적으로 하나님의 은혜의

---

180) 황의서,『경제 윤리』(서울: 무역경영사, 2014), 128.
181) Bieler, Andre,『칼빈의 경제윤리』, 홍치모 옮김 (서울: 성광문화사 1985), 77.
182) Bieler, Andre,『칼빈의 사회적 휴머니즘』, 박성원옮김 (서울: 대한 기독교 사회 2003), 71-72.
183) 황의서, "루터, 칼빈, 웨슬리의 경제윤리,"「신앙과 학문」16 (2011), 288-289.

선물이지 인간의 행위로 나타난 결과는 아니다. 구원은 은혜의 선물이지, 노력에 대한 보상은 아닌 것이다. 하나님이 이제 의롭다 여김을 받은 자안에서 일하시면 노동은 고통의 결과물이 아니라 은혜의 기쁨이 된다. 노동이 다시금 진정한 노동이 되기 위해, 노동이 더는 억압이 아닌 봉사의 원천이요, 모든 이들에게 만족과 기쁨을 주기 위해 우리는 반드시 하나님의 노동과 인격적으로 연합되어야 한다. 그러기 위해 우리는 우리의 욕망과 만족감을 위한 모든 것을 버리고, 하나님께서 일하게 하셔야 한다.

칼빈이 주장하는 노동은 하나님의 뜻이라는 대의를 잃어버린 채 그 자체가 목표가 되어서는 안된다는 것이다. 자본주의와 산업혁명이후 인간의 노동이 단지 생산 수단의 하나로서, 노동자들에게 임금을 주고 구매하는 상품의 하나로서 전락되어 버리고 말았다. 칼빈은 노동을 단지 하나님의 뜻과 섬김의 공동체적인 큰 뜻에서 보지 않고 돈을 벌고 부자가 되게 해줄 사람들의 단지 탐욕의 수단으로 여겼던 데 근본적인 원인을 지적하고 노동의 의미를 다시 새겨 주었다. 칼빈의 직업윤리와 노동윤리의 목적은 인간이 그의 창조적인 활동을 통하여 하나님께 영광을 돌리는 것이다. 사회구성원의 한 일원으로서 공동체에 소속되어 살아가는 우리는 개인의 삶의 풍요를 넘어 사회와 공동체를 위한 경제활동을 목적으로 활동해야 한다. 공동체를 위한 경제활동이란 개인의 이익만을 우선시 하는 것이 아니라 이웃을 위한 섬김과 공동체를 위한 이익활동을 의미한다.[184] 이점에서 칼빈은 구별은 있으나 차별이 없는 인간성, 서로에 대한 섬김의 의무와 공평과 평등의 원칙을 강조한다. 우리 모두는 하나님의 형상을 닮은 존재로 고유한 인간의 존엄성을 지니고 있다. 그래서 우리는 우리의 가치를 인정받으면서 존중받아 살아갈 권리가 있다. 사회경제활동 즉 직업과 노동은 그 자체가 목적이 아니라 인간이 더불어 살아가는데 필요한 수단이 되어야 한다. 다른 사람

---

184) 칼빈은 재산과 물질은 하나님이 주시는 축복이며 선한 것으로 생각했다. 이와 같은 그의 가르침은 공산주의적 경제사상과 완전히 다르다. 칼빈은 당시 재세례파가 사유재산을 폐지하려는 것에 대해 단호히 거부하면서 사유재산에 대해 절대적이거나 배타적인 것으로 보지는 않았다. 그는 사유재산을 인정하면서 더불어 사회 공동체적인 제약을 가한 것이라고 볼 수 있다. 칼빈은 사도행전에 나오는 예루살렘 교회의 물질의 유무상통은 재산을 공유한 것이 아니라 믿음의 사람들이 보여준 디아코니아적 삶의 모습으로 해석하였다. 그는 사유재산을 인정하면서도 사유재산을 사회의 공공선을 위해 사용해야 한다고 가르쳤다. 칼빈은 사유재산과 상업, 이자, 경제적 이윤추구등을 오히려 인정하였고, 그 목적이 탐욕이 되어서는 안된다고 가르쳤다. 이오갑, "칼뱅에 따른 돈과 재화," 「한국조직신학논총」 40 (2014), 10-15.

의 희생이 나의 이익이 되는 경제활동이 되어서는 절대로 안되는 것이다. 노동과 관련하여 우리는 창조가 아니라 돈을 생각한다. 노동이 삶을 보존하고 풍부하게 하고 충만케 한다는 점에서 노동 그 자체를 의미 있는 것으로 보는 대신에 노동을 급료와 관련지으며 경제적 소득에 따라 평가하는 사회가 되어버렸다.[185]

직업과 노동은 현대를 살아가는 우리에게 부의 척도의 기준이 되었다. 어떤 직업을 가지고 어떤 노동을 하는가에 따라 우리는 부의 척도를 가늠한다. 우리가 생각하는 행복과 부의 척도는 얼마만큼 직업과 노동을 통하여 우리가 우리의 필요와 욕구를 충족시키고 있는지에 대해 만족감을 느끼는 것이 되어버렸다. 그러나 칼빈은 노동의 결과인 임금이 부의 척도의 기준이 아니라 하나님이 인간에게 부여하신 무상의 은혜라고 생각하였다. 그에게 있어 임금은 신성한 의미를 가지고 있다. 노동이 하나님의 일이며 섬김과 봉사를 목적으로 행해지는 일이라면, 임금은 하나님께서 노동자에게 주시는 은사, 곧 선물이다.[186] 임금이 신성하다는 것은 바로 하나님께서 자신의 자녀들을 보호하시고 먹이시기 위해 지금도 일하고 계신다는 것을 증명하는 것이다. 때문에 일과 노동에 대한 보상이 우리의 행복과 부의 척도가 되거나 또는 인간의 욕심으로 잉태된 착취와 억압의 대상이 된다는 것은 신성모독에 해당하는 것이다. 임금이란 하나님에 의해 부자나 가난한 자나 구별 없이 동일하게 지불되는 하나님의 은혜이다. 즉 임금은 고용주나 노동자들의 일에 대한 보상의 열매가 아니라 하나님의 은혜이다.[187]

고용된 노동자에게 그의 노동력에 따른 임금을 주는 행위는 칼빈의 입장에서 보면 하나님께서 그 노동자가 살아갈 수 있도록 그에게 부여하신 은혜이다. 고용주는 단지 그 이웃에게 그 은혜를 단순히 전달해 주는 전달자일 뿐이다.[188] 칼빈은 우리 이웃

---

185) Soelle - Sreffensky Dorothee, 『사랑과 노동』, 103.
186) 칼빈은 무익한 종에 대한 누가복음 17장7절의 비유를 주석하면서 다음과 같이 이야기 한다. "하나님께서 그것에 보상하게 하시는 것은 하나님 자신의 무상의 은혜에 의한 것이지 우리의 행위의 공로에 의한 것이 아니다." John Calvin, 『존 칼빈 성경주석 2 공관복음 II』, 19.
187) Fred Graham, 『건설적인 혁명가 칼빈 - 사회와 경제에 끼친 영향』, 김영배 옮김 (서울: 생명의 말씀사 1995), 119.

에게 돌아가야 할 임금을 가로채는 것은 신성모독에 해당하는 죄로 여겼다. 이는 우리 이웃에게 뿐만 아니라 하나님께 대한 죄악인 것이다. 칼빈은 도둑질 하지 말라 라는 하나님의 명령을 단순히 이웃의 재물을 빼앗는 것을 넘어서서 부당하게 노략하는 폭력도 도둑질과 동일하다고 이야기한다.[189] 특히 그는 노동자의 임금을 사취하는 일도 도둑질과 동일한 것으로 이해한다. 노동자의 노동력만을 착취하고 임금을 지불하지 않는 행위, 임금지불을 미루는 행위도 도둑질과 동일하다.[190] 일과 노동이 하나님의 은총이었기에 칼빈은 그 노동을 빼앗는 것도 하나님의 은총을 해하는 일이요 도둑질과 동일한 것으로 여겼다.

하나님의 경제에 관한 기본 선언은 공평 혹은 공정에 뿌리를 둔다. 기독교 황금률 마태복음 7장 12절 "그러므로 너희는 무엇이든지, 남에게 대접을 받고자 하는 대로, 너희도 남을 대접하여라" 는 말씀은 칼빈의 모든 경제적 쟁점을 이끄는 원리이다. 이 원리는 정당한 임금의 영적 도덕적 기반이 된다. 칼빈은 실제 필요에 못 미치는 낮은 임금을 개선하고 실질 임금과 정당한 보상을 위해 분투하는 사회적 행동에 적극 참여했다.[191] 결국 노동과 임금은 모두의 유익을 위한 하나님의 선물로서 창조 질서를 회복하고자 하는 하나님의 도구이다.

---

188) 칼빈에게 정당한 임금을 결정하게 되는 전제조건은 다음과 같다. 그에게 임금이란 인간이 임의로 결정할 수 있는 사항이 아니다. 임금은 고용주에게도 그리고 노동자에게도 속한 것이 아니라 모두 하나님에게로부터 온 것이다. 때문에 칼빈은 임금의 정확한 책정기준은 바로 고용주와 고용인이 그들의 재화와 노동으로 받는 열매에 대해 하나님 앞에서 완전한 책임을 진다는 생각으로 정확히 함께 할 때 제대로 확정될 수 있다고 이야기한다. 임금에 대한 이런 영적인 양심의 성찰은 오직 믿음 안에서만 이루어 질 수 있는 것이다. Bieler, Andre,『칼빈의 사회적 휴머니즘』, 78-79.
189) John Calvin,『칼빈의 십계명 강해』, 김광삼옮김 (고양: 비전북 2011), 259-263.
190) 칼빈은 부자가 불쌍하고 힘없는 개인에게 일을 시켜 놓고 그 지불을 지체한다는 것은 그에게 하루 세끼를 빼앗는 것이요, 그의 생명을 박탈하는 처사나 다름이 없다고 말한다. 특히 '부자는 가난한 자들에게 일자리를 마련해주고 그에 맞게 보상하는 것이 하나님께서 원하시는 일이다'는 점을 강조한다. 그는 부자들의 소홀함이나 교만함 때문에 가난한 자들이 배고픔을 당하지 않도록 신명기 24장 14-15절 말씀을 비유로 가난한 자들에게 대한 부자들의 사회적 책임을 강조한다. 그는 가난한 자들이 모든 사람의 유익을 위해 수고를 하는데도 불구하고 그들을 마치 노예인 것처럼 거만하게 다루거나 또한 그들에게 너무 인색하게 구는 행위를 통해 그들을 억압해서는 안된다고 가르친다. John Calvin,『구약성경주석 5 출애굽기 레위기 민수기 신명기 Ⅲ』(서울: 신교출판사, 1978), 83-84.
191) 송용원,『칼뱅과 공동선』, 249.

2. 부와 재산에 대한 칼빈의 디아코니아적 이해

칼빈은 빈부가 모두 하나님의 은혜의 수단임을 가르치고 있다.[192] 칼빈은 빈곤과 불행을 고통받는 개인에 대한 하나님의 냉대의 증거로 보지 않았다. 또한 부와 번영을 개인의 공로에 대한 하나님의 축복의 표시나 구원을 위한 선택의 증거로도 생각하지 않았다.[193] 그에게 부와 빈곤은 하나님에게서 흘러나오는 은총의 수로들이며, 모든 사람들에게 신앙을 확증시키는 수단들이었다. 칼빈은 세상에 가난한 사람을 우리의 이웃으로 하나님께서 두신 이유와 목적을 디아코니아를 통해 하나님의 뜻을 나타나게 하려 함이라고 설명한다. 신15장 11절 말씀을 통해 하나님이 지상의 모든 가난한 자의 필요를 공급하실 능력이 있음에도 불구하고 남겨두신 이유와 목적은 바로 '우리가 하나님의 뜻을 따라 가난한 이웃을 사랑하므로 주님께 영광을 돌리게 하려 함'이라고 설명한다.[194]

하나님의 목적에 따르면 부의 순환에는 또 다른 동기가 있다. 그것은 바로 디아코니아적 사랑이다.[195] 우리는 하나님의 임의적인 분배의 섭리에 따라 어떤 사람은 더 많이, 어떤 사람은 더 적게 갖는 것이 아닌가 하고 의심할 수 있다. 그러나 하나님의 목적에 따르면 인간들 사이에 부가 불균등하게 분배된 것은 하나님이 누군가를 희생시키면서 다른 누군가를 더 사랑한다는 증거가 될 수 있는 것이 아니다. 이러한 부의 불균등은 끊임없는 소유의 재분배를 촉발시키는 것으로 이해해야 한다. 하나님의 뜻에 합당한 사회적 삶이란, 인간의 상호 보완성과 의무적 연대성을 구체적으로 표현하는 삶이다.[196] 이러한 삶은 사랑이라는 이타적인 은사를 부자에게서 가난한 자에

---

192) 한상화, "칼빈의 경제윤리," 한국칼빈학회 엮음, 『칼빈 신학 해설』(서울: 대한기독교서회 1998), 405.
193) Fred Graham, 『건설적인 혁명가 칼빈 - 사회와 경제에 끼친 영향』, 91-92.
194) John Calvin, 『구약성경주석 5 출애굽기 레위기 민수기 신명기 Ⅲ』, 133.
195) 칼빈은 하나님의 은총의 수단인 부와 디아코니아의 관계를 다음과 같이 설명한다. "하나님께서 우리에게 선을 행할 기회를 베풀어 주시기를 바라신다는 것이 아니라면 도대체 무슨 이유로 그가 이 지상에 빈곤의 실재를 허용하시겠는가? 따라서 우리는 한 사람은 부하고 다른 사람은 가난한 것을 보게 될 때 그것을 운명의 탓으로 돌리지 않는다 …… 하나님은 인간의 선의를 심사하기 위하여 이 세상의 덧없는 재물을 불공평하게 분배해 주신다. 그는 인간을 심사하고 계신다 ……… 만일 어떤 사람이 그의 도움을 필요로 하는 사람들에게 선을 행하려고 가지고 있는 재산을 아끼지 않는다면 이것은 선한 증거이다. 만일 가난한 다른 사람이 고통당하고 있으며 그의 형편이 어려울 지라도 부정행위나 다른 악을 행하고자 하지 아니하고 그를 보내주신 하나님을 기쁘시게 해드릴 일을 끈기 있게 행한다면 이것도 역시 선하고 유용한 시험이 될 것이다." 재인용 남희수 "칼빈의 사회복지적 관점에서 조명한 목회사역 연구," 「교회와 사회복지」 22 (2013), 137-138.
196) 김준현, "칼뱅의 경제사상," 「신학과 사회」 15 (2001), 264.

게로 향하게 한다. 칼빈은 부자를 일컬어 "가난한 자의 봉사자"라고 했다.[197] 가난한 자들은 부유한 자들의 사랑과 신앙을 시험하기 위해 하나님 편에서 보내진 자들이다. 칼빈은 신명기 24장 설교에서 "부자들은 하나님의 선하심을 따라 그들의 손에 주어진 물질들을 분배함으로써 가난한 자들의 봉사자들이 되어야 하는 조건으로 보다 큰 부요를 받은 것이다." 라고 하였다. 칼빈은 디아코니아라는 용어를 사용하지 않았음에도 불구하고 그의 부와 빈곤의 신학적 입장은 확고하게 디아코니아 사상을 내포하고 있다. 그에게 물질적인 번영은 분명 하나님의 축복이지만 그것은 가난한 자들과 못 가진 자들을 위해 나누기 위함이지 개인의 이익과 향유만을 위함이 아니다.[198]

칼빈의 사회 개혁 속에 나타난 그의 경제사상의 핵심적 주제는 바로 하나님께서 인간에게 주신 축복은 한 개인을 위한 것이 아니라 전체 공동체를 위한 섬김과 사랑을 기반으로 한 디아코니아 사상이다. 부유함이란 우리의 이웃들을 위해 사용 될 수 있도록 하기 위해서 하나님께로부터 나온다는 것이다. 그것은 바로 모든 경제생활의 규범이 되는 사랑의 계명의 실천이며, 그리스도 공동체의 유기체적 연합이라는 사회관에 근거하고 있다. 칼빈이 제네바시의 부자들에게 요구했던 것은 금욕주의적 삶이 아니라 사랑의 규칙이었다. 그리스도를 따르는 공동체는 서로 사랑으로 하나 된 한 몸과 같이 결속되어 있기에, 그 공동체 속에서는 물질도 균등한 분배가 이루어져야 한다는 것이다. 이것이 바로 우리가 살아가는 사회에 대한 하나님의 본래 의도였던 것이다.

더 나아가 칼빈은 물질적인 재화는 하나님의 섭리의 도구라고 가르쳤다.[199] 돈은 이 재화를 대표하는 것으로써 하나님께 인간과 그 공동체가 살아가는데 필요한 것들을 제공하도록 하시는 데 이 돈을 도구로 쓰신다. 하나님은 그 재화를 인간에게 맡기셔서 인간 스스로 자기의 삶과 그가 연대할 책임이 있는 사회를 함께 운영해 나가

---

197) Bieler, Andre,『칼빈의 사회적 휴머니즘』, 57.
198) 그는 고린도 후서 8장 15절 주석 설교를 통해 다음과 같이 이야기 한다. "따라서 재물을 가진 자들은 그것이 상속된 것인지 자신의 근면이나 수고로 얻은 것이든, 쓰고 남은 것은 낭비와 사치용이 아니라 형제들의 궁핍을 덜어 주는데 사용되어야 한다는 점을 명심할 필요가 있다." John Calvin,『신약성경주석 9 : 고린도후서 에베소서 디모데전서 디모데후서』(서울: 신교출판사 1978), 169-170.
199) Bieler, Andre, 박성원『칼빈의 사회적 휴머니즘』, 54.

도록 하셨다. 이처럼 돈은 단순히 실용적인 기능과 공리주의적인 기능을 넘어서 영적 사명도 가지고 있다. 돈은 하나님께서 그의 자녀들이 살아가도록 하시는 하나님의 은총의 표시이다. 돈은 신앙을 통해 우리의 모든 소유는 하나님으로부터 온 것이라는 인식을 사람에게 하는 은총의 표시인 동시에 모든 것이 하나님의 선물이라는 것을 분별하지 못한 채 자신의 삶의 재화를 가지는 사람들에게는 심판의 표시가 된다.[200] 돈은 사회를 유지시키고 지탱시키는 하나님의 도구이다.[201] 하나님의 도구로서 돈을 이해한 사람이야말로 비로써 하나님과 이웃을 위해 봉사할 수 있도록 다스려야 한다는 사실을 이해할 수 있다. 특히 주목할 점은 칼빈은 모든 지체 간에 재화의 상호교류라는 독특한 교회의 사명을 실현하기 위해 집사직을 새로 만들었다.[202] 초대교회를 본받아 칼빈은 돈이 영적 삶의 흐름 속에 다시 들어오게 했다. 칼빈은 경제적 재화에 그 존재 이유를 되찾아 주었고 경제가 이 땅 위에서 해야 할 봉사의 사명을 부과했다. 집사들은 그리스도의 몸의 지체들이 영적 연대를 보여 줄 수 있도록 경제적 재화가 교회의 모든 지체 가운데 골고루 흐르도록 재확립할 책임을 지게 되었다. 모두 서로 영적인 삶과 물질적 조건 그리고 육신적 건강에 대해 서로 책임을 가지고 있는 것이다.[203]

칼빈은 개인의 소유권을 인정하고 있다. 그러나 동시에 재산의 올바른 사용에 대해서도 깊은 관심을 가졌다. 그는 하나님께서 우리에게 주신 재산은 개인적인 이익과 목적만을 위해서 사용되어지는 것이 아니라 "사정이 어려운 사람들의 곤란을 나누며, 우리의 풍성한 것으로 그들의 곤궁을 도와야" 하는 목적이 있음을 분명히 이야기 한다.[204] 칼빈은 사유재산과 관련하여 그의 디아코니아적 섬김 사상의 의무를 상기시켰다. 특히 칼빈은 서로를 향한 섬김과 봉사의 의무를 십계명의 제 8계명 "도둑질 하지

---

200) 앞의 책, 54-55.
201) 앞의 책, 61.
202) 칼빈은 1541년 제네바 교회법규 통하여 주님의 교회를 다스리기 위한 4가지의 직무 즉 목사, 교사, 장로, 집사를 제시한다. 특히 초대교회에서부터 이어져 내려오는 집사직분을 두 종류로 나누어 그들의 역할에 대하여 다음과 같이 구분하였다. 첫 번째 가난한 자들을 위한 재산, 즉 매일 매일의 구호금뿐만 아니라, 재산, 대출 그리고 생활 보조금을 수납하고 보관하는 일을 위임받은 자, 두 번째 병자들을 돌보고 치료하며 가난한 자들의 식사를 담당하는 역할을 하는 자들로서 디아코니아적 사명을 담당하는 자들로 그들의 역할을 구분하여 분담하였다. Herbert Krimm,『*Quellen zur Geschichte der Diakonie. Bd. 2. Reformation und Neuzeit*』(Stuttgart : Evangelisches Verlags.werk 1963), 39.
203) Bieler, Andre,『칼빈의 사회적 휴머니즘』, 67.
204) John Calvin,『기독교 강요(상)』원광연옮김 (고양: 크리스챤 다이제스트, 2003), 501-504.

말라"와 연결하여 분명하게 설명하고 있다. 칼빈은 다른 사람의 소유를 빼앗는 것은 하나님의 분배를 부정한다는 것과 동일하게 생각하였다.[205] 더불어 그는 다른 사람의 소유를 은밀히 취하는 것뿐만 아니라 다른 사람을 속여서 돈을 버는 일, 좋지 못한 방법[206]으로 재산을 모으는 것, 또는 공의보다는 사익을 더 생각하는 것도 모두 도둑질에 포함된다고 말한다.[207] 더욱이 그는 우리가 우리의 이웃에게 행해야 할 선행의 의무들을 실천하지 않으면, 그것은 결국 이웃의 재산을 횡령하는 것과 동일한 것이라고까지 이야기 하였다. 다시 말해 칼빈은 우리가 서로를 위하여 지불해야 하는 봉사의 의무를 거절하는 것도 사실상 이웃의 소유를 도둑질 하는 것이라고 본 것이다.[208]

칼빈은 사람들이 부당하게 그리고 악하기까지 부를 추구하고자 하는 원인을 바로 인간 내면의 "욕심"과 "탐욕"이라고 보았다. 특히 칼빈은 인간 개인의 욕심과 탐욕을 개인의 문제를 넘어 하나님과의 관계 안에서 바라본다. 즉 욕심과 탐욕의 이유는 하나님이 모든 재화의 근원이고 분배자라는 것을 인정하지 않는 것에서 시작된다고 본 것이다. 따라서 인간 내면에 가득 찬 욕심과 탐욕은 하나님에 대한 불신앙이다. 칼빈은 이런 인간의 탐욕을 인간의 근원적인 죄에 관련된 것으로 하나님에 대한 "배은망덕"으로 보았다.[209] 인간의 탐욕은 놀라운 풍요와 다양성에도 만족하지 못하고 하나님의 명령을 거부하는 추잡한 과도함이며 너무 비열한 배은망덕이며 그의 욕심이 그같이 큰 풍요 가운데서도 충족 될 수 없다는 것은 야수보다 더한 것이라고 그는 비판했다. 칼빈은 사도 바울의 관점 즉 탐욕이 하나의 우상숭배라는 것을 엡 5:5, 골 3:5 받아들인다. 왜냐하면 하나님이 재화의 "주"이고 "수여자"라는 것을 거부하고, 스스로 자

---

205) 앞의 책, 502.
206) 이윤을 추구하는 것이 인간의 본성 가운데 한 가지 라는 것을 파악한 칼빈은 유통자본으로써의 돈에 적정한 이자를 부칠 것을 주장한다. 그러나 다른 한편 죄 된 인간성의 모습을 칼빈은 직시하기 때문에 이자제도를 허용하고 권장하면서도, 그 제도가 남용되고 가난한 자와 약자의 착취의 틀로 작용하는 것은 신랄하게 비판하고 나선다. 칼빈이 이자를 허용한 것은 소비를 위한 것이 아니라, 건설적인 생산을 위한 것이기 때문이다. 칼빈은 이윤 추구와 관련하여 극빈자에게는 이자를 받지 말아야 할 것을 강조한다. 더불어 재난이나 긴급히 구조를 받아야 할 상황에 처한 이웃들에게서도 이자를 받아서는 안된다고 이야기 한다. 가난한 자들도 사업을 위하여 적정한 수준의 대출과 자본이 필요하다. 자본의 원금은 열심히 일하여 갚아야 하지만, 원금 조차 갚아 나갈 수 없는 가난한 이웃들에게 이자를 탕감해 주는 배려를 잊지 말아라 그는 강조하였다. 정미현, "칼빈의 경제윤리와 젠더," 187-188.
207) Haroutunian, Joseph,『칼빈의 조직신학 해석』한국칼빈주의연구원, (서울: 기독교문화사, 1993), 391.
208) 앞의 책, 391.
209) 이오갑,『칼뱅, 자본주의의 고삐를 잡다 - 그의 경제사상과 자본주의』, 172.

신이 부를 쌓기 위해서 수단 방법을 가리지 않고 불법까지 자행하기 때문이다. 칼빈은 이런 우상숭배에 빠져 하나님 없이 스스로 돈과 재화에 심취하고, 부 자체를 삶의 목적으로 삼아 살아가는 사람들의 행위를 다음과 같이 묘사하였다.

> "어떤 사람은 오로지 부만 바라보면서, 선한 사람들을 멸시하고 천대하는 반면, 심지어 악인들을 공경하기까지 한다. 그들은 하나님이 높이는 가난한 사람들을 낮추는 수치스럽고 비열한 짓을 하며, 단지 부자라는 이유 때문에 부자들을 우러러 본다."[210]

나의 가난한 이웃은 나의 물질적 봉사를 통하여 하나님으로부터 자신의 분깃을 받아 소유할 수 있는 권리를 가지고 있다. 칼빈은 이웃의 권익에 대한 우리의 책임을 빚을 성실히 갚아야 할 채무자의 의무로 이야기 한다.[211] 내가 이웃의 정당한 권리를 무시한다면, 그것은 곧바로 하나님께서 나를 통해 그에게 나누어 주시고자 하는 그 이웃의 몫을 내가 도둑질 하는 것과 동일한 것이다.[212] 가난한 이웃에게 지불해야 할 빚진 것을 그에게 돌려주지 않고서 자기의 소유라고 해서 실상은 자기에게 속하지 아니한 것을 오직 자신만을 위해서 그대로 다 소비해 버린다면 그것은 바로 도둑질과 다를 바 없는 것이다. 이처럼 칼빈은 남의 소유를 불법으로 빼앗는 자도 도둑이지만, 하나님 앞에서 부름 받은 자신의 직무를 따라 남에게 당연히 나누어 주어야 할 것을 나누지 않는 자도 도둑이라고 말하였다.

천지를 창조하신 하나님은 만물의 소유주로서 그 모든 부와 재산을 자신의 주권적인 뜻을 따라 이웃의 유익을 위해 나누어주어야 한다는 조건으로 인간들에게 각기 다른 분량으로 부와 재산을 분배해 주셨다.[213] 이와 같이 인간은 만물의 주인 되신 하나님으로부터 사실상 그의 재산을 위탁받아 관리하는 청지기 일뿐이다. 만약 그 청지기가 거짓된 욕망과 사치 속에서 자신만을 위해 주인의 재산을 모두 낭비함으로

---

210) 재인용, 앞의 책, 173.
211) John Calvin, 『기독교 강요(상)』, 503.
212) 앞의 책, 502-503.
213) 앞의 책, 502.

써 집안의 모든 권속들을 조화 있게 돌보고 부양해야 할 자신의 의무를 수행치 아니한다면, 그는 사실상 주인의 재산을 횡령하고 가족과 이웃의 재산을 부당하게 착복하는 자가 아닐 수 없다.

"빈貧" "부富"는 서로 건널 수 없는 절망적인 간격 속에 언제나 분리되어 연합될 수 없는 것처럼 보인다. 돈은 하나님께서 부과하신 그 기능에서 완전히 벗어나버렸고, 하나님의 도구였고, 여전히 하나님의 도구로 부름 받고 있는 그 사명이 완전히 변질되어 맘몬주의 시대가 되어 버렸다. 개인과 민족, 그리고 나라와 나라 사이의 빈부의 대립과 갈등의 골은 시간이 갈수록 깊어져 왔고 마침내 현대 산업 사회의 "부의 위기"가 깊어졌고 "인간의 위기"를 가져왔다. 현대 사회를 살아가는 우리에게 이제 경제란 가진 자와 가지지 못한 자의 힘의 논리로 다가온다. 이 절망적인 부와 빈곤의 간격을 면할 수 있는 방법은 없는가? 이 방법은 사회적 정치적 혁명으로만 이루어 질 수 있는 사회 정치적 방법뿐인가? 아니면 그리스도 안에서 이루어질 영적인 일인가? 필자는 이 문제를 가지고 성경에 기초한 칼빈의 입장을 통해 오늘 그리스도인의 자세를 다시 한번 확인하고자 하였다. 물론 칼빈이 살았던 500년전 시대와 지금 세계는 경제적으로 비교할 수 없을 정도로 많은 변화를 이루었지만 그의 신학 사상은 여전히 오늘날 우리에게 많은 살아있는 교훈을 주고 있다.

IV. 칼빈의 디아코니아 경제윤리의 현대적 적용

오늘날 우리들은 이미 우리들의 삶 속에 엄청난 과학기술의 혁신적인 발전이 가져온 문명의 이기들을 통하여 생활의 편리함을 누리고 즐기며 살고 있다. 1,2차로 대표되는 물질적 산업혁명과 정보혁명을 이루어낸 3차 혁명을 거쳐 이제 우리는 4차 산업혁명인 인공지능혁명시대에 살아가고 있다. 4차 산업혁명의 결과물과 영향력은 알게 모르게, 적응하든 안하든 간에 거부할 수 없을 정도로 이미 깊숙이 우리들의 삶에 영향을 주고 있다. 아날로그 시대는 어느새 사라지고 이제 인터넷과 인공지능이 결합되어진 지능의 시대에 우리는 살아가고 있는 것이다.

제4차 산업혁명은 우리에게 수없이 많은 혜택을 제공하겠지만, 그와 또 반대로 수많은 과제도 안겨줄 것이다. 수많은 문제들 중에 무엇보다도 먼저 제기 되어질 수 있는 문제가 바로 불평등의 문제이다. 노동자와 자본가 사이의 부의 격차는 갈수록 커져만 가고 있다. 그래서 불평등과 불공평의 문제점들이 우리 사회에 점점 더 노출되어 가고 있다. 가장 큰 문제는 노동력의 위기 현상일 것이다.[214] 기술발달로 인해 발생되어지는 자동화문제는 노동을 대신해서 자본이 이윤을 창출하고 노동이 이윤을 창출하기보다 자본이 자본을 낳게 되는 일이 발생하게 되었다. 노동의 개념과 가치의 변화로 인해 노동은 이제 노동자와 기업의 거래관계로 바뀌었다. 이제 경제 영역이 단순히 경제 논리에만 의지한 체 이야기 되어질 수는 없다. 자유시장 경제는 빈부의 차이를 심화시켰고, 경제가 인간을 위한 도구가 아니라 인간위에 군림하고 지배하는 도구화가 되어왔다. 이러한 현상은 4차 산업혁명시대에 더 극심화 될 가능성이 농후하다. 그러나 인류 공동체로서 하나님의 가족으로 부름 받은 그리스도인에게 경제는 하나님의 살림살이며, 인간을 위한 도구가 되어야 한다. 돈은 우리가 살아가는 사회에 최고의 가치가 될 수 없다. 칼빈의 경제 윤리 즉 그의 경제 사상인 부, 이자, 사유재산 그리고 계급간의 부에 대한 이해를 통해 우리는 돈이 사회의 최고의 가치가 될 수 없음을 살펴보았다. 칼빈에게 돈이란 이웃을 섬기기 위한 하나님의 수단이요 도구였을 뿐이다. 돈은 우리가 서로를 섬기고 나누기 위한 우리 삶의 수단이지 목적이 될 수는 없다.

칼빈은 그의 경제 윤리 속에 나타난 디아코니아 사상을 바탕으로 부에 대한 개인

---

214) 한국 사회는 가장 오래 일하는 사회이다. 또한 산업재해로 인해 죽거나 다치는 일이 비일비재 함에도 불구하고 그에 따르는 대비는 불안하여 늘 불안함속에서 살아간다. 생산활동을 하는 사람들 중에 실제 경제활동에 참가하는 비율은 낮아져만 가고 일하는 사람 중에 비정규직인 사람의 비율은 해마다 증가하고 있다. 고용노동부에 따르면 비정규직 현황은 658만명에 이르고 있는 실정이다. 그 수는 해마다 증가하고 있다. 여성 경제 활동 참가도 남성들에 비해 낮고 여성들의 비정규직 현황(남성 294만명, 여자 368만명)이 더 높은 상황이다. 특히 노인이나 중증 장애인과 같은 노동능력이 없는 국민들을 위한 소득 지원도 비약한 상태이다. (http://eboard.moel.go.kr/indicator/detail?menu_idx=5 2019.02.20.)

의 소유를 인정하면서도 개인을 넘어 공동체를 향한 사회적 책임을 강조하며 개인의 이익과 공공의 이익 대한 균형을 이루었다. 특히 그의 재산과 물질에 대한 신학적인 사상은 지금 현재를 살아가는 우리들에게 특히 부한 자와 가난한 자 모두에게 중요한 권고와 방향성을 제시한다고 이야기 할 수 있다. 칼빈은 부유한 사람들에게 그의 사회적 책임을 강조하기 위해 그들을 "가난한 자들을 위한 봉사자"라고 지칭하면서 디아코니아적 삶을 강조하였다.[215] 특히 칼빈의 사유재산에 대한 디아코니아 입장은 나의 소유가 나의 만족을 채우고 본인 자신의 향유를 위해 사용해야 한다는 개인주의에 입각한 자본주의 사상과는 근본적으로 차이가 있다. 칼빈은 세상의 모든 재화들을 하나님이 인간들에게 준 것으로서, 선물이고 축복으로 간주한다. 그래서 그는 사유재산제를 자연스럽게 받아들였고, 재산 증식이나 축재를 부당하게 여기지는 않았다. 그러나 소유의 정당성은 언제나 하나님의 축복에 제한된다는 전제를 가지고 있다. 즉 자신이 소유한 재산이 하나님이 주신 것으로서 부당하고 불의한 악행으로 조성된 것이 아니라 정직하게 일한 노동의 결과이어야 한다. 칼빈은 부당한 축재행위의 바탕에는 인간의 욕심이 자리 잡고 있다고 보았다. 재산이 주는 위협은 지배이다. 재산을 통해서 얻게 되는 자유는 흔히 타인의 자유를 부정하는 수단이 되었으며, 심지어는 삶에 필요한 것에 대한 그들의 권리조차 부정하는 수단이 되어버렸다. 재산이 지배의 위협이 된다는 것은 재산의 올바르고 공정한 분배와 책임을 의미한다고 볼 수 있다. 칼빈은 하나님의 명령인 "네 이웃을 네 몸과 같이 사랑하라" 말씀처럼 이웃과 함께 살아가는 공동체 윤리를 강조하며 사유재산을 인정하면서도 사회적 책임을 강조하였다. 사유재산은 실상 사적인 것이며 그것을 정당화 시키는 것은 그것의 사용에 있다고 볼 수 있다. 재산의 본질적인 특성은 그 사용권이다. 소유권은 재산을 가지고 원하는 것은 무엇이든 할 수 있는 자유로운 선택권을 의미할 수 없다. 재산은 사용을 위한 것이지, 보유나 축적을 위한 것이 아니다. 올바르게 소유되기 위해서는 재산은 인간의 필요를 충족하고, 인간 공동체를 형성하는 그 본성에 따라 사

---

215) Gerhard K. Schaefer, Diakonie als "*Schwalter der Armen*"- Zur Diakonie bei Johannes Calvin, in Jähnichen, T, Thomas k. Kihn und Arno Lohmann, *Calvin entdecken Wirkingsgeschichte - Theologie - Sozialethik* (Muenster 2010), 185-191.

용되어야 한다.[216] 개인의 사유재산의 목적은 사회의 공익을 위해서 사용되어지는 것이다. 칼빈은 사유재산으로 무엇이든 할 권리가 있다는 현대적 관념을 거부했다. 앙드에 비엘레가 지적한 것처럼 "돈은 두 가지 이중의 의미를 지닌 표였다. 즉 돈은 그의 모든 소유가 하나님으로부터 왔다는 사실을 믿음으로 인정하는 자에게는 은혜의 표이지만 그의 모든 소유가 하나님의 선물이란 사실을 분별하지 않고 물질을 모으는 자는 정죄의 표가 된다."[217]

칼빈은 상업이 사회 안에서 인류의 보존을 위해 수행하는 섭리적 역할을 명확하게 규명해 낸 최초의 신학자였다. 루터를 비롯한 대부분의 종교개혁자들이 상인들이 사치를 조장하게 생계비를 인상시키며 빈부의 격차를 심화시킨 장본인이라고 비난하였지만, 칼빈은 상업 활동을 인정한 인물이었다. 물론 상업활동이 미치는 악영향에 특히 악덕 고용주, 부정직한 계약, 불량한 계량기구, 독점, 매점매석, 폭리, 과소비에 대하여 잘 알고 있었지만 그는 하나님의 섭리 가운데 상업이 수행하는 본래적 역할을 강조하였다.[218] 우리가 살아가는 현대 사회에 정의 그리고 인권문제, 한쪽으로만 치우쳐 가는 경제적 부의 불평등과 분배의 문제는 불공정 거래를 통해 사회 계층간의 갈등의 문제로 나타난다. 갑과 을로 나누어 불공정한 거래를 일삼고 있는 대기업과 중소기업간의 거래등과 같은 합리적 논리근거로 칼빈의 경제사상은 의미를 가지게 된다.[219]

개신교 전통아래 노동 이해는 공동체적 관계, 즉 나-너의 관계 속에서 이해한다. 종교개혁 전통안에서 이해된 노동 이해는 이웃 사랑 즉 봉사와 섬김이다. 인간은 노동을 통해 인간의 존엄과 자기실현을 표현하는 동시에 사회적 차원, 즉 공동체성을 구현한다는 특징을 포함한다. 오늘 노동은 다른 이들과 더불어 일하는 것이고, 다른 이들을 위해 일하는 것이며, 다른 누군가를 위해 무언가를 하는 일이다. 그리고 노동을

---

216) Meeks, M. Douglas, 『하느님의 경제학』, 홍근수 이승무 옮김 (서울: 도서출판 한울 1998), 159.
217) Bieler, Andre, 『칼빈의 사회적 휴머니즘』, 145.
218) 박영호, 『기독교 사회복지』, 728.
219) 김흥섭, "존 칼빈의 경제, 경영 사상과 현대적 적용에 대한 연구 - 유통, 물류에의 적용 관점", 147-169.

통해 타자와의 만남의 기회가 일어난다. 이와 같이 노동의 사회적 성격, 즉 공동체성으로 말미암아 노동은 인간의 기본 권리인 동시에 인간에게 유용한 공공선인 것이다. 이러한 공공선을 추구하는 노동의 공동체성은 4차 산업혁명에 대한 담론이 보여주는 것과 같이 공유 경제와 인류의 공동선에 대한 선언적 이해에 도움을 줄 수 있다.[220] 칼빈의 노동 윤리는 노동이 이윤 획득과 축적만을 목적으로 하는 행위가 아니다. 오히려 칼빈에게 노동은 모두를 위한 봉사나 섬김이어야 한다. 왜냐하면 타자를 위한 봉사와 섬김이 하나님의 일과 일치하기 때문이다. 그는 다른 사람의 노동을 착취하거나 혹은 기회조차 부여하지 않는 것 그리고 그 기회를 박탈하는 것은 도둑질이요 하나님의 은혜와 은총을 빼앗는 것이라고 강조하였다. 그의 노동에 대한 가치관은 그의 제네바 사회개혁과 사회복지와 관련된 실천에 나타나 있다. 그는 제네바의 가난하고 소외받은 사람들을 위해서 일자리를 제공하였고, 구빈원을 세워 의료사업뿐만 아니라 교육사업을 통해 일자리를 창출하기 위해 노력하였다. 더불어 의회가 노동에 대한 정당한 임금을 지급하는지에 대해서도 감시하도록 요청하였다. 그는 불공정한 거래나 부당한 이익은 절대 용납하지 않았다. 칼빈은 불우하고 가난한 자들을 위한 구제와 의료, 복지와 교육에 대해서 교회 차원뿐만 아니라 시 당국 차원에서 할 수 있도록 제도화에 힘을 썼다.[221] 칼빈의 노동에 대한 사상은 오늘을 살아가는 우리에게 많은 의미를 제공한다. 특히 일자리 창출에 대한 국가에 책임에 대해 웅변하고 있다. 칼빈의 노동에 대한 원칙은 노동자들의 인권과 존엄성이 훼손되는 불평등의 문제와 원칙 없고 부당한 해고 그리고 불평등의 문제를 낳아가고 있는 비정규직 고용문제에 대하여 비판적 사고를 가지게 하며 그에 따르는 대응에 대해 논리를 제공한다.[222]

칼빈은 노동의 보상인 임금에 대하여 영적인 의미를 부여하여 복음에 입각하여 해석하고 적용하였다. 오늘 우리가 살아가는 사회의 가장 큰 갈등은 임금 수준이다. 칼빈은 임금을 책정할 때는 고용주와 노동자 사이에 미리 합의에 따른 계약이 필요

---

220) 조영호, "4차 산업혁명과 노동윤리," 「성경과 신학」 89 (2019), 79.
221) 이양호, 『칼빈의 생애와 사상』 (서울: 한국신학연구소 1997), 275.
222) 최용준, "칼빈주의가 제네바의 변혁에 미친 영향에 관한 고찰," 「신앙과 학문」 23 (2018), 333-339.

하며 이해관계가 엇갈릴 때는 외부의 중재가 필요하다고 가르쳤다. 특히 칼빈은 국가가 가난한 자들에게 책임이 있다고 주장하였다. 그는 국가의 의무에 대하여 다음과 같이 이야기 한다. "국가의 의무는 부정한 방법에 의해 사람들의 생활을 차지하여 사업상의 이윤을 얻으려는 사람들로부터 보호하며 또한 시민들에게 경제적인 부담이 되는 것에 대해 스스로 보호하는 것이다."[223] 우리가 살아가는 21세기는 자본을 가진 자들의 시대이다. 거대한 자본을 가지고 공장을 짓고 노동자를 고용하여 생산을 한다. 그 공장에서 거둔 이익 중 일부는 노동자에게 지급되고 나머지 수익은 자본주의가 가져가는 시스템이다. 돈이 돈을 버는 수익이 사람이 노동해서 돈을 버는 속도보다 빠른 시대이다. 이러한 시대에 국가의 간섭은 국민의 선과 행복을 증진시키는 한에서 정당하다고 볼 수 있다. 국가는 국민을 착취하는 기업의 이기적인 활동을 감시해야 한다. 따라서 국가 자체도 국민의 경제적 착취의 주체가 될 수 없다. 기업이나 정부 어느 편도 사회에서 생성된 부를 소유할 무제한의 권한을 가지고 있지 않다.

　칼빈의 디아코니아에 입각한 그의 경제사상은 오늘날에도 특히 많은 부분에서 영향을 주고 있다. 경제가 우리 삶의 중심이 되어버린 오늘 정의와 평등과 공평과 갑과 을로 대비되는 빈부의 격차 그로 인해 발생되어지는 사회계층간의 갈등, 고용과 임금등에 중요한 방향성을 제시하고 있다. 하나님은 일하신다. 하나님은 인간의 일을 통해 일하신다. 즉 하나님은 인간의 일, 즉 노동을 통해 이 세상을 다스리시고 보존하신다. 하나님은 인간을 통해 일하신다. 즉 인간의 일, 일하는 인간은 하나님의 일을 하는 것이라 이해할 수 있다. 그렇다면 우리는 일하는 인간의 소중함과 존귀함을 말하지 않을 수 없다. 하나님의 일하심과 인간의 일 사이에는 노동이 있으면 이 둘을 구별할 수 있으나 분리할 수는 없다. 따라서 기술이 노동을 대체하는 4차 산업혁명 시대가 직면한 사회 문제, 즉 노동 종말 혹은 노동 없는 사회에 대해 이해하기 위해 우리는 다시 칼빈이 개신교 신자들에게 물려준 유산을 기억할 필요가 있다. 그는

---

223) 재인용, 박영호,『기독교 사회복지』, 730.

노동이 하나님의 영광을 위한 것이며 세상을 구원하기 위한 행위라고 말했다. 그러므로 인간 노동이 의미를 지니는 것은 노동이 인간 생존을 위한 활동이이라는 것 이외에 하나님께 영광을 돌리는 행위라는 사실과 생명을 살리는 일, 즉 구원을 위한 행위라는 사실에 있다.

V. 사회복지 실천 - 종합 구빈원과 프랑스 기금

1. 종합 구빈원

마르틴 루터는 개인주의적이고 교회 중심적인 이신행위에 바탕을 둔 중세 교회의 오랜 복지 시스템을 공동체적이고 사회 중심적인 은혜의 선물 신학 즉 십자가 신학에 토대를 둔 개신교 교회의 새로운 복지 시스템으로 변화시켰다. 칼빈의 스위스 제네바 역시 이런 루터의 신학적 변혁에 따르는 새로운 복지 시스템의 영향을 받게 되었다. 종교개혁전후로 제네바 사회에서는 사람들을 위한 교육과 복지가 필요했다. 종교개혁 이전, 카톨릭 교회 영향권 아래에 있던 제네바에는 가난한 사람들을 돕는 일곱 개의 구빈원이 존재하고 있었다. 제네바에서 13-15세기 사이에 세워진 7개의 빈민들을 돌보는 구빈원이 있었는데, 그중에서 최고最古의 구빈원은 노틀담Notre Dane의 로네Rhone 구빈원이었다.224) 이 구빈원들은 교회법인, 시민정부, 일반 신도 봉사 단체들과 한 부유한 가문이 설립했고, 구빈원장의 조력을 받는 행정관이 운영했다. 행정관은 15세기 이후 점차 세속화된 시대 흐름에 따라 시민 정부에서 선출되었다. 또한 종교개혁 이전에 제네바 시에는 '연옥에 있는 모든 영혼을 위한 금고'로 불리던 카톨릭 사회복지 프로그램도 있었다. 연옥에 있는 모든 제네바 사람을 위한 미사에서 죽은 자를 위한 기도를 산자를 위한 자선과 연결하는 카톨릭 전통으로 세운 것이다. 이

---

224) 박영실, "칼빈의 구제 이해와 실천적 빈민 구호 방안," 「개혁논총」 23 (2012), 31.

는 중세 제네바 사회복지 시스템이 공로 신학 같은 이신행위론적인 영향 아래 있었다는 것을 암시한다. 이신행위론에 근거를 둔 로마 교회의 디아코니아 신학에서는 부유한 자가 "가난한 자의 복지" 뿐만 아니라 "부자 자신의 영혼 안식"을 위해서도 재산을 베풀어야 한다고 요구했다.[225]

종교개혁은 단순히 종교적인 측면뿐만 아니라 사회적인 면에서도 많은 변화를 불러 일으켰다. 스위스 제네바의 종교개혁의 새로운 동반자였던 제네바 시민정부에서는 기존에 소수 특권층 사람들이 운영하던 카톨릭 사회 기관들을 폐쇄하고 몰수하였다. 1535년 11월 29일 시민정부는 통합적인 사회복지 기관인 종합구빈원을 설립했다. 제네바의 종합구빈원은 칼빈이 직접 만들기 보다는 종교개혁의 산물이었다 하지만 이를 통해 칼빈은 사회적 약자를 위한 일에 적극적으로 개입하여 활동하였다. 그는 사회적 문제를 해결하기 위해 '종합 구빈원General Hospital'을 통해 가난한 자들을 구제하려 하였다. 칼빈은 1537년 제네바에 온 이후로 로마교회의 주교들과 사제들이 버리고 간 수도원의 구빈원 제도를 계승하여 괄목하게 발전시켰고 수도원의 재산은 복지기금으로 통합되었다. 그는 국가 복지기관과의 연관성을 중요시 하여 구빈원이 국가에 의해 운영되고 그 운영과 관리를 위해 교회가 목회사역과 봉사차원으로 교회에 속한 집사들의 인적 봉사를 제공해야 한다고 주장했다.[226] 종합구빈원은 현대적 의미에서 의학 전문 병원은 아니었다. 이 기관은 병자의 치료에만 국한하는 것이 아니라 이들의 생계와 관련된 필요를 채워주는 역할을 담당하고, 병자들과 가정에서 버림받은 어린이들을 감독하고 교육하는 일까지 감당하였다. 종합 구빈원은 종교개혁 시기에 흩어져 있던 구제 기관들을 하나로 뭉치게 하고 세속화된 방향으로 그 기능을 집중하는 조치를 시행했다. 이를 통해 병든 자, 노인, 장애인, 고아, 제네바 방문자에게 피난처와 음식을 제공하는 하나의 공동 시스템을 지향했다.

---

225) 송용원, 『칼뱅과 공동선』, 260-261.
226) 박영호, 『기독교 사회복지』, 741.

로마카톨릭 구빈원 행정관중 대다수는 교회 사제였다. 하지만 종교개혁 기간 중 행정관은 헌신적인 평신도 집사로 대체되었다. 구빈원은 집사들에 의해 운영되었고, 재정은 시의회가 모금할 책임이 있었다. 종합구빈원은 구빈원장과 4명의 행정관으로 구성되었고, 이들은 모두 유급사역자들이었다.[227] 집사는 구빈원장의 지지와 조력을 받은 '부유한 사업가이거나 전문직 남성'이었다. 칼빈은 집사 직무를 "가난한 사람을 위해 구호품을 모으는" 행정관과 "구호품을 분배하는" 구빈원장이라는 두 가지 유형으로 나누었다. 종합구빈원은 분기마다 감사를 받았고, 매 주일예배가 시작되기 전인 아침 6시에 정기적으로 모여 한 주간의 빵 분배와 구제금의 지출에 대해서 보고하고, 교구에서 요청한 구제에 대해서 얼마의 빵을 나누어줄지를 결정하였다. 종합구빈원은 무려 300년 동안이나 존속했다. 그 이후에도 종합요양원이라는 이름으로 바뀌어 오늘날에까지 가난한 자들을 돕는 일을 하고 있다.

2. 프랑스 기금

프랑스 기금은 '프랑스 출신의 가난한 외국인들을 위한 기금'이다. 이 기금은 종합구빈원과 더불어 종교의 자유를 위해 위험을 감수했던 외국인 피난민들을 보호하기 위한 도구였다. 이 기금은 피난민들이 제네바 사회에 정착하는데 도움을 주었다. 1540년대 중반부터 로마카톨릭교의 박해를 피해 많은 망명자들이 제네바로 몰려오게 되었다. 그들은 굶주렸고, 병자가 속출하게 되었다. 제네바로 망명자가 갑자기 유입됨으로 도시가 마비 상태가 되었다. 이러한 상황에 이르자 그들을 보호해야 할 상황에 이르게 되었다. 스위스에서는 카톨릭 지지자들이 대다수 도시 밖으로 유출되어 갔고 그에 반해 개신교도들은 유입되면서, 종교개혁이 한창 진행 중이던 1542년에서 1560년 사이 제네바 인구는 두 배로 증가한다. 점점 늘어나는 프랑스 피난민들

---

227) 김기원, "칼빈과 기독교 사회복지," 「장신논단」 17 (2009), 266-267.

과 제네바 토착민들 사이에 정치적이고 사회적인 긴장들이 증폭되어 가고, 재정적 압박, 산업 경쟁, 위생문제들이 발생하기 시작했다. 이런 상황들 속에서 외국인에 대한 혐오들까지 나타나기 시작하였고 급기야는 1545년 제네바 시민들이 외국인 피난민들을 자국에서 쫓아내려 하기에 이르렀다.[228] 이러한 상황 속에서 칼빈은 1545년에 뷔쟝통David Busanton of Hainault이 희사한 거액의 기금을 시작으로 '프랑스 기금'Bourse francaise마련하여 다양한 국적의 피난민들을 위해 사용하였다. 종합구빈원과는 달리 프랑스 기금은 칼빈은 1541년 제네바로 돌아온 후 설립되어졌다. 종합구빈원이 시민 정부에 의한 공적인 기금으로 운영되어졌다면, 프랑스 기금은 부유한 피난민들의 기부로 운영하던 사적 기관으로서 도시의 사회공익을 위해 이루어졌다. 이 기금의 혜택을 받은 그룹들은 과부와 고아를 포함하여 주로 여성과 어린이였으며, 이와 더불어 병자, 장애인, 실업자들도 있었다. 1550년대에 들어서면서 프랑스 기금은 그 규모에 있어서 크게 확대되었다. 이 기금은 피난민들의 거처, 의료, 직업훈련, 식량 등을 위해 사용되었고, 후에는 프랑스로 개신교 서적성경, 교리문답서, 시편찬송을 보내고 목사를 보내는 선교적 차원의 활동까지 담당하기에 이른다.[229] 프랑스 기금은 인종·민족·지리적 장벽을 넘어 확대된 상호 의존 네트워크를 사용하여 공공의 디아코니아 섬김을 촉진하여 교회와 사회의 공익에 새로운 문을 여는 하나의 돌파구가 되었다.

VI. 소결

칼빈 신학의 중심은 "오직 하나님께 영광"이었다. 칼빈에게 있어 인간의 존재 목적은 바로 하나님을 알고 그에게 영광을 돌리는 것이다. 하나님이 세상을 창조하시고 섭리하시는 목적은 우리 인간이 그 안에서 서로 사랑하며 평화롭게 살아가게 하기 위해서이다. 하나님이 그리스도의 십자가를 통해 죄인들을 용서하시고, 자기중심

---

228) 송용원, 『칼뱅과 공동선』, 266.
229) 이신열, 『칼빈신학의 풍경』 (서울: 대서, 2011), 249-251.

적 죄에서 벗어나 하나님과 이웃을 받아들임으로써 서로 사랑하며 살 길을 열어주신 것도 같은 목적이다. 교만이나 탐욕 등으로 표현되는 자기중심적 죄를 극복하고, 타인을 받아들이며 사는 데에서 인간의 자유와 평화, 일치가 가능하고, 그것은 근본적으로 하나님을 알고, 그분의 사랑을 받아들이며, 그분의 뜻을 따르는데서 비롯된다. 칼빈에게 하나님의 영광을 위한다는 것은 바로 그런 이유와 그런 목적에서였다. 즉 그에게 하나님을 위하는 것은 인간 자신을 위한 것이었고, 인간을 위한 것은 하나님을 위하는 것이었다.

칼빈의 경제 사상과 실천의 중심에는 항상 디아코니아 사상이 들어있다. 이웃을 사랑함으로 이웃을 사랑하기 위해서 그는 경제문제들을 생각했고, 그것들을 해결하기 위해 노력한 인물이었다. 우리 인간의 복지와 안전과 행복을 위해서 하나님이 경제나 정치나 법이나 제도를 허락하셨기에 그것을 청지기 정신으로 잘 운영하고 영위하는 것이 바로 하나님의 뜻이자 또한 사람들을 위하고 사랑하는 것이었다. 칼빈의 디아코니아 신학은 16세기 종교개혁시대에 변화와 개혁을 일으켰고 그의 신학은 오늘도 우리에게 중요한 이정표가 되고 있다. 물론 그가 개혁을 일으킨 그 시대와 오늘의 시대가 많이 다르다고 할 수 있지만, 그의 하나님 중심의 신학과 사랑, 정의, 평등과 공평의 원리 아래 펼쳐진 디아코니아적인 사회경제윤리는 여전히 우리가 적용할 보편적인 진리로 평가된다. 심각한 빈부격차를 유발하고 있는 경제체제와 그 결과 나타난 양극화 현상, 비정규직 문제의 심각성, 정규직과 비정규직의 임금격차와 상시적인 고용불안에 시달리는 현대 우리 사회에 칼빈의 경제 윤리 속에 나타난 디아코니아 사상은 우리에게 중요한 신학적이고 사회윤리적인 방향성을 제시하고 있다. 종교개혁자이자 사회개혁자였던 루터와 칼빈의 경제윤리에 나타난 직업과 노동의 개념은 이웃을 섬기는 봉사이자 구원받은 자로서의 의무로 이해되었다. 더불어 함께 살아가는 공동체라는 연대의식을 가지고 우리 주변에 나타난 사회문제에 대한 해결을 위해 칼빈의 디아코니아 경제윤리는 하나의 모델이 될 수 있다. 수없이 다양한 의견들과 대립으로 인해 갈등하는 우리 사회에 칼빈의 신학에 대한 바른 이해와 적용은 중대한 의미를 가진다고 할 수 있을 것이다.

The Reformation and Diakonia

Part 4.
종교개혁자 츠빙글리와 디아코니아

나의 형제자매 여러분, 누가 믿음이 있다고 말하면서도
행함이 없으면, 무슨 소용이 있겠습니까?
그런 믿음이 그를 구원할 수 있겠습니까?

어떤 형제나 자매가 헐벗고, 그 날 먹을 것조차 없는데,

여러분 가운데서 누가 그들에게 말하기를
"평안히 가서, 몸을 따뜻하게 하고, 배부르게 먹으십시오"
하면서, 말만 하고 몸에 필요한 것들을 주지 않는고 하면,
무슨 소용이 있겠습니까?

이와 같이 믿음에 행함이 따르지 않으면,
그 자체만으로는 죽은 것입니다.

야고보서 2: 14-17

Part 4.
종교개혁자 츠빙글리와 디아코니아

I. 들어가는 말

일반적으로 마르틴 루터가 95개조 반박문을 비텐베르크의 성채 교회Schlosskirche에 게시한 1517년 10월 31일을 종교개혁의 출발로 본다. 그러나 1519년 1월1일[230]도 우리가 기억해야 할 중요한 날이다. 루터와 칼빈 사이에서 그다지 주목받지 못했던 종교개혁자 츠빙글리 또한 동시대의 탁월한 종교개혁자였음에 이의를 제기하는 사람은 없을 것이다. 츠빙글리가 중심이 되어 스위스에서 출발시킨 개혁교회는 독일에서 루터가 시작한 루터교회와 더불어 16세기 프로테스탄트 운동의 두 흐름이었다. 종교개혁자 츠빙글리의 신학은 실천적이며 성경 중심적이었다. 그는 모든 삶 속에서 성경적으로 해석하고 형성하려고 노력하였으며, 그의 신학은 교회개혁뿐만 아니라 모든 삶의 총체적 개혁과 공공의 삶을 위한 사회개혁에까지 영향을 미쳤다. "오직 성경"의 원리를 강조하며 종교개혁을 시작한 츠빙글리의 신학적인 입장은 1523년 1월 29일 취리히 시청 강당에서 열린 토론회에서 제시된 67개조 조항[231]으로 구체화 되었다.[232] 츠빙글리는 그의 핵심 고백이라고 이야기 할 수 있는 67개조 조항 안에 그리스도인의 개인윤리와 사회윤리를 성경에 근거해 세우고자 하였다. 특히 67개조 조항 중 22조항은 그의 디아코니아 신학이 잘 반영되어 있다.

---

230) 1519년 1월 1일은 개혁교회의 시작을 알리는 날이다. 종교개혁자 츠빙글리는 이 날 스위스 취리히의 그로스뮌스터(Grossmünster)교회에서 마태복음을 본문으로 설교를 하게 된다. 마태복음 강해 설교는 당신 교회의 사제들이 교회력을 따라 주어진 본문으로 설교했던 방식을 취하지 않고 목회자가 스스로 선택했다는 점에서 당시로는 상당히 파격적이었다. 더 나아가 자국어인 독일어로 설교함으로 청중들이 쉽게 말씀을 접하고 삶에 적용할 수 있도록 도전을 불어 넣어 주었다.

231) 이 토론회가 개최된 이유는 로마 가톨릭 교회의 전통적인 금식 규정을 어긴 사건과, 결혼문제 때문이었다. 육식이 금지된 사순절 기간에 크리스토프 프로샤우어(C. Froschauer)의 인쇄소에서 문제가 된 소세지로 식사 한 후에 기독교의 금식문제에 대해 수많은 사람들에게 큰 논쟁점을 불러일으키게 되었다. 츠빙글리의 67개 논제의 핵심은 바로 "무엇을 믿고 있는가?"에 대한 선언서의 특성을 지니고 있다. 67개조 논제의 주제는 다음과 같다. 교황, 미사, 성인의 중보기도, 선행, 성직자 재산, 금식 규정, 종교 축일과 성지순례, 성직자의 옷과 종교적인 표기, 수도원과 다른 종교 공동체, 성직자 결혼, 독신 규정, 파문, 부정한 재산, 세속 권력, 기도, 공적인 분노 표출, 죄 용서, 연옥, 사제직, 권력남용 폐지 Huldrych Zwingli, "하나님의 정의와 인간의 정의",『츠빙글리 저작선집 3』, 임걸 옮김 (서울: 연세대학교 대학출판문화원, 2014), 11.

232) 이은선, "츠빙글리의 예술 이해 : 성상파괴와 이미지의 활용을 중심으로,"「한국개혁신학」63(2019), 168-169.

> "그리스도는 우리의 의가 된다, 따라서 우리가 행한 일이 그리스도에게서 나온 것이라면 그것은 선한 것이나, 그 일이 우리에게서 나온 것이라면 그것은 선한 것이 아니다."[233]

츠빙글리는 우리의 모든 선한 행위의 근거를 예수 그리스도의 의에서 찾는다. 츠빙글리의 선행의 근거는 마르틴 루터가 그의 논문 "그리스도의 자유"에서 주장한 선행의 근거와 동일한 입장이다. 마르틴 루터는 그의 논문 "그리스도의 자유"를 통해 죄인에게서는 죄의 결과만 나올 뿐이지만, 오직 예수 그리스도의 의만이 우리를 죄에서 자유하게 하며, 그 자유함으로 우리가 우리 이웃에게 나아갈 수 있음을 이야기 하였다.[234] 츠빙글리 역시 루터가 "그리스도의 자유"라는 논문을 통해 선행의 근거를 이야기 한 것과 같이 우리 인간의 모든 선행의 근거를 예수 그리스도 안에서 찾게 된다. 츠빙글리는 바울이 로마서 1장 17절을 통해 전한 "오직 의인은 믿음으로 말미암아 살리라"는 "이신칭의" 사상을 독일어 "프롬Fromm"이라는 단어를 사용하여 전달하였다. 이 단어는 "믿음은 사람을 의롭다고 규정할 뿐만 아니라, 의롭게 행동하도록 만든다." 라는 의미를 가지고 있다.[235] 츠빙글리에게 선행이란 은혜로 구원을 받은 사람들을 통해 행하시는 하나님의 사랑이기에, 선행은 인간이 이루어내는 것이 아니라 전적으로 하나님이 하시는 일이다. 선행을 기뻐하는 하나님이 그 선행의 근거가 된다. 그는 당시 만연된 선행을 통한 업적주의를 부정하고, 선행을 통해 구원에 이르는 것이 아니라 오직 예수 그리스도를 통해서 의로움을 입게 됨을 강조한다. 츠빙글리는 믿음이 없이 행하는 선행은 선행이 될 수 없으며, 가치 없는 선행의 모조품에 불과할 뿐임을 강조하였다.[236] 츠빙글리의 디아코니아의 시작 그것은 바로 예수 그리스도를 향한 올바른 믿음에서 시작한다.

츠빙글리의 종교개혁은 개인의 신앙을 넘어 교회와 사회 공동체의 변화를 목표로

---

233) Huldrych Zwingli, "67개 논제에 대한 해제,"『츠빙글리 저작선집 2』, 임걸 옮김 (서울: 연세대학교 대학출판문화원, 2014), 284.
234) 마르틴 루터는 1520년 그의 논문 "그리스도인의 자유"을 통해 다음과 같은 역설적인 대명제를 제시한다. "그리스도인은 만물에 대해서 자유로운 주인이며 누구에게도 예속되지 않는다." "그리스도인은 만물을 섬기는 종이며 모든 사람에게 예속된다." WA 7, 21.
235) Huldrych Zwingli, "하나님의 정의와 인간의 정의,"『츠빙글리 저작선집 1』, 15.
236) 주도홍,『개혁신학의 뿌리 츠빙글리를 읽다』(서울: 세움북스, 2020), 334-335.

하였다. 그는 교회개혁뿐만 아니라 취리히 시의회를 통해 복지정책을 비롯한 사회개혁을 병행하였고, 디아코니아 경제윤리에 있어 하나님의 절대적 정의를 향한 인간의 정의를 끊임없이 상대화 시켰다. 더 나아가 생명을 위한 복지와 복지국가의 초석을 이루어낸 인물로 평가된다.

II. 츠빙글리의 디아코니아 신학

1. 하나님의 정의와 인간의 정의 안에 나타난 디아코니아 신학

사회적 약자, 빈곤에 지친 사람들, 그들의 문제를 해결할 수 있는 사회적 제도를 마련하는데 큰 관심을 가지고 있었던 츠빙글리는 기독교 사회윤리를 위한 신학적 성찰이 담긴 글을 1523년에 발표하게 된다. 그 중에 하나가 바로 "하나님의 정의와 인간의 정의"라는 글이다. 츠빙글리는 이 글을 통해서 보수적인 카톨릭 비판과 급진적 추종자들의 과격한 주장에 반론을 제기하며 "정의"의 개념을 하나님의 정의와 인간의 정의로 구분지어 이야기 한다. 츠빙글리 신학의 근본적인 토대는 바로 "하나님의 주권"이다.[237] 마르틴 루터의 신학이 오직 은혜를 근본으로 한 "이신칭의" 신학을 중심으로 전개되어졌다면 츠빙글리는 '최고의 신적 존재가 바로 하나님이시다' 라고 고백함으로써 하나님을 그의 신학의 출발점으로 삼는다. 한마디로 츠빙글리의 신학의 중심은 삼위일체 하나님이시다. 츠빙글리의 "정의" 개념은 그의 하나님 이해에 근거하고 있다.

선의 원천이며 진리 자체이신 하나님을 츠빙글리는 다음과 같이 이야기한다.

---

237) STEPHENS, W,『츠빙글리의 생애와 사상』, 박경수 옮김 (서울: 대한기독교서회, 2007), 30.

"하나님은 모든 깨끗함, 모든 올바름, 모든 정의, 그리고 모든 선의 원천으로서 의로우십니다. 왜냐하면 그는 자신이 본질적으로 정의롭고, 깨끗하며, 그리고 완전히 선하기 때문입니다. 그래서 그분에서 나오는 것은 불의하고 더럽고 악한 것이 하나도 없습니다. 또한 그분은 진실할 뿐만 아니라 진리 자체 인 것처럼 오직 그분만이 의로우며 정의 그 자체입니다. 그분의 정의는 근본적으로 수순하고 인간의 욕심 같은 그 어떤 더러움과 섞이지 않는 순수한 정의입니다. 만약 하나님이 영원한 선이라면, 정의 자체이신 그는 어떤 것과도 혼합되지 않고 모든 욕심과 모든 이기적인 욕망이 없는 분이십니다."[238]

츠빙글리는 하나님 정의와 인간의 정의 이 두 가지 측면을 아주 밀접하게 연관시켰다. 그는 하나님의 정의에 대하여 산상수훈[239]에 기초를 두고 하나님의 정의는 총체적인 사랑이며, 이러한 정의의 근거는 하나님 자신이심을 말한다. 하나님이 우리 인간에게 가르쳐준 정의는 바로 하나님 자신이다.[240] 츠빙글리에 의하면 인간의 정의[241]는 완전할 수 없다. 오직 하나님의 정의만이 완전하다. 비록 인간의 정의가 하나님께 나왔다고 하더라도 인간적인 정의는 하나님이 요구하시는 것만큼 완전하지 못하다. 더 나아가 죄로 인해 불완전한 인간은 하나님의 정의를 이룰 수 없다. 그럼에도 불구하고 하나님은 자신의 백성에게 하나님의 정의를 이룰 것을 요구하시는 분이시다. 그렇다면 우리는 다음과 같은 질문 앞에 서게 된다. 어떻게 죄인인 인간이 하나님의 정의를 이루어 낼 수 있는가?

츠빙글리는 죄인인 우리 인간은 우리의 외적인 행위를 통해 하나님의 정의를 이루어 나갈 수 없는 존재이기에 오직 하나님의 은혜만을 바랄 수밖에 없는 존재라고 이야기 한다. 하나님은 이러한 인간의 무기력함을 잘 알고 계신 분이시기에, 그분은 그분의 정의가 우리에게 임하시게하기 위하여 예수 그리스도를 우리에게 보내신 분이

---

238) Huldrych Zwingli, "하나님의 정의와 인간의 정의," 『츠빙글리 저작선집 1』, 206.
239) 츠빙글리는 하나님의 정의에 대하여 구체적으로 10가지 항목을 언급한다. 이 모두 내용은 신약성서에서, 특히 산상설교로부터 나온 것이다. 1. 무조건적인 용서. 2. 절대로 화를 내지 않는 것. 3. 소송을 하지 않고 겉옷을 내주는 것. 4. 음욕을 품지 말고 이혼하지 말 것. 5. 맹세 금지 6. 보상을 바라지 말고 주는 것 7. 원수에게도 선을 행하는 것. 8. 탐내지 말 것 9. 불필요한 말도 하지 말 것. 10. 이웃사랑. 하나님의 정의의 모든 내용은 10번째 항에서 말하는 이웃 사랑으로 완성된다. 하나님의 정의는 이웃을 해치지 않고 돕는 것에서 더 나아가 이웃을 사랑할 때 성취된다. 앞의 책, 211-213.
240) 앞의 책, 210.

시다. 하나님의 정의는 우리가 하나님의 아들 예수 그리스도께서 우리를 위해 십자가에 돌아가셨다는 것을 온전한 믿음으로 받아들일 때 하나님의 아들 예수 그리스도를 통해서 우리가 선물로 받는 것이다.[242] 오직 예수 그리스도를 통해 우리는 하나님께 나아갈 수 있게 되었다.

츠빙글리는 다른 종교개혁자들과 마찬가지로 구원은 인간의 외적 행위가 아니라 믿음을 통해 이루어진다는 사실을 강조한다. 비록 우리 인간이 인간의 정의를 지킴으로 인해 그 정당성을 인정받을 수 있기는 하나, 하나님의 정의 앞에서는 언제나 죄인일 수밖에 없다. 인간의 정의는 구원에 아무런 도움이 되지 못한다. 우리 인간은 우리들의 공적에 의해 구원에 이른 것이 아니라 바로 하나님의 전적인 은혜와 예수 그리스도를 믿는 믿음을 통하여 구원에 이를 수 있다. 이런 의미에서 츠빙글리가 말하는 하나님의 정의는 하나님과 죄인 된 인간을 화해시키는 의이기도 하다. 자신의 욕망과 욕심으로 가득 차 하나님을 찾지 않은 죄인 된 인간은 이제 예수 그리스도로 말미암아 하나님께 나아가는 자가 되었다. 이제 하나님은 죄인 된 인간이 예수 그리스도를 통해 그 분을 알고 그를 사랑하며 그를 닮아 가기를 원하신다. 이제 그분은 그를 따르는 자들 안에서 그분의 뜻과 정의를 이루어 나가시는 분이시다. 오직 예수 그리스도를 통해 하나님과 화해된 그리스도인이 이제 이루어 나아가야 할 하나님의 정의에 대해 츠빙글리는 다음과 같이 이야기 한다.

"왜냐하면 만약 우리가 하나님을 사랑하면 하나님은 우리 가운데 있기 때문입니다. 하나님이 우리 가운데 있다면 이웃에 대한 사랑이 우리 속에 있는 것입니다. 왜냐하면 하나님이 자기 자신을 우리에게 비친 것처럼 사랑하기 때문입니다. 하나님이 있는 곳에 그와 상응하며 하나님 사랑이 시작됩니다."[243]

---

241) 츠빙글리는 인간의 정의를 다음과 같이 제시한다. 1. 인간의 정의는 하나님의 정의에서 나온 것이지만 불완전하다. 2. 인간의 정의는 타락한 인간의 본성을 위한 것이다. 3. 타락한 인간의 정의는 하나님을 찾지 않고 그분의 뜻을 따르려 하지 않는다. 4. 인간의 욕심과 욕망은 그 자체가 하나의 형벌이다. 5. 인간적 정의를 잘 따른다고 하더라도 우리는 거룩해 질 수 없다. 6. 인간적인 정의는 하나님을 기뻐하게 할 수 없다. 앞의 책, 227.
242) 앞의 책, 218.
243) 앞의 책, 226.

츠빙글리의 디아코니아 신학은 하나님의 절대적인 주권과 은혜 즉 하나님 중심에서 시작되고, 하나님의 정의 안에서 발견된다. 그와 동시에 하나님의 정의의 성취는 기독론과 성령론과 밀접하게 관련되어 있다. 자신의 욕심과 욕망으로 가득 찼던 죄인된 인간은 하나님을 찾지 않고 더 나아가 이웃을 자신의 몸같이 사랑할 수 없는 존재이다. 그러나 오직 하나님의 정의에 메인 자 다시 말해 예수 그리스도를 통해 하나님과 화해된 자만이 진정한 선행을 이룰 수 있다. 츠빙글리가 이야기 하는 하나님의 정의의 내용은 온전한 사랑이다. 이 온전한 사랑은 바로 하나님의 이중 명령 즉 하나님을 사랑하고 이웃을 사랑하라는 명령으로 수렴된다. 이 무조건인 사랑이 바로 인간의 정의와 구별되는 가장 큰 특징이라고 할 수 있다. 이 사랑은 일정한 한계선을 긋지 않고 무한한 사랑을 의미한다. 이 사랑은 사랑하는 자뿐만 아니라 원수에게도, 그리스도인뿐만 아니라 비그리스도인에게도 두루 보편적으로 행하는 사랑이다. 더 나아가 이 사랑은 인간을 넘어서 하나님이 창조하신 모든 피조 세계에도 나타나는 사랑이다. 하나님의 정의는 이와 같이 예수 그리스도를 믿는 믿음을 통하여 새롭게 선포된 하나님의 사랑의 계명이며, 이웃을 섬기는 디아코니아 정의이다. 이 섬김과 사랑으로 이루어진 하나님의 정의는 인간의 정의로 이루어 낼 수 있는 것이 아니라 하나님의 정의를 통해 이루어 질 수 있다.

하나님은 인간의 욕망을 위한 수단이 될 수 없는 분이시다. 하나님은 인간의 욕망의 대상이 되시는 분도 아니시다. 그분은 우리에게 이렇게 요구하고 계신다. "하늘에 계신 너희 아버지께서 완전하신 것과 같이 너희도 완전하라"마 5:48. 우리가 하나님 앞에 나아가기 위해 우리는 완전해 져야 한다. 우리는 우리 자신의 주인이라는 생각을 버리고 오직 하나님께 속한 자로서 우리 이웃에게 나아가야 한다. 우리 자신만을 생각하는 자는 욕망의 나락에 빠져들게 되지만, 하나님과 이웃을 생각하는 자는 하나님의 정의를 이 땅위에 이루는 자이다. 우리는 그 무엇보다도 하나님 나라와 그의 정의를 찾아야 한다. 하나님이 의로우신 것과 같이 우리도 의로워야 한다. 하지만 그것이 불가능한 것이기에 하나님께서는 우리를 위해서 죽으신 예수 그리스도의 은혜를 약속하신 것이다. 이것이 바로 복음이다.[244]

죄악으로 물든 인간의 내면은 늘 어두움 가운데 있고, 우리는 우리의 소유가 아무런 대가 없이 다른 사람에게 선의로 베풀어지는 것에 대한 부담감과 자신의 유익을 먼저 내세우는 사람들이다. 타락한 인간의 본성은 이타적인 마음보다 자기의 유익을 먼저 구하는 이기적인 욕망과 육적인 탐욕에 눈이 멀어 있다. 이러한 근원적인 문제의 해결을 위하여 츠빙글리는 하나님의 말씀과 국가 공권력을 이야기 한다. 하나님의 말씀에 붙들린 자는 이제 하나님의 정의 안에 그 분의 뜻을 따르게 된다. 자신의 주인은 오직 하나님뿐이라는 것을 깨닫는 자는 자신의 의지를 내려놓고 하나님의 뜻을 위해 살아가는 존재이다. 츠빙글리가 이해하는 하나님은 사회 속에서 돌봄을 필요로 하는 작은 자들의 하나님이시며 이 하나님은 세상을 변화시키시는 하나님이시다. 인간이 하나님의 정의에 도달 할 수 없기에 그분의 계명을 지키며 서로 섬기며 살아가는 존재가 된다. 인간이 타락하지 않기 위해 하나님은 그분의 말씀과 공권력을 인간에게 주셨다. 이 공권력은 인간의 이기심에서 나오는 폭력을 사용하지 못하게 하며, 함께 살아가는 사회공동체를 형성하게 한다.

2. 부와 소유에 대한 츠빙글리의 디아코니아적 이해

츠빙글리의 사유재산과 부에 대한 개념도 철저하게 하나님 중심에서 시작된다. 사유재산이 도입된 이후에 국가 권력은 누구에게도 자신의 소유를 어떤 보상도 없이 타인에게 빌려주는 것을 강요하지 않는다. 세상은 어떤 이익이 없다면 타인을 위해

---

244) 앞의 책, 258.

자신을 희생하며 섬기는 것에 대해 강요하지 않는다. 그러나 츠빙글리의 디아코니아적 입장에서 바라본 소유의 개념은 다르다. 하나님은 우리에게 어떤 보상을 요구하지 않으시고 하나님 자신의 것을 소유하고 이용하도록 인간에게 허락하신 분이시다. 그런데 우리 인간은 하나님의 소유를 우리의 소유로 만들어 가고 있다. 하나님은 자신의 것을 인간이 소유하도록 허락하셨다. 다만 하나님은 세상의 재화를 오직 하나님의 말씀과 명령에 따라 사용하는 한에서 우리의 소유를 허락하신 분이시다.[245] 우리가 하나님 앞에서 불의한 자가 되지 않기 위해 우리는 하나님께 빚진 자라는 사실을 항상 인지해야 한다. 나의 소유를 하나님의 뜻에 사용하지 않은 사람은 비록 그가 세상의 잣대로 어긋나지 않았다고 하더라도 그는 하나님 앞에서 불의한 자이다. 츠빙글리는 재물이 불의하게 된 이유를 예수 그리스도의 비유 눅16:9를 통해 설명한다. 재물이 불의한 이유는 우리가 하나님의 소유를 우리 인간의 소유로 만들었기 때문이다. 더불어 우리가 하나님의 청지기임을 망각한 채 재물을 하나님을 뜻에 사용하지 않았기 때문이다.[246] 하나님의 정의와 인간의 정의에 전혀 일치하지 않는 것이 바로 맘몬이다. 맘몬의 가장 구체적인 특징은 바로 부패와 거짓 그리고 탐욕이다. 사실 부에 대해 이야기 할 때 우리는 사실 모든 부가 불의하다고 이야기 할 수는 없다. 정직하게 땀 흘려 얻은 부유함이 존재하기 때문이다. 진실한 부, 진리 안에 있는 재물에 반대되는 것 그것이 바로 부패와 거짓 그리고 탐욕이다. 이것은 사람들을 어둠으로 인도한다. 부패와 탐욕 그리고 거짓된 부는 결코 만족해주지 못하는 욕구를 사람의 마음속에 불러일으키게 된다.

츠빙글리의 개혁의지의 뿌리는 서로 함께 살아가는 삶을 통해 사회 문제를 해결해 나아가는 것이었다. 츠빙글리의 개혁의지는 교회의 삶이 정의로운 삶으로 개혁될 것을 촉구하였다. 특히 츠빙글리는 돈으로 사회적 특권을 취하거나 하나님의 말씀을 가로채는 사람들에게 대해 비판을 가한다. 예를 들어 당시 권력자들이 자신의 욕망을 채우기 위해 많은 세금을 걷어 들이는 일, 성직자들이 토지 소유를 주장하며 십

---

245) 앞의 책, 251.
246) 앞의 책, 251.
247) 앞의 책, 251-252.

일조를 요구하는 일, 땅에서 나오는 온갖 부산물에 대한 정의롭지 못한 소작료와 고리대금이 바로 그것이다.[247] 츠빙글리는 다른 사람의 물건을 탐하지 말라는 율법의 명령을 지키는 것을 넘어서서, 자신의 것을 가난한 자와 함께 나누는 분배적 정의를 강조한다. 분배되지 못하는 부가 사회적 문제가 되는 것이요 탐욕과 거짓 그리고 부패의 원인이다. 특히 이자 문제와 관계하여 츠빙글리는 바울 서신에 근거하여 하나님의 정의 안에서 그 어떤 대가도 기대하지 않고 어려운 이웃에게 빌려주어야 하는 것인데, 욕심에 눈이 멀어 하나님의 정의를 무시하는 불의[248]에 대해 비판을 가한다.[249] 그는 하나님의 의의 관점에서는 이자를 받지 말아야 하지만, 인간 의의 관점에서 무이자로 돈을 빌려줄 사람이 없으므로 츠빙글리는 5%가 넘지 않는 이자를 받도록 하고, 이 범위가 지켜지도록 국가가 잘 감시하고 통제해야 한다고 하였다. 그는 이자는 반드시 지불되어야 하며, 지불하지 않는 경우에 처음부터 갚지 않겠다고 마음을 먹었다면 그는 하나님께 죄를 짓고 자신의 양심을 속이는 자요, 그렇지 않으면 자신의 약속을 깨는 사람이라고 지적한다.[250]

특히 하나님의 신실한 종으로서 마땅히 하나님을 섬겨야 함에도 불구하고 자신의 욕망과 욕심에 빠져 있었던 성직자들과 교회를 츠빙글리는 신랄하게 비판하였다.[251] 섬기는 종의 모습을 온전히 비추어야 할 교황, 수도사 그리고 수녀들이 오히려 사람들 위에 군림하고 인간의 영혼을 지배하는 자리를 차지하려 함으로써 하나님의 말씀을 거역하는 모습에 츠빙글리는 비판을 가하였다.[252] 츠빙글리는 당시 교황과 주교들이 말하는 교부들의 권위가 중요한 것이 아니라 "하나님의 말씀에 그 어떤 인간적인 첨가물이나 조작이 행해지지 않았을 때만이 그리스도의 백성들은 정의롭고 바르

---

248) 츠빙글리는 이자뿐만이 아니라 고리대금과 세금에 대해서도 언급한다. 고리대금을 통해 높은 이자를 요구하는 자들을 "하나님 앞에서 사악한 사기꾼"이라고 언급하였고, 특히 고리대금은 국가의 공권력을 통해 백성들이 불의하게 대우받거나 불의한 거래를 허용해서는 안되며, 이러한 거래를 하는 신앙인뿐만 아니라 채무자들을 처벌할 것을 요구하였다. 주도홍,『개혁신학의 뿌리 츠빙글리를 읽다』, 166.
249) 앞의 책, 253.
250) Huldrych Zwingli, "누가 사회를 혼란스럽게 만들었는가?"『츠빙글리전집 I』, 402.
251) 츠빙글리는 다음과 같은 표지로 거짓 목자를 구별하였다. 1. 하나님의 말씀을 가르치지 않는 자. 2. 하나님의 말씀을 가르치기는 하지만 자기 생각을 가르치는 자. 3. 하나님의 영광을 위하여 가르치지 않는 자. 4.사람들에게 큰 고통을 주는 통치자를 비판하지 않고 방조하는 자. 5. 말씀을 행동으로 실천하지 못하도록 하는 자. 6. 가난한 사람들을 받아들이지 않고 그들이 착취당하고 억압당하도록 내버려 두는 자. 7. 목자임에도 불구하고 세상 같이 지배하고 통치하려는 자. 8. 물질에 탐욕을 부리는 자. 9. 창조자 하나님이 아닌 피조물에게 인도하는 자. Huldrych Zwingli, "목자,"『츠빙글리 저작선집 I』, 353-354.
252) 임희국, "16세기 종교개혁자 츠빙글리(H. Zwingli)의 사회윤리에 조명해 본 오늘의 시장경제,"「장신논단」18(2002), 232.

게 살았다"[253]는 점을 강조하였다.

　디아코니아 경제윤리와 관련하여 츠빙글리가 비판한 또 다른 대상은 바로 성상숭배였다. 츠빙글리는 교회가 금과 비단으로 치장하는 반면에 가난한 자들이 구걸하는 것을 방치하는 것에 대하여 비판하였다. 기독교 역사 초기부터 대중들의 숭배 대상이었던 마리아, 이 마리아 숭배가 절정을 이룬 시기가 츠빙글리가 개혁활동의 하던 중세시기였다.[254] 공동체 안에 깊숙이 파고든 마리아 숭배사상으로 인해 마리아 순례지가 만들어지고, 호화로운 예배당이 건립되어지고 마리아를 기념하는 여러 다양한 축제가 열리게 되었다.[255] 16세기 로마카톨릭 교회가 가지고 있었던 웅장하고 화려한 교회의 모습과 호화롭던 예술품은 그 당시 사회적 변두리에서 가난과 질병으로 고통받는 일반 대중의 모습과는 너무나도 대조되는 모습이었다. 16세기는 상공업자의 태동, 급격한 도시화로 인하여 발생된 빈부의 격차로 인해 사회 안에서는 소외되고 차별받는 사람들이 늘어나게 되었다. 이런 사회적 배경아래에서 성상, 성화 그리고 마리아 숭배는 부정과 배격의 문제가 아니라 사회정의 그리고 디아코니아 경제 정의를 위한 사회개혁을 향한 외침이었다. 가난한 자들에게 분배되지 못하고 부유한 자들의 전유물이 되어버린 소유를 죄로 여겼던 츠빙글리는 마리야 숭배 혹은 교회 안에 성상이나 성화로 인한 낭비 그리고 그에 따른 허례허식에 대하여 비판을 가한다. 츠빙글리는 사람들은 나무와 돌로 된 성인의 그림을 치장하는 것이 아니라, 살아 있는 하나님의 형상인, 가난한 그리스도인들을 옷 입히는 것이 하나님을 영화롭게 하는 것임을 알아야 한다고 강조하였다. [256]가난하여 고통 받는 사람들의 모습 속에 하나님의 형상이 담겨져 있다. 츠빙글리는 그리스도인이 섬겨야 할 대상은 허례허식으로 가득 찬 나무나 돌로 된 성인의 형상이나 그림이 아니라 온전히 살아 있는 하나님의 형상을 지닌 가난한 사람들이었다. 츠빙글리가 교회의 성상이나 성화를 반대한 근원적인 이유는 다음과 같다. 첫 번째는 성화와 성상숭배가 십계명중 제 2계명 '우상숭

---

253) Huldrych Zwingli, "목자,"『츠빙글리 저작선집 1』, 343.
254) 교회 안에서 성상을 사용하는 것은 기독교가 국가 종교로 공인된 4세기 이후부터 글을 알지 못하던 사람들의 신앙교육을 위해 허용되기 시작하였다. 교황 그레고리 1세는 성상이 숭배의 대상이 되는 것은 거부하였지만, 성상의 교육적인 가치에 대해서는 인정하였다. 이성덕, "성상(Ikon)은 우상인가 - 성상에 대한 교회사적 고찰,"「대학과 선교」12(2007), 89.
255) 정미현, "츠빙글리의 마리아론,"「한국조직신학논총」, 1999(4), 328.
256) Huldrych Zwingli, "목자,"『츠빙글리 저작선집 1』, 345.

배하지 말라'는 계명에 위배되기 때문이다. 당시 로마 가톨릭 교회는 성상과 성화는 숭배의 대상이지 예배의 대상은 아니라고 주장하였다. 그러나 당시 사람들은 그러한 성상과 성화를 예배하고 있었기에 츠빙글리는 그러한 우상숭배와 같은 행위를 엄격하게 금지하였다.[257] 둘째로 가난한 사람들의 구제를 위한 자금을 마련하려는 목적이었다. 당시 로마카톨릭 교회는 거대한 고딕 성당을 건축하고 그 성당을 조각이나 그림과 스테인드글라스의 장식으로 아름답게 지창 하는데 엄청나게 많은 돈을 사용하고 있었다. 이러한 이유로 츠빙글리는 이러한 성상숭배를 금지하여 그곳에 들어가는 비용을 도시의 가난한 사람들을 위해 사용하고자 하였다.

1522년 사순절에 금육하는 것에 반대하는 주장에 대해서도 먼저는 성경의 명확한 근거를 찾을 수 없기 때문이었고, 또 하나는 도시의 가난한 자를 보호하려는 목적도 가지고 있었다. 부자들은 사순절 기간에 고기를 먹지 않아도 살아가는데 문제가 없었지만, 하루하루 노동으로 살아가는 가난한 사람들에게는 그나마 먹던 소세지도 먹지 못하게 하는 규례는 그들을 더욱 고통 속에 몰아가는 규율이었다. 그러므로 그는 이러한 가난한 자들을 위한 디아코니아적 섬김 개혁운동을 하였던 것이다.[258]

츠빙글리는 하나님의 자녀를 이끌 목자의 가장 첫 번째 책임은 바로 하나님의 말씀을 선포하는 것이요, 부차적인 책임 가운데 하나가 가난한 자들을 돌보고 사랑하는 것임을 규정하였다. 그는 가난한 자에게 안식처를 제공하지 않고, 그들을 받아들이지 않으며 오히려 그들을 착취하고 억압하는 것을 못 본체 바라보는 자들은 거짓 목자이며 하나님의 "살아 있는" 형상을 무시하고 이를 저버리는 목자요 사제라고 규정하였다.[259] 왜냐하면 거짓 목자들이 자신의 이기적인 욕망을 따라서 가난한 자들을 버려두는 것은 곧 이들을 죽이는 행위에 해당하기 때문이다. 츠빙글리는 이들이 목자가 아니라 가난한 자들을 죽이고 그들의 소유를 약탈하여 자기 배를 불리는 늑대

---

257) Huldrych Zwingli, "67개 논제에 대한 해제," 『츠빙글리 저작선집 2』, 269.
258) 이은선, "츠빙글리의 목자에 나타난 목회윤리," 강경림, 김재성외 3명『한권으로 읽는 츠빙글리의 신학』(서울:세움북스, 2019), 72-73.
259) Huldrych Zwingli, "목자," 『츠빙글리 저작선집 1』, 353.

라고 비판한다.²⁶⁰ 더 나아가서 츠빙글리는 로마가톨릭의 사제들을 거짓 목자라고 비판하면서 그들이 가장 중요시하는 것이 그리스도가 아니라 돈상자라고 비판한다. 이들이 관심을 가지는 것은 성직록을 수여하는 권리, 연금을 받을 권리, 새로운 성직소유자에게 분담금을 요구할 수 있는 권리 등을 비롯한 다양한 권리들이다.²⁶¹ 로마카톨릭 사제들이 마리아 숭배에 관심을 가진 진짜 이유는 마리아 상에 놓여 있는 휘황찬란한 금이나 은 또는 보석을 자신들의 소유로 차지하기 위함이었다. 이에 따라 츠빙글리는 마리아 상을 화려한 보물로 치장하기보다 그 돈으로 가난한 우리이웃에게 나누어 주어야 함을 더욱더 강조하였다.²⁶²

이와 같은 츠빙글리의 사회적인 개혁의 요구가 하나씩 실행되어 나타나기 시작하였다. 예를 들어 백년 동안 유지되어 온 카드놀이 집 같은 오락시설이 허물어졌다. 수도원과 재단들은 시에 팔리거나 기증되었으며, 일부는 계속 머물고 있는 수도승들이 노후 거저로 사용되도록 의회가 결정하도록 이끌어 내었다.²⁶³

3. 노동의 신성한 가치 – "스위스 연방에 대한 간곡한 경고" (1525)을 중심으로

스위스 루체른 도시에는 빈사의 사자상이라는 조각상이 있다. 1792년 프랑스 대혁명 당시 루이 16세 왕가를 수호하다가 전멸한 760여명의 스위스 용병들의 죽음을 기리는 의미로 세워진 조각상이다. 사자가 몸에 창이 꽂힌 채 앞발로 프랑스 왕실을 상징하는 백합 문양 방패와 창을 품고 있는 형상의 조각상 위에 라틴어로 "Helvetiorum fidei ac virtuti스위스 사람들의 신의와 용기"를 새겨 넣어 이들의 용맹과 충성을 기리며 죽은 이들의 넋을 위로하고 있다. 또 다른 스위스 용병제도의 전통이 여전히 남아

---

260) 츠빙글리가 주장한 67개 조항 중에 제66조항에는 다음과 같이 기록되어 있다. "모든 고위 성직자들은 당장 회개해야 한다. 그들은 돈 상자가 아니라 그리스도의 십자가를 설치해야 한다. 그렇게 하지 않으면 그들은 멸망할 것입니다. 도끼가 이미 나무에 놓여 있다.(마 3:10) Huldrych Zwingli, "67개 논제에 대한 해제," 『츠빙글리 저작선집 2』, 512.
261) 이은선, "츠빙글리의 예술이해 : 성상파괴와 이미지의 활용을 중심으로," 「한국개혁신학」 63(2019), 187.
262) 마리아 숭배와 관련하여 그는 그의 글 "목자"를 통해 다음과 같이 이야기 하였다. "또 그들은 '사람들이 하나님의 어머니에 대하여 아무 것도 바치지 않고 있다'라고 말합니다. 사실 그것은 사람들이 더 이상 마리아 상에 은이나 금 또는 보석을 걸어놓지 않기 때문입니다. 사실 지금까지 그 탐욕스런 벌레들은 그 보물들을 특별한 자신의 수확물로 쌓아 놓았던 것입니다. 그러나 가난한 마리아의 아들이 그랬던 것처럼 우리도 지금 그것들을 가난한 사람들에게 주기를 원합니다. Huldrych Zwingli, "목자," 『츠빙글리 저작선집 1』, 340.
263) M. E. Kohler, *Diakonia*, 142.

있는 곳이 바로 로마 바티칸 교황수비대의 모습이다. 한편으로는 스위스의 관광 상품이 되었고, 다른 한편으로는 국가적 이미지의 한 요소로 등장하는 용병제도는 스위스의 종교개혁과 밀접하게 연관되어 있다. 츠빙글리로 하여금 종교개혁을 시도하는 결정적인 계기를 마련해 준 사회문제중 하나가 바로 스위스 용병제도[264]였다. 면죄부 판매와 용병제도는 중세 교회의 경제적 주요 수입원이었으며, 교회의 지도자들은 이를 통하여 자신의 부를 축척해 나갔고 이것이 곧 중세교회를 부패시키고 변질시키는 큰 요인으로 작용하였다. 쥐리히는 오래 전부터 스위스 내륙 지역과 독일, 오스트리아, 프랑스 등의 이웃나라들과 국제 무역을 하던 도시였으며, 특히 비단을 짜는 수공업이 일찍부터 발전하였다. 그런데 16세기 초반의 쥐리히를 비롯한 스위스는 수공업이 사양길로 들어서면서 경제적으로 위기에 처해 있었다. 때문에 주민들 근근이 살아갔고, 농사를 지을 땅이 없었던 농민들이 늘어났으며, 도시에는 날품팔이가 늘어나 빈민층이 두텁게 형성되었다. 이러한 상황에서 스위스의 많은 젊은이들은 가족을 위해 용병으로 다른 나라의 왕이나 지배층을 위해 싸워야 했다. 수백 년의 전통으로 이어져 온 스위스의 용병제도는 외국으로부터 돈을 받고 병역을 제공하는 제도로서 가난한 스위스 경제의 중요한 부분을 차지했다. 그런데 스위스 용병제도는 역사의 어두운 한 단면을 보여주고 있는데, 이것이 츠빙글리가 종교개혁을 주장하게 된 또 다른 요인이 되기도 했다.[265] 스위스의 수많은 젊은이[266]들이 다른 이웃 나라의 왕과 교황을 지키는 용병이 되어 그들의 목숨을 잃어가는 상황 속에서 이 용병제도는 빈곤의 아픔을 해결하려는 방법이라기보다는 오히려 교회는 이 제도를 통하여 자신의 부를 축적하고 부패된 모습을 보이고 있었다.[267] 츠빙글리가 용병제도를 통해서 바라본 사회적 문제는 인간의 이기심, 하나님의 분노를 일으키는 전쟁, 외국 권력과의 유착에서 비롯된 검은 돈, 증오와 불신으로 인한 사회 관습의 악화였다.[268] 츠빙글리는 과

---

[264] 츠빙글리는 용병제도와 관련하여 1522년에 "쓔비츠 사람들에 대한 하나님의 경고"와 1523년 "스위스 연방에 대한 간곡한 경고"라는 글을 쓰게 된다.
[265] 오주철, 『종교개혁자들의 삶과 신학』 (서울: 한들출판사, 2017), 153-154.
[266] 15세기와 18세기 사이에 프랑스 왕을 위하여 싸웠던 스위스 젊은이들은 매해 약 22,000명에 이르렀고, 이들의 평균 복무 연한은 6년 정도 되었는데, 용병에 참가했던 젊은이들 가운데 약 44%만 귀향했고, 15%는 부상당한 상태로 돌아왔으며 29% 정도만 실제로 다시 정상적인 일상적 삶에 복귀할 수 있었다고 한다. 정미현, "용병제도를 통해 본 츠빙글리 종교개혁의 사회 경제적 배경," 「유럽사회문화」 15 (2015), 245.
[267] 정미현, "하나님의 정의와 인간의 정의: 츠빙글리 윤리의 현대적 적용," 「기독교 사회윤리」 31 (2015), 224.
[268] 주도홍, 『개혁신학의 뿌리 츠빙글리를 읽다』, 204.

거 스위스 연방의 선조들은 부도덕한 귀족들을 몰아내고, 열심히 일하여 먹고 살았으며, 용감하게 싸워 외국의 지배자들을 몰아내고 그들로부터 자유를 얻었음을 자랑스러워하였다. 그런데 16세기 스위스 연방은 사치와 방탕한 삶을 살아가는 귀족들이 출현하게 되었고, 사람들은 열심히 일하지 않으며, 돈을 위해서 젊은 청년들의 목숨을 외국에 용병으로 팔아버리는 사회 부조리에 츠빙글리는 분노하였다. 츠빙글리는 스위스 연방의 근본적 타락의 원인이 인간의 이기심임을 지적하였다. 그는 자신의 이익만을 위하여 젊은이들의 목숨을 외국에 팔아넘기고 부정한 뇌물을 받은 부정한 정치 지도자들을 신랄하게 비판한다. 사치와 방탕으로 부유함만을 누리고자 하는 사람, 더 나아가 노동이 천시 받고 비옥한 토지는 버려져 방치되어 가는 상황 속에서 츠빙글리는 기독교 노동윤리의 핵심을 다음과 같이 주장하게 된다.

> "노동은 선한 것이며 신성한 것입니다. 노동은 사람이 방탕하거나 타락하지 않도록 만듭니다. 또한 노동은 곡식을 생산하게 만듭니다. 우리는 노동을 통해서 생산된 그 곡식으로 건전한 양심을 가지고 먹고 살 수 있습니다."[269]

츠빙글리는 땀 흘려 일하는 노동의 신성함을 강조하며, 정직한 노동을 통한 생산과 유통의 구조가 참으로 선한 것임을 강조한다. 노동의 가치와 목적이 사려져 가고 자신의 이익과 유익만을 탐닉하는 사회와 교회 공동체 안에서 츠빙글리가 외치고자 했던 메시지는 바로 우리 인간의 노동 역시 하나님에 의해 세워졌다는 것이다. 하나님의 피조물인 우리 인간은 그분의 피조물로서 세워져서 하나님이 창조하신 이 세상을 공생하는 공동체, 섬기고 나누는 공동체로 형성해 나아가야 할 의무를 지니고 있다. 노동은 일차적으로 삶의 필요한 욕구를 충족시키고, 이웃과 공동체를 섬기는 활동이며, 더 나아가 하나님께서 함께 하는 활동이다. 하나님은 인간을 노동의 도구로 사용하셔서 그 자신이 일하고 계신다.[270] 노동의 신성함을 강조한 츠빙글리는 철저하게

---

269) Huldrych Zwingli, "스위스 연방에 대한 간곡한 경고," 『츠빙글리 저작선집 1』, 373.
270) 참고, 강원돈, 『노동윤리의 신학적 근거 – 인간과 노동』 (경기도: 민들레 책방, 2005), 170-171.

스위스 용병제도를 반대한다. 그가 바라본 이 용병제도의 본질은 속임수와 교만이다.

> "우리는 죄 없는 사람의 피 값으로 먹고 사는 것에 대한 두려움 없이, 그리고 양심에 더러운 오점을 남기는 것에 대한 두려움 없이 건전한 노동을 통해서 생산된 그 곡식으로만 먹고 살 수 있습니다."[271]

츠빙글리에 의하면, 노동은 분명 신성한 것이지만 그 노동은 정당한 노동이어야만 한다. 스위스 연방의 젊은이들을 용병으로 전쟁터에 보내면서 그들이 흘리는 피 값으로 버는 돈과 부는 정당하고 건전한 노동이 될 수 없었다. 츠빙글리는 소수의 사람들이 이 용병제와 그에 따른 연금제도를 이용하여 집과 땅을 탐욕스럽게 차지하고 부를 늘려가는 불의한 상황에 대해 지적한다. 허황된 사치와 탐욕에 눈을 돌려 건전한 노동을 외면하게 된 사람들에 대해 츠빙글리는 육체적 노동에 대한 가치를 더욱 강조하게 된다. 츠빙글리는 노동자의 손에서 여러 과일과 작물이 나오는 것과 같이 노동하는 사람들은 마치 "하나님과 비슷한 사람들"이라고 까지 노동의 존엄함을 강조하고 있다. 노동의 가치를 재확립하고 그 가치를 드높인 개혁자가 바로 츠빙글리였음을 우리는 발견하게 된다.[272] 츠빙글리는 인간의 내면에 감추어진 이기심과 자신만의 유익을 추구하는 인간의 죄악성이 공동의 선을 위협하는 부정적인 요인임을 설명하고, 이웃과 타자를 무시하고 남을 배려하지 않는 모습에 경종을 울리고자 하였다. 츠빙글리의 용병반대의 그 근원적인 이유는 교회와 사회의 부정부패의 개혁과 인간의 도덕성 회복과 윤리적 책임 그리고 연대성 회복이며, 경제개혁 구조를 통해 공공의 선과 노동을 통한 섬김 그리고 땀 흘려 일하는 신성한 노동윤리를 촉구하고자 한 것이다.

---

271) Huldrych Zwingli, "스위스 연방에 대한 간곡한 경고,"『츠빙글리 저작선집 1』, 373.
272) 안인섭, "츠빙글리(Ulrich Zwingli: 1484-1531)의 사회 윤리 사상," 신학지남, 86(2019), 178-179.

4. 이자와 십일조 개혁 - 누가 사회를 혼란스럽게 만들었는가?(1524)를 중심으로

츠빙글리는 1524년에 쓴 "누가 사회를 혼란스럽게 만들었는가?"라는 논문을 통해서 당시 취리히가 당면하고 있던 사회경제적인 문제들을 다루면서 그의 경제사상을 피력하고 있다. 츠빙글리의 가장 중요한 사회 개혁 사상이 담긴 이 논문은 루터의 사회 개혁 사상이 담긴 "독일 크리스챤 귀족에게 고함"과 "고리대금에 대한 설교"를 떠올리게 한다. 츠빙글리의 논문 "누가 사회를 혼란스럽게 만들었는가?"는 당시 스위스 취리히가 당면한 위기 즉 최악으로 치닫고 있던 경제 위기와 물가 폭등 그리고 십일조와 이자 거부운동 등의 문제를 다루고 있다. 그는 이 논문을 통해 부패한 교회 계급과 국가와 경제의 근본적인 재산증식 수단인 토지와 이자 대해서 거침없이 자세하게 파헤치고 있다. 츠빙글리는 이 글을 통해 높은 이자의 폐지와 십일조의 활용 그리고 영주들의 이기심과 공공의 이익이 함께 하는 대안을 위해 스위스 연방의 대표자를 선출해 더욱 탄탄한 민족공동체를 형성할 것을 제안한다. 이러한 제안은 어느 정도 성과를 거두어, 1524-25년 수도원과 종신 서원이 폐지되었고, 십일조가 교육과 복지를 위한 기금으로 사용되기 시작하였다.[273]

무엇보다도 츠빙글리는 이 글을 통하여 그리스도인의 정체성을 밝힘으로 사회개혁의 시작을 알린다. 그는 요한복음 1장 12절[274]의 말씀을 토대로 그리스도인의 정체성을 재확립한다. 츠빙글리에 따르면 그리스도인은 다른 무엇이 아니라, 그리스도와 함께 그리고 그리스도를 통하여 하나님의 자녀가 되어 하나님의 뜻에 따라서 그리스도의 모범으로 세상 속에서 살아가는 사람들이다.[275] 그러나 하나님의 뜻을 따라 살아가야 할 그리스도인들이 오히려 당시 사회적 문제를 일으키는 인물이 된 것에 비판을 가한다. 특히 츠빙글리는 입으로는 외치데 행동으로 부인하는 이들을 철저하게 비판하고 있다.[276] 츠빙글리의 눈에 비추어진 교황제도야 말로 사회를 어지럽게 만드는

---

273) 주도홍, 『개혁신학의 뿌리, 츠빙글리를 읽다』, 215.
274) "영접하는 자 곧 그 이름을 믿는 자들에게는 하나님의 자녀가 되는 권세를 주셨으니"
275) Huldrych Zwingli, "누가 사회를 혼란스럽게 만들었는가,"『츠빙글리 저작 선집 1』, 394.

첫 번째 장본인이었다. 츠빙글리는 교황보다는 교황권에 대한 권력이 온전히 이웃과 하나님을 향한 사랑을 방해한다고 보았다.[277] 하나님과 이웃을 사랑하는데 방해물이 되는 이 교황제도를 완전히 없앨 수 있는 방법은 오직 하나님의 말씀 밖에 없음을 그는 지적한다.[278] 츠빙글리는 교황과 더불어 높은 지위에 있는 주교들 역시 사회를 혼란스럽게 만드는 장본인임을 지적한다. 그들의 직무는 오직 복음을 전하는 것이었다. 그런데 그들은 자신들의 사명을 잊은 채 그들을 대신해서 다른 이들을 보내 주교들의 생각 즉 하나님의 말씀이 아니라 인간의 생각을 사람들에게 전하도록 하였다.[279] 그들은 예수 그리스도께 받은 사명을 반대로 왜곡시키는 사람들이었다. 하나님의 말씀을 전하는 사명에 관심을 기울이기 보다는 그들은 자신들의 배를 위하여 허무한 재화에 관심을 기울이고, 원칙적으로 그들이 하지 말아야 할 일을 지시하면서 하나님 말씀에서 떠나 세상 권력의 주인이 되어버렸다. 이웃을 섬기고 봉사해야 할 사람들이 오히려 세상 권력의 주인이 되어 그들 위에서 군림하였다. 하나님은 그들에게 빵 자루와 돈 자루를 가지고 다니지 말라고 명령하셨음에도 불구하고, 오직 하나님의 복음을 전해야 할 자들이 매일 새로운 부과금과 세금, 각종 토지세와 반법률적인 과세를 부과하는 폭압자가 되어버렸다. 그들은 부당하게 많은 돈을 모았음에도 불구하고 가난한 사람들에게 그들의 재산을 나누어 주지 않았다. 그들은 돈이 되는 것이라면 매매춘까지 허락하였다.[280] 이와 같은 이유로 츠빙글리는 사회적 혼란의 주요 원인으로 첫 번째 지목받은 교황제도 그리고 높은 지위에 있는 주교와 사제들이 가지고 있었던 권력은 이제 정치가들에게 돌아가야 한다고 주장하였다. 츠빙글리는 하나님을 아는 지식이 사제나 주교에게만 주어지는 특권이 아니라 모든 이들의 공동의 자산이 되어 질 때 복음에 역행하는 모든 것이 제자리를 찾게 될 것을 확신했다. 즉 복음이 공동의 자산이 되어 질 때 사람들은 고행성사와 면죄부를 위해 돈을 내지 않을 것이며, 그 모든 행위가 하나의 배설물로 여겨지게 될 것임을 확신했다.[281] 츠빙글리는

---

276) 딛 1:16 "그들이 하나님을 시인하나 행위로는 부인하니 가증한 자요 복종하지 아니하는 자요 모든 선한 일을 버리는 자니라."
277) Huldrych Zwingli, "누가 사회를 혼란스럽게 만들었는가," 『츠빙글리 저작 선집 1』, 398.
278) 앞의 책, 463.
279) 앞의 책, 434.
280) 앞의 책, 435.
281) 위의 책, 463.

오직 하나님의 복음만이 사람들의 탐욕을 잠재우고, 복음 앞에 선 올바른 성직자들이 권력과 부를 내려놓고 자기 사명을 감당할 자리에 돌아오게 된다고 이야기한다.

두 번째 츠빙글리가 당시 사회를 혼란시킨 원인으로 지목한 것은 바로 복음을 마치 "자유롭게 죄짓는 여권"으로 왜곡하는 사람들이다.[282] 그들은 불평하는 사제들, 수사들과 수녀들, 수도원장들 그리고 정치 지도자들이었다. 츠빙글리는 무엇보다 수도원장에 대해 더욱 강하게 비판을 가한다. 수도원장들, 그들은 은둔자라는 의미를 지난 "수사"모나쿠스 monachus로 불리 우는 자들이다. 그런데 그들의 이름과는 달리 세상의 한 가운데에서 살아가며, 전 세계를 자신의 소유물로 만들어 가는 사람들이 되어 버렸다. 호화스럽게 치장된 말을 타고 다니며, 교황과 군주들을 속여서 십일조와 많은 돈을 구걸하여, 그 받은 돈으로 십일조세와 재산들, 곧 땅과 사람들을 모두 사서 모을 정도의 부자가 되었다. 츠빙글리가 바라본 그들은 수사복 안에 사치와 낭비 그리고 명예욕과 무절제함을 숨기고 살아가는 사람들이다.[283] 당시 교황이 내린 칙령을 따라서 수도원은 가난한 자들의 숙소가 되어야 했다. 그런데 그들은 자신들의 엄청난 탐욕으로 가난한 자들을 모른 체하며, 그들의 곡식 창고를 더욱 더 탐욕으로 가득 채운 자들이 되어 버렸다. 이런 점에서 당시 수도원은 교황제도를 떠받치는 중요한 축으로 개혁의 대상이었다. 츠빙글리가 생각하는 수도원은 가난한 사람들을 위한 장소가 되어야 했다. 청빈한 삶을 추구해야 하며, 반드시 땀을 흘려 노동을 행하고, 언제든지 결혼이 허용되며, 수도원의 재산은 부자들의 자녀들을 위한 것이 아니라, 가난한 사람들을 위한 것이어야 했다. 이 모든 것은 부의 재분배라는 관점에서 츠빙글리가 외친 수도원 개혁운동이었다. 츠빙글리는 수도원이 그 목적과 본질을 되찾게 되었을 때 세상에서 가난한 자들의 수는 줄어들게 될 것이고, 더 나아가 그 혜택은 다시 부자에게로 돌아가게 될 것이라고 바라보았다.[284] 츠빙글리는 하나님께서 우리를 죄에서 자유하게 하셨는데, 그 자유함을 자신의 욕망과 욕심을 채우기 위한 수단으

---

282) 앞의 책, 398.
283) 앞의 책, 437-438.
284) 주도홍,『개혁신학의 뿌리, 츠빙글리를 읽다』, 232.

로 삼지 말고 사랑으로 서로 사귀고 섬길 것을 권면한다. 갈 5:13 츠빙글리가 이야기 하는 그리스도인의 자기 정체성은 육신의 몸을 위해 절제 할 줄 알며, 자신의 손으로 직접 땀 흘려 노동하며, 어려운 형제를 외면하지 않고 도와주는 사람이다. 츠빙글리의 직업과 노동윤리는 이미 언급한 것과 같이 정직하고 온전한 마음으로 부지런하게 일하는 것이다. 그리고 그 직업을 통하여 벌어들이는 수익은 자신의 생계부양뿐만 아니라 사회적 약자를 위해 사용되어야 함을 강조한다.

츠빙글리가 사회적 혼란을 일으킨 장본인으로 지적한 세 번째 사람들은 이 세상의 권력과 부를 가지고 있는 제후들, 권력자들, 그리고 최고위층 정치가들이다.[285] 그들은 어떻게 하면 누구에게라도 자신의 것을 조금도 내주지 않는 방법이 있을까 하고 찾는 자들이었다.[286] 그들은 이자와 조세를 내지 않고, 빚을 갚지 않는 사람들로서 불법적으로 다른 사람의 소유를 가져오는 것으로 도둑질하는 무리다. 츠빙글리는 "조금도 자기 것을 남에게 주려고 하지 않는" 이 이기심과 탐욕을 제어하지 못하는 그리스도인이야 말로 하나님의 이름을 욕되게 하는 근원이며, 복음을 가장 수치스럽게 만들고 있는 장본이이라고 보았다. 돈에 대한 집착은 모든 이들이 누려야 할 공의로운 재화를 제대로 분배하지 못하는 근원적인 원인이 된다. 이 집착은 이기심을 불러일으키고 탐욕은 다른 이들의 행복을 빼앗는다. 자신의 탐욕과 이기심은 분명 다른 이의 행복을 빼앗는 도둑질과 다를 것이 없다. 이런 관점에서 츠빙글리가 바라본 사회개혁의 주요 대상은 바로 토지와 이자 문제였다. 가난한 사람들은 언제나 부자에게 착취당하고, 결국에는 그들에게 종속되는 사회문제가 개혁의 대상이었다. 츠빙글리는 이 문제를 해결하는 방안으로 이자를 낮추고, 더 나아가서는 아예 이자를 없애는 것까지 제안한다. 그는 구체적으로 이율을 법으로 규정하고, 10년을 두고 점진적으로 이자가 급격하게 줄어 결국 사라지게 하는 방안을 내세운다.[287] 츠빙글리는 소작은 인정하면서도 수확량에 따라 토지 사용료를 내는 것을 하나님의 뜻으로 이해

---

285) Huldrych Zwingli, "누가 사회를 혼란스럽게 만들었는가," 『츠빙글리 저작 선집 1』, 439.
286) 앞의 책, 401.
287) 앞의 책, 467.

하였다. 소작농을 향한 고정된 토지 이자, 무리한 지대는 근본적으로 잘못된 규정으로 개혁의 대상이 되었다.[288]

츠빙글리는 특히 오용되고 있는 십일조에 대해서도 언급한다. 츠빙글리는 그의 67개 조항의 마지막 조항[289]에서 이자와 십일조 문제에 대하여 언급하고 있다. 이미 언급한 것과 같이 이자, 토지 그리고 더 나아가 십일조 문제 역시 츠빙글리의 종교개혁의 핵심 쟁점중의 하나였다. 츠빙글리는 오용되고 있는 교회 십일조에 대해 조심스럽게 언급하며, 당시 교회법이 규정하는 십일조를 성경에 근거해 살펴보았다. 츠빙글리는 신약성서[290]에 나오는 십일조는 순종과 분노를 피하는 문제에 관한 것을 제외하고는 아무런 특별한 의미를 부여하지 않음에도 불구하고 "탐욕의 아버지" 교황이 "칙령을 내려서 오늘날 십일조가 완전 다른 방식으로" 오용되고 있다고 비판하였다. 당시 교회법률 규정에 따르면 십일조는 일종의 수익세, 또는 가난한 사람들에 대한 기부금으로 규정하고 있었다.[291] 츠빙글리는 그리스도의 피 값으로 한 지체가 된 형제들이 비참하고 고통스러운 가난에 빠져 있는 모습을 그저 바라보고만 있는 것에 대한 비판을 서슴치 않았다. 그는 하나님의 말씀 신명기 15장 4절 "너희 가운데 가난한 사람이나 거지가 없게 하라"는 말씀이 우리 안에 지켜지지 않는 모습에 슬퍼한 것이다. 원래 십일조는 신앙과 종교적인 의미를 넘어서 사회윤리적인 의미를 지니고 있다. 종교적인 의미로서 십일조는 하나님께서 부여해 주시는 은혜에 감사하는 마음으로 자신의 소득의 십분의 일을 하나님께 드리는 예물이었다. 그리고 또한 땅을 분배받지 못하고 제의에 전념하는 제사장과 레위인들을 위한 예물이었다. 사회적 의미로서 십일조는 사회적 약자들을 자비와 정의로 사랑하시는 하나님 사랑의 구체적인 표

---

288) 주도홍, 『개혁신학의 뿌리, 츠빙글리를 읽다』, 233.
289) 67개조 조항의 마지막 조항은 다음과 같다. "사람이 이자와 십일조와 유아세례를 받지 못한 아이들과 종부 성사에 대해서 토론하길 원한다면 나는 기꺼이 그와 토론하고 내 의견을 말하고자 한다." Huldrych Zwingli, "67개 논제에 대한 해제," 『츠빙글리 저작선집 2』, 513.
290) 신약성경에는 십일조에 대한 언급이 거의 없다. 예수님이 직접 십일조에 대하여 마태복음 23장 23절을 통해 "화 있을진저 외식하는 서기관들과 바리새인들이여 너희가 박하와 회향과 근채의 십일조는 드리되 율법의 더 중한 바 정의와 긍휼과 믿음은 버렸도다. 그러나 이것도 행하고 저것도 버리지 말아야 할지니라." 라고 말씀하셨고, 누가복음 11장 42절 "화 있을진저 너희 바리새인이여 너희가 박하와 운향과 모든 채소의 십일조는 드리되 공의와 하나님께 대한 사랑은 버리는 도다. 그러나 이것도 행하고 저것도 버리지 말아야 할지니라." 라고 말씀하신 것뿐이다. 이 말씀을 통해 예수님은 십일조의 근본정신과 내용을 상실한 채 형식주의에 사로잡힌 당시 서기관과 바리새인들을 신랄한 게 비판하셨다. 예수님은 십일조의 근본정신인 "정의와 긍휼과 믿음과 하나님의 사랑"이 담긴 올바른 십일조를 드리기를 원하신 것이다. 이성덕, 『이야기 교회사』 (경기도 파주: 살림출판사, 2011), 240.

현이었다. 매해 3년째 드려지는 십일조는 가난하고 소외된 이웃을 위한 일종의 사회복지 세금과 같은 역할로 구제와 섬김의 목적으로 사용되어졌다.[292] 이런 신학적이고 사회윤리적인 의미가 사라진 채 십일조가 교황이 임의로 교회법과 말씀과는 다르게 지역교회에서 빼앗아 징수권을 고위성직자들과 정치 권력자에게 팔 수 있도록 허락하였다. 십일조 징수권을 얻은 주교와 성당과 참사회원들과 수도원들과 정치 권력자는 교황에게 매년 정해진 액수를 상납해야 했다. 이렇게 십일조는 교황의 부를 축적하는 수단이 되어버렸다.[293]

이런 상황 속에서 당시 농민들은 십일조세를 폐지할 것을 요구하며 납부를 거부하게 된다. 1522년에도 농민들은 츠빙글리가 섬기던 그로스뮌스터 교회에 십일조 납부를 거부하였고, 1523년에는 6개 마을이 연합하여 거부하였다.[294] 이러한 상황에서 츠빙글리는 이 문제를 해결하기 위하여 상당한 노력을 기울이게 되었다 특히 당시 급진 개혁자들은 십일조가 성서에 근거가 없다고 폐지를 주장하였다. 그러나 츠빙글리는 교회와 국가의 질서를 하나님의 정의 하나로 관철시키려는 급진주의자들의 주장은 매우 위험하다고 보고 양자를 구분하였다

츠빙글리는 당시에 십일조 징수의 문제는 행정관리의 권한에 속한다는 것으로 답변한다. 당시 십일조는 교회에서 빌린 토지에 대해서 갚아나가는 일종의 지대나 연금 형태의 대부였다. 그러므로 행정관리들이 동조하지 않는 한, 십일조를 폐지할 수 없었다. 대신에 츠빙글리는 이 십일조 징수를 합리적으로 조정해 나갈 것을 설득했다. 당장에 십일조를 폐지하면 사회질서에서 더 큰 혼란이 일어나고 가난한 자들의 구제 비용이 사라지게 된다는 것이다. 그래서 츠빙글리는 농민들의 십일조 납부의 부담을 줄여주기 위해서 소출과 관계없이 1/10를 징수할 것이 아니라, 매년의 소출의 상태를

---

291) Huldrych Zwingli, "67개 논제에 대한 해제",『츠빙글리 저작선집 2』, 407.
292) 십일조와 관련된 성경 말씀은 다음과 같다. 레위기 27장 30-33, 민수기 18장-32장, 신명기 14장 22절-27절, 말라기 3장 7절-12절. 말라기에서 이야기 하는 십일조는 신명기 14장 28-29절과 신명기 26장 12절과 함께 연결해서 이해해야 한다. 말라기가 말하는 십일조의 복은 단순한 물질의 증대나 축복의 의미가 아니라 신명기가 말하는 바와 같이 나눔에 따르는 복이며, 나눔을 위한 복이라고 보는 것이 더 타당할 것이다. 이성덕,『이야기 교회사』, 239.
293) Huldrych Zwingli,『츠빙글리 저작 선집 1』, 408-409.
294) 이은선, "츠빙글리와 정의,"「ACTS 신학저널」51 (2022) 37.

파악하여 가감하도록 하는 방안을 제시하였다. 그래서 1523년 9월 29일에 참사회원들과 시의회가 공동으로 그로스뮌스터 교회의 십일조 사용에 대해 설교자들을 지원하고 가난한 자들의 구호에 사용하도록 개혁하였다. 독일에서 농민전쟁이 일어나던 1525년 5월에 취리히시에 속한 농민들이 다시 십일조세 납부에 저항하는 소요를 일으켰으나 폭력을 행사하지는 않았다. 이 때 농민들은 중세 면역 지대의 완전한 폐지와 들짐승 사냥과 수렵권에 대한 규제 해제, 그리고 목회자의 자유로운 선택을 요구했다. 또한 농민들은 십일세소출세를 대폭 줄이고, 교회 재산을 가난한 이웃의 구제에 사용하고, 용병제도와 연금제도의 폐지를 요구했다. 이에 취리히 시의회는 이들의 요구를 받아들여서 면역지대를 폐지하고 사냥과 수렵권에 대한 규제를 푸는 등 여러 가지 점을 개혁했다. 농민들은 이러한 면역지대의 폐지를 통해 농노의 신분에서 벗어나 자유인이 되었다. 그러나 십일조에 관해서는 1525년 8월 시의회가 재산과 관련해 서명된 계약은 존중되어야 한다는 츠빙글리의 견해에 동의하여 십일조에 대한 거부가 성서적 근거 위에서 정당화될 수 없기에 농민들이 십일세를 계속 납부하도록 결정했다.[295] 츠빙글리는 국가가 시행하는 십일조세와 이자 제도가 지닌 한계를 인정하면서도 공정한 사회 질서를 위해서, 그리고 개인이 지닌 이기심을 극복하고 하나님의 뜻에 순종하기 위해서 이 제도들은 지켜져야 한다고 주장했다. 결과적으로 츠빙글리는 십일조의 사용에 대해 먼저는 교회 공동체에 드려진 십일조는 제일 먼저 각 교회 공동체에 있는 사제들이 적절한 생활수준을 유지 할 수 있도록 쓰이도록 제안한다. 더 나아가 십일조가 사회적 약자인 가난한 자들을 위해 쓰일 수 있도록 하였다.

III. 츠빙글리의 디아코니아 - 복지국가의 초석을 이루어 내다

16세기 스위스 취리히에서 종교개혁을 이루어 낸 츠빙글리는 교회개혁 뿐만이 아

---

295) 앞의 책, 38.

니라 사회개혁의 일환으로 디아코니아 복지 개혁도 이루어 낸다. 그는 개인 혹은 개 교회 차원에서 이루어진 디아코니아 복지 활동을 스위스 시의회 중심으로 통합시킨다, 그로인해 섬김과 나눔 운동을 조정 관리하는 새로운 시의회 중심의 기관이 설립되어지고, 복지 시스템이 교회에서 점차 국가 복지 기관들로 이전해 나아가게 되었다. 근대 사회복지운동의 출발로 여겨지는 종교개혁시대의 사회복지 운동의 주요 특징들은 집중화, 평신도화 그리고 합리화로 정리된다.[296] 첫 번째 집중화란 종교개혁 시대에는 여러 개인들이나 단체들에 의해서 다양하게 나누어져 있는 재단들과 기관들이 특별히 설치된 위원회를 통한 공동기금을 통합하여 섬김 활동을 이루어 내는 모습을 의미한다. 두 번째 평신도화란 가난한 사회적 약자들을 돕기 위한 재정들이 하나의 공동금고로 모아졌고, 이러한 공동모금이 교회가 아니라 국가에 의해서 감독을 받고 나누어지게 된 것을 의미한다. 마지막으로 합리화란 섬김과 나눔을 위한 모든 디아코니아 활동에 필요한 재정 관리자와 사회적 약자들을 돕기 위한 봉사자 즉 디아코노스를 구분하여 이 효율성을 향상 시키게 되었음을 의미한다.[297] 이러한 변화를 불러일으킨 종교개혁자들 중 한 사람이 바로 츠빙글리였다.

츠빙글리의 디아코니아 활동은 종교개혁 시대에 다른 개혁자들과는 다른 차이점을 보이고 있다. 그는 사회 공동체 안에서 디아코니아 개혁을 이루기 위해서 교회의 고유한 디아코니아 본질에 중점을 두기 보다는 세상 정부의 공권력의 사회 부양에 관심을 더 두었다.[298] 츠빙글리가 종교개혁을 이룬 스위스 취리히는 시민 공동체와 국가 공동체가 구분되어지는 사회가 아니었다. 기독교 공동체는 시민공동체와 같은 구성원으로 형성되어졌고, 같은 운명을 짊어지고 있었다. 츠빙글리에 따르면 그리스도인의 삶은 하나님 앞에서 책임감을 가지는 삶이어야 하며, 하나님의 뜻을 이 땅위에 실현해야 하는 삶이다. 더 나아가 그리스도인의 삶은 통일성을 갖추어야 한다. 즉 영

---

296) 엘시 N. 맥키, 『개혁교회 전통과 디아코니아』, 류태선 옮김 (서울: 한국장로교출판사, 2000), 93-95.
297) 마르틴 루터는 가난한 자들을 위한 구제 개혁을 위해 교회 안에 도움을 필요로 하는 사람들을 위한 금고를 설치할 것을 권했고, 그 결과 1523년 "라이스니히에 공동모금함 금고규정"을 도입하였다. 이 규정은 개신교 안에 나타난 사회적 약자를 위한 첫 번째 세금이었다. 홍주민, "종교개혁과 디아코니아," 「신학연구」 제46집 (2004), 276.
298) G.K Schaefer/ V.Hermann, "*Geschichtliche Entwicklung der Diakonie von der Alten Kirche bis zur Gegenwart im Ueberblick*", in: V. Hermann/ M. Horstmann (Hg.), Studienbuch der Diakonik Band 1 : biblische, historische und theologische Zugaenge zur Diakonie (Neukirchen – Vluyn : Neukirchener Verlag, 2006), 150.

적인 삶과 세속적인 삶이 구분되어야 하지만 이원론적으로 분리되어서는 안된다. 츠빙글리는 교회를 사랑의 공동체로 국가를 법의 공동체로 규정한다. 이 두 공동체가 지향하는 목적은 바로 하나님의 주권이 이 세상 안에서 이루어지는 것이다.[299] 이러한 츠빙글리의 개혁신앙 안에 기초한 사회적 약자들을 향한 돌봄이 그 당시 공권력을 가진 사람들에 의해 사회 정책적으로 법제화 되어졌다.[300] 츠빙글리에 따르면 공권력은 하나님의 공동체에 속한다. 그래서 그는 "나는 올바르게 개입된 공권력이 하나님의 대리자라는 것을 안다"[301]라고 말하였다. 츠빙글리는 사람들에게 전폭적인 지지를 받으면서 당시 국가와 행정 관청들이 사회적 부조기구를 세워 그 업무를 공식적으로 수행하게 하였다.

16세기 사회적 문제로 부각된 탁발수도사들에 대해 츠빙글리 역시 다른 개혁가들과 함께 비판을 가한다. 츠빙글리는 그들의 자발적 빈곤을 위선으로 보았다. 그는 탁발 수도회들이 해체되어야 하며 탁발수도사들의 위선적인 빈곤이 도움의 대상이 아니라 진실로 도움을 필요로 하는 가난한 이웃을 지원해야 할 것을 이야기 한다. 이러한 그의 개혁 사상은 수도원들을 병원과 복지 기관들로 바꾸게 하는 결정적인 역할[302]을 하게 하였다. 특히 빈민구제를 위한 계획 중에는 수도원 재산을 복지기금으로 통합하고자 하는 의도도 나타나고 있다.[303] 츠빙글리는 탁발 수도사들의 구걸행각을 제한하기 위해서 1520년 9월에 도시의 구빈 활동을 제도화 하게 된다. 이로써 영적 공로의 지평에서 자선하는 것으로부터 벗어나서 사회적 약자를 위해 공동체가 책임지는 방향으로 한걸음 나아갔다. 이제 구빈을 위한 제도는 시의회가 책임을 지고 통제하게 된다.[304] 1525년 1월 15일 취리히에 가난한 자들에 대한 빈민법이 도시 의회에 의해서 공포되었다. 1525년 빈민법이 의회를 통해 공포되었다는 것은 지금까지

---

299) 우병훈, "츠빙글리의 성화론, 그의 신론,교회론, 국가론과 연결하여,"「한국개혁신학」 64(2019),175.
300) M.E. Kohler, Diakonie, (Neukirchen – Vluyn : Neukirchener Verlag, 1995), 143.
301) 재인용, 김옥순,『디아코니아 신학 : 섬김과 봉사 –교회의 디아코니아 활동을 위한 신학적 성찰』(서울: 한들출판사, 2011), 187.
302) 1523년 취리히에서 포괄적인 사회개혁이 이루어졌다. 재단들과 봉토들은 폐지되거나 혹은 가난한 자들을 돌보기 위해 흡수되어진다. 1524년 12월에는 수도원들이 철폐되었고, 그 중 두 곳은 가난한 자들의 주거지로 사용되었다. 앞의 책, 188.
303) Urich Gaebler,『쯔빙글리 그의 생애와 사역』, 박종숙 옮김 (서울: 아가페출판사, 1993), 111.
304) Joachim Rogge, "종교개혁 초기 : 청년 루터, 청년 츠빙글리,"『KGE 교회사 전집 Ⅱ-3,4』, 황정욱 옮김 (충남 천안 : 호서대학교출판부, 2015), 441.

디아코니아 활동이 주로 교회나 민간단체에 의해서 통일되지 못한 채 각자의 방법으로 다양하게 진행되어 왔다면 이제는 세속정부가 이를 책임감 있게 하나님의 정책의 일환으로 시스템화 시켰음을 의미한다. 이 법안은 총 21개 조항으로 구성되어 있으며 그 내용으로는 모든 종류의 구호 행위들음식물과 구호물품 제공, 거주지 제공, 병원의 환자들을 돌보는 활동 등을 총괄하는 '시립' 구호기관의 설립을 다루고 있다. 취리히 가난한 자에 대한 빈민법 가운데 가장 중점적인 것은 모든 구걸자들의 구걸 행위를 금지한 것이다. 이를 위해 시의회는 가난한 사람들에게 특별한 문양이 새겨진 옷을 입도록 조치를 취했고, 이런 옷을 입은 자들만이 음식과 질병 치료가 제공되어졌다.[305] 1525년 빈민법이 의회에 의해서 공포 된 후 사회적 약자를 향한 돌봄은 더욱 구체적으로 체계화 되어졌다. 이를 위해 시의 지도자 4명이 빈민구제와 구호를 담당하며 빈민들을 돌보도록 하였다.[306] 츠빙글리가 선포한 복음은 사회 구조 변화를 이루는 것이었으며, 이 변화들은 세상에서 불이익을 당하는 모든 이들에 대한 관심 속에서 정의로운 정치 사회 그리고 경제적 질서로 이끌 수 있는 것이었다.[307]

츠빙글리가 토대를 놓은 종교개혁을 바탕으로 스위스 취리히는 사회, 정치, 경제적으로 제도를 마련해 나아가게 된다. 츠빙글리의 후계자인 블링거는 스위스 제네바 종교개혁자인 칼빈과 함께 스위스 종교개혁과 사회개혁을 함께 이끌어 나아가게 된다. 특히 당시 종교적 박해를 피해 스위스로 오게 된 피난민들을 적극적으로 받아들이게 되었고, 그들을 향한 디아코니아 사랑을 온전히 행하게 된다.[308] 종교 난민들이 가져온 기술력을 통하여 스위스는 제약, 화학, 시계등 정밀 공업의 발전을 이루어 나아가게 된다. 이러한 다양함 속에서 연합을 이끌어 낸 종교개혁은 오늘날의 복지 국가의 초석을 이루어 내게 된다.[309]

---

305) Urich Gaebler, 「쯔빙글리 : 그의 생애와 사역」, 111.
306) Lee Palmer Wandel, *Always Among Us: Images of the Poor in Zwingli's Zurich*, (Cambridge: Cambridge University Press, 2002), 142.
307) M.E. Kohler, Diakonie, 146.
308) 안인섭, "츠빙글리의 사회윤리 사상," 174.
309) 이은선, "경제, 복지에 남긴 영향 "종교개혁자들의 경제관과 사회복지," 「기독교학술원」 29(2017), 49-50.

V. 나가는 말

츠빙글리는 모든 삶의 영역 특별히 사회, 정치 그리고 경제 등 공공 영역에서 하나님이 원하시는 정의 문제와 그리스도인들의 정의로운 사회적 책임을 진지하게 다루고 있다. 그는 신앙의 바탕위에 하나님 나라를 위한 사회 윤리적 책임성을 강하게 주장하며 교회와 사회를 갱신하기 위해 노력하였다. 이 모든 것이 가능할 수 있도록 츠빙글리는 하나님의 정의에 비춰 끊임없이 인간의 정의를 정립하도록 촉구 하였다. 그는 온전한 그리스도인의 모습은 하나님과 자신의 수직적인 관계를 바탕으로 인간과 인간 그리고 사회 안에서 섬김과 나눔 그리고 사랑을 통한 수평적 관계를 수립해야 함을 우리에게 가르쳐 주었다.

츠빙글리는 가난했기 때문에 수많은 젊은이들이 자신의 목숨을 담보로 용병으로 전투에 참여하게 되는 모습을 보고 거룩한 분노를 일으키었다. 그의 분노는 자신의 생명을 담보로 가족의 부양을 책임져야 했던 젊은이들의 희생이 오히려 소수의 정치적 집단과 중세 카톨릭 교회 경제적 이익 추구를 위한 도구로 사용된 것에 대한 거룩한 분노였다. 함께 살아가야 하는 세상 속에 인간의 이기심은 타인을 목적이 아니라 자신의 이익을 위한 수단으로 만들어 버렸다. 하나님의 형상을 지닌 우리의 가난한 이웃은 모습은 돌봄과 보살핌의 대상이지 착취의 대상이 아니다. 가난은 개인적이며 사적인 차원을 넘어서 공적인 차원이며 사회적 책임이다. 무한한 소유를 꿈꾸는 인간의 이기적인 집착은 우리 모두가 누려야 할 공의와 정의를 무너뜨리게 하는 원인이 된다. 종교개혁자 츠빙글리의 디아코니아 신학의 근본 목적은 하나님의 정의에 기초하여 함께 살아가는 모든 우리의 이웃의 생명을 위하여 섬기는 것이었다.

종교개혁의 핵심 사상 "이신칭의"는 단지 우리 인간이 정의로워지거나 우리가 올바르게 되어질 수 있다는 모든 논리를 깨트려버렸다. 즉 칭의론의 핵심은 우리 인간은 스스로 의로워 질 수 없다는 것이다. 우리 인간은 오직 하나님에 의해 다시 말해 "오직 은혜"에 의해 의롭게 되어진다. 의롭다 여김을 받은 그리스도인의 존재는 그리스도 안에서 하나님이 행하시는 정의 에 참여할 때 그 가치가 빛을 발하게 된다. 츠빙글리는 오늘날 우리 그리스도인들이 하나님 앞에서 진정한 자유와 책임의 의미를 다시 한번 깊이 있게 생각할 수 있게 하였다. 츠빙글리가 외친 하나님의 정의는 기다림이 아니라 이 땅 위에서 그를 따르는 그리스도의 백성이 실천해야 할 과제이다. 그는 오늘을 살아가는 우리에게 "누구의 정의", "어떠한 정의"가 실현되어야 하는지 묻고 있다.

The Reformation and Diakonia

Part 5.
웨슬리의 사회성화와 디아코니아

"너희는 세상의 소금이다. 소금이 짠 맛을 잃으면,
무엇으로 그 짠 맛을 되찾게 하겠느냐?
짠 맛을 잃은 소금은 아무데도 쓸 데가 없으므로,
바깥에 내버려서 사람들이 짓밟을 뿐이다.

너희는 세상의 빛이다.
산 위에 세운 마을은 숨길 수 없다.

또 사람이 등불을 켜서 말 아래에다
내려놓지 아니하고, 등경 위에다 놓아둔다.
그래야 등불이 집 안에 있는
모든 사람에게 환히 비친다.

이와 같이, 너희 빛을 사람에게 비추어서,
그들이 너희의 착한 행실을 보고,
하늘에 계신 너희 아버지께
영광을 돌리게 하여라."

마태복음 5:13-16

Part 5.
웨슬리의 사회성화와 디아코니아

I. 들어가는 말

　우리가 살아가는 시대는 모두가 부유함을 추구하며 살아가기를 원하기에 그 만큼 돈의 역할이 대단히 중요하다. 그러나 문제되는 것은 정치, 경제, 문화, 더 나아가 종교계에 이르기까지 돈은 그 화폐의 가치 자체로 인간의 마음과 생각을 움직이게 만들어 많은 사람들을 부패하게 만들고 더 나아가 개인뿐만 아니라 공동체를 무너뜨렸다. 현대를 살아가는 우리는 한 사람을 평가하는데 있어 그의 성품과 존재 그 자체를 기준으로 삼지 않고 그가 소유하고 있는 부와 재물에 따라 사람을 평가한다. 존재함이 아니라 소유함을 통해 살아간다는 착각에 빠지게 된 것이다. 소유에 대한 집착은 소유하고자 하는 욕망에 빠져 본인뿐만 아니라 우리의 이웃과 공동체를 소외시켜 버렸다. 존재 자체를 위협하며 물질적 만족을 최고의 가치로 삼아가는 물질주의에 빠져 살아가는 우리에게 웨슬리는 어떤 가르침을 주고 있는가? 경제의 위기와 물질로 고통당하는 이들이 여전히 우리 사회 안에서 신음하고 있는 이때에 더 많은 것을 소유하기를 꿈꾸기보다 디아코니아를 통한 나눔을 실천하고 축복된 공동체를 꿈꾸기 위해 웨슬리가 남겨둔 신앙의 유산은 무엇이 있는지를 살펴보도록 하겠다.

　맥스 배버 Max Weber는 자본주의를 자본주의답게 만드는 정신으로 "인간은 돈을 벌고 취득하는 일에 지배당한다. 이는 그의 삶의 궁극적인 목적이다, 경제적 취득은 더 이상 인간의 물질적 필요를 만족시키는 수단으로 인간에게 종속되지 않는다."고 주장하였다.[310] 자본주의 정신이 우리 사회를 주도하기 이전에 사람들은 보편적으로 경

---
310) Max Weber, 『프로테스탄티즘의 윤리와 자본주의 정신』 박성수 옮김 (서울: 문예출판사, 2011), 53.

제적 취득 자체를 삶의 궁극적 목적으로 삼지는 않았다. 다시 말해서 삶의 궁극적인 일차적인 목표는 개인의 물질적 욕구를 채우는 것이 아니라 자신이 속한 공동체가 추구하는 공동의 선이었다. 공동선 그것은 나와 가족 그리고 우리의 이웃과 사회가 함께 행복을 누리며 서로를 섬기며 살아가는 삶을 의미한다고 할 수 있다. 경제적 취득활동이란 그 공동선을 실현해 나가는 삶을 살아가고자 할 때 발생 할 수밖에 없는 물질적 필요를 만족시키기 위한 수단으로 간주되었다.[311] 그러나 이제 자본주의 사회에서 막강한 힘을 발휘하는 것은 바로 돈, 즉 맘몬이 되었다. 사람과 사람사이의 물질적인 필요를 충족시키고 그리고 나누고 섬기기 위해 필요한 수단으로서의 경제활동이 자신의 물질적 부와 탐욕과 욕망을 채우기 위한 목적으로 변질 된 것이다. 우리는 가난으로 고통 받는 우리 이웃에게 등을 돌리며 나만의 부를 간구하고 있고, 맘몬은 우리에게 차가운 풍요를 하사하고 있다. 현대를 살아가는 우리에게 중요한 신학적인 문제 중 하나는 부와 가난으로부터 발생된 사회적 불평등이다. 수많은 사람들이 가난의 고통으로 내몰리고 있는 이때, 부와 가난의 문제를 다시금 기독교 신학의 중심적 주제로 복귀시키는 것은 대단히 중요하고 의미가 있다.

    다음과 같은 질문 아래 웨슬리의 사회성화 그리고 디아코니아는 어떤 상관관계 아래 놓여져 있는지 살펴보고자 한다. 첫째, 맘몬주의와 이기주의가 압도하는 사회 속에서 우리는 어떻게 맘몬 우상숭배를 배격하고 하나님을 사랑하고 이웃을 사랑할 수 있을까? 둘째, 부의 취득과 축적을 삶의 궁극적인 목적으로 여기며 이를 위한 적극적인 경제행위를 하나의 덕으로 간주하는 사회 속에서 웨슬리가 이야기하는 청지기 경제윤리는 우리에게 어떤 의미를 부여할 수 있는가? 셋째, 웨슬리의 성화신학에 나타나 있는 사랑의 윤리로부터 디아코니아 경제 윤리관을 어떻게 설명할 수 있을까? 넷째, 물질이 범람하는 시대에 살아가고 있지만 여전히 우리 안에 머물러 존재하는 가난과 불평등을 어떤 시각으로 바라보아야만 할까? 마지막으로 물질을 인생의 중요한

---

311) 박득훈,『돈에서 해방된 교회- 교묘한 맘몬 숭배에서 벗어나는 길』(서울: 포이에마, 2017), 58-59.

가치로 여기고 물질 추구를 인생의 최대 목표이자 행복으로 생각하는 사람들에게 웨슬리의 복음적 경제윤리는 어떤 의미로 나타날 수 있을까?

18세기 존 웨슬리가 살았던 시대의 사회 경제적인 상황이 우리가 살아가는 현대 사회와는 분명 다르다. 하지만 그가 품었던 복음에 기초한 사회경제윤리의 가치와 비전 그리고 디아코니아는 불가능의 가능성으로 남아 우리 사회를 변화시킬 수 있는 계기를 마련해 줄 수 있다. 채우려 해도 채워지지 않는 인간의 욕망으로 만족하지 못하는 세상, 존재보다는 소유가 인생의 가치의 척도가 되고 평가의 기준이 되어가는 세상 속에서 함께 섬기고 나누며 살아간다는 의미를 웨슬리를 통해 배워보고자 한다.

II. 웨슬리의 디아코니아 경제윤리를 위한 초석

웨슬리의 감리교 운동은 개인의 성화를 넘어 사회 성화를 목표로 하는 운동이었다. 웨슬리는 "산상설교 IV"[312]에서 세상의 "빛과 소금"이 되라는 예수님의 말씀을 주제로 강해하면서 기독교는 근본적으로 사회적 종교이며 기독교를 사회와 고립된 종교로 만들어 버리는 것은 기독교를 파괴하는 것이라고 말하였다.[313] 웨슬리는 기독교인들이 폐쇄적이고 자기중심적인 형태로 교회 안에만 머물러 있지 않고 변화된 삶을 통해 사회를 변형시키고 세상의 빛과 소금으로 어떻게 그들을 세상에 나타내야 하는지에 대해 더욱 큰 관심을 가지고 있었다. 웨슬리는 기독교가 은둔의 종교, 단순히 고독한 신비주의나 감추어진 칩거의 종교가 아니라 사회적 거룩함을 이루는 형제 사랑, 세상 변혁의 종교임을 역설하였다. 즉 개인적 인격적 변화와 성화에 머무는 것이

---

[312] "산상설교 IV"를 통하여 웨슬리는 신앙의 내면적인 부분과 외면적인 부분의 일치를 주장하였다. 웨슬리가 생각하는 "사회적 종교"라는 것은 내적인 것과 함께 외적이고, 공동체적이고, 관계적인 모임이다. 그리고 그 대상은 하나님의 법을 실천하는 공동체이다. 결국 인간의 내적인 덕스러운 습성과 성향뿐만 아니라 겸손, 기도, 성서묵상, 금식, 성찬을 함께하고, 말과 행동의 일치를 도모하며 모든 사람에게 선행할 것을 다짐하고 훈련하는 신앙공동체를 의미한다. 박창훈, 『존 웨슬리, 사회비평으로 읽기』 (서울: 대한기독교서회, 2014), 132-133.

[313] John Wesley, "산상설교IV" 『존 웨슬리의 표준 설교집 I - 잠자는 자여 일어나라』 마경일옮김 (서울: 도서출판 KMC, 2005), 329

아니라 사회, 공동체를 변화시키고 갱신하는 구원으로까지 확장시켰다. 웨슬리에게 사회구원과 사회개혁이 수반되지 않는 복음 운동은 무의미하고 불완전한 것이었다.

실천적이고 사회 윤리적 차원에서 웨슬리의 사회성화를 도출하는데 중요한 신학적 기초를 이루는 주제는 "신앙과 선행"의 관계이다. 웨슬리는 종교개혁자 루터와 칼빈과 더불어 칭의와 선행의 관계에 대한 그의 구원론입장을 매우 흥미로운 요소들로 담아내고 있다. 웨슬리의 구원관은 종교개혁사상의 '칭의론' 입장을 받아들이면서 '칭의'를 넘어 그리스도의 완전을 지향점으로 삼고 있다. 웨슬리는 구원을 순간적인 사건이 아니라 과정의 역사로 이해하면서 칭의와 중생을 동시적 사건으로 간주하고 칭의와 중생과 더불어 성화가 시작되어 그리스도의 완전에 이른다고 주장한다.[314] 웨슬리의 구원이해는 칭의를 강조하면서도 선행으로 그리스도의 완전에 이르는 긴 여정으로 나타난다.

웨슬리의 관점에서 "선행이 칭의의 전제조건이냐 결과냐?"하는 문제는 논쟁의 대상이 아니다. 왜냐하면 칭의의 동시적 사건으로 중생이 발생하며 중생한 신자는 성령의 은혜 속에서 자연스럽게 선을 행할 수 있기 때문이다.[315] 웨슬리는 선행과 구원의 관계를 다음과 같이 이야기 한다. "믿음에 합당한 선행이나 의는 인간의 행위에서 오는 것이 아니다. 우리가 믿을 때 얻어지는 구원도 우리가 행하는 일이 아니다. 이 모든 것을 이루시는 분은 바로 하나님이시다."[316] 웨슬리에 의하면 우리 인간은 하나님의 도우심이 없이는 선행을 해야겠다는 생각이나 선행을 행할 능력조차 생각할 수 없는 존재이다. 웨슬리에게 있어 인간의 선행을 가능케 하는 자유의지는 본성적으로 가지고 태어나는 것이 아니라 선행 은총[317]으로 주어지는 것이다. 선행은총이란 착한

---

314) 김홍기,『존 웨슬리 신학의 재발견 - 개인적 성화와 사회적 성화의 재조명 』(서울: 대한기독교서회, 1993), 95-98.
315) 배덕만, "존 웨슬리의 구원론 : 칭의와 성화, 사회적 종교," 김동춘,『칭의와 정의』(서울: 새물결플러스, 2017), 336.
316) John Wesley, "믿음으로 말미암는 구원,"『웨슬리 설교전집 1』한국웨슬리학회 (서울: 대한기독교서회, 2006), 26.
317) 모든 이에게 보편적으로 존재하는 이 하나님의 선행은총이 웨슬리가 이야기 하는 구원의 여정의 시작이다. 이 선행은총에 대하여 웨슬리는 다음과 같이 정의 내리고 있다. "이 선행은총이란 함은 하늘 아버지께서 이끄시는 역사, 곧 우리가 하나님을 사모하는 마음인데 우리가 사모하면 사모할수록 점점 증가합니다. 또한 하나님의 아들이 세상 모든 사람을 교화하시는 빛 곧 사람에게 공의를 행하고 인자를 사랑하며 겸손히 하나님과 동행하도록 지시하는 것들을 의미합니다. 또한 이 선행 은총이란 성령께서 때때로 모든 사람에게 역사하시어서 깨닫게 하시는 것 전부를 말합니다. 이런 것을 누구나가 가지고 있는 것은 틀림없는데, 대부분의 사람들은 이 성령의 역사를 최대한 즉시 억눌러 버리거나 잊어버리거나 또는 부정합니다." John Wesley, "성경적 구원의 길,"『웨슬리 설교전집 3』한국웨슬리학회 (서울: 대한기독교서회, 2006), 147-148.

행위를 의미하는 것이 아니라 보다 앞서, 먼저 예비하는 의미를 지니고 있다. 선행은 총이란 먼저 오는 은총, 죄인인 인간의 회심 이전에 작용하는 하나님의 은총, 구원받기 이전에 우리를 구원으로 이끌어 가는 은총, 즉 아직 우리가 죄인 되었을 때 우리에게 주어지는 은총을 의미한다.318 웨슬리는 종교개혁자들과 같이 인간의 전적인 타락을 받아들인다. 그런데 성령의 선행 은총으로 믿는 성도나 안 믿는 자연인들 속에도 부분적인 자유의지의 회복이 이루어졌다고 해석한다. 이 선행은총은 인간의 자유의지뿐만 아니라 무지한 인간이 하나님의 구원의 필요성을 깨닫는 영적인 감각을 일깨워 하나님에 대한 올바른 지식의 가능성을 열어 준다. 또한 선행은총은 인간이 하나님의 은혜와 은총에 응답할 수 있는 능력을 준다. 이 선행은총의 작용으로 인간은 회개에 이르게 되며 구원을 향한 첫 걸음을 걷게 된다. 웨슬리에 있어 누군가 구원의 길에 들어서지 못하는 것은 하나님의 책임이 아니라 인간의 책임이다. 왜냐하면 하나님은 모든 인간에게 은혜를 부여해주셨지만 그 은혜에 대답하는 것은 전적으로 인간의 책임이기 때문이다. 이 선행 은총의 작용으로 우리에게 주어진 응답의 능력은 인간을 하나님과 그리고 이웃 앞에 책임적 존재로 서게 한다. 웨슬리는 우리 마음의 구원의 증거가 삶의 외적인 증거인 열매들을 통해서 입증되어야 한다고 믿었다.319 바로 이점에서 웨슬리의 성화의 개념은 루터의 그리스도인의 자유개념에 아주 가깝다.

루터는 "그리스도인의 자유Von der Freiheit eines Christenmenschen, 1520"라는 그의 논문에서 모든 것으로부터의 자유와 모든 사람을 섬기는 사랑의 종노릇의 변증법적 긴장을 다음과 같이 강조한다. "그리스도인은 모든 것으로부터 자유로운 주인이며, 누구에게도 종속되지 않는다." "그리스도인은 기꺼이 모든 것의 종이 된 자이며, 누구에게도 종속되지 않는다."320 루터에게 선행이란 의롭다 여김을 받은 새로운 존재의 필연적이고 자동적인 결과로 나타난다. 반면에 웨슬리에게 선행이란 구원의 확신을 위해 필요하다. 구원의 확신의 한 가지 방법은 영적이고 신비적이다. 곧 성령이 인간의

318) 김영선,『존 웨슬리와 감리교 신학』(서울: 대한기독교서회, 2010), 110-111.
319) 이후정,『성화의 길』(서울: 대한기독교서회, 2001), 124-125.
320) Martin Luther, *D. Luthers Werke: Kritische Gesamtausgabe Bd. 7,* (Weimar : Böhlau, 1897.), 21.

영에게 확증시켜 주는 신비적, 영적 체험이다. 그러나 또 하나의 구원의 확신의 방법은 선행이다. 또한 선행은 구원의 완성을 위해 필요하다. 믿음에 의해서 구원은 시작되지만, 구원의 완성은 선행을 통해서 이루어지는 것이다. 더 나아가 선행은 구원의 풍성함을 위해 필요하다.[321]

웨슬리의 구원의 여정에서의 성화의 과정은 죄는 부정적인 측면으로 제거되어야 할 요소라면, 긍정적인 측면에서 사랑은 한없이 증가되고 확장되어야 하는 측면이다. 구원의 시작인 칭의와 거듭남 곧 중생은 믿음에 의하여 일어나지만, 성화의 완성은 믿음으로만이 아니라 사랑으로 이루어진다. 웨슬리에게 선행을 행하는 것은 신앙이 성장하고 있음을 뜻하는 것이다.[322] 웨슬리는 단순히 믿음 그 자체만을 강조하지 않고, '사랑으로 역사하는 믿음'을 강조하였다.[323] 사랑으로 이루어지는 이 성화의 목표가 바로 그리스도의 완전이다. 웨슬리는 그리스도의 완전의 교리를 세 가지로 요약한다. 첫째, 완전은 의도의 순수성으로 하나님께 전적으로 헌신하는 것이다.[324] 그리스도의 완전은 하나님의 영광과 의지에 집중하고 우리의 의도의 초점을 하나님께 맞추는 것이다. 즉 생각이나 말이나 행동을 '우리 자신의 뜻'을 이루기 위해서 하는 것이 아니라, '우리를 보내신 그 분의 뜻'을 이루기 위해서 하는 것이 완전이다. 이것이 그리스도인이 자신의 영혼과 육체의 일부분이 아니라 전체를 하나님께 바치는 것이다.[325] 두 번째, 완전은 그리스도의 마음으로서 그리스도가 품으셨던 마음 전체가 우리 안에 있어 우리로 하여금 그리스도께서 행하신 대로 행하게 하는 상태를 의미한다.[326] 세 번째로 완전은 우리의 마음을 다해 하나님을 사랑하고 우리의 이웃을 우리 자신

---

321) John Wesley, "우리 자신의 구원을 성취함에 있어서," 『웨슬리 설교전집 6』 한국웨슬리학회 (서울: 대한기독교서회, 2006), 171-173.
322) 김홍기, 『존 웨슬리 신학의 재발견 - 개인적 성화와 사회적 성화의 재조명』 111.
323) 웨슬리에게 있어서 선행과 사랑은 저절로 맺히는 열매가 아니라, 인간의 자유의지적 참여에 의해 신인 협조적으로 이루어지는 행위이다. 웨슬리는 이신칭의 사상을 전제로 한 사랑의 성화를 강조하며 "사랑으로 역사하는 믿음(갈5:6)이 바로 참된 기독교임을 강조한다. 웨슬리에게 명목상의 그리스도인이 아닌 참된 그리스도인은 사랑으로 역사하는 믿음을 가진 사람이다. 웨슬리는 참된 그리스도인에 대하여 다음과 같이 이야기 한다. "하나님의 권능으로 자신을 깨끗이 한 믿음을 가진 자는 누구든지 하나님과 인류의 모든 것에 대한 죽음보다도 강한 사랑으로 마음을 채웁니다. …이처럼 '사랑으로 역사하는 믿음'을 가진 사람은 누구나 다만 '명목상의, 거의 90퍼센트의 그리스도인'이 아니라 '참 그리스도인'인 것입니다."John Wesley, "명목상의 그리스도인," 『웨슬리 설교전집 1』 한국웨슬리학회 (서울: 대한기독교서회, 2006), 43.
324) 이찬석, "존 웨슬리의 구원론," 『칭의와 정의』 김동춘 (서울: 새물결플러스, 2017), 171.
325) John Wesley, "그리스도인의 완전," 『존 웨슬리 논문집 I』 한국웨슬리학회 (서울: 한국웨슬리학회, 2009), 220-223.
326) 앞의 책, 221, 246, 332.

처럼 사랑하는 것이다.[327] 여기서 우리는 웨슬리의 디아코니아 신학을 발견하게 된다. 웨슬리의 완전은 사랑의 완전이다. 하나님을 사랑하는 자체가 그리스도인의 완전의 목적이며 기쁨이다. 그리고 이웃을 사랑하는 일은 하나님을 사랑하는 기쁨의 수단이다. 이웃 사랑은 최고선하나님을 실현하기 위한 수단이다. 완전을 사랑으로 이해하는 웨슬리에게 있어서 사랑과 신앙은 분리될 수 없다. 구원의 완성을 위해서 모든 선한 행위는 필요한 것이다. 신앙은 반드시 사랑의 행위를 산출해야 한다. 따라서 완전은 신앙이 필요하고 이 신앙은 사랑을 필요로 한다.[328] 완전이란 하나님과 이웃에 대한 사랑의 실천, 하나님의 형상으로의 회복된 마음과 몸 그리고 거룩한 삶, 하나님에 대한 완전한 헌신, 모든 죄로부터의 구원이 이루어진 상태이다.[329] 하나님을 사랑하고 이웃을 사랑하는 그리스도의 완전은 결국 그리스도께서 걸어가신 그 길을 온전한 마음으로 걸어가는 것이며, 예수께서 자신을 내어주신 것처럼 자신을 내어주고, 우리의 이웃을 온전히 섬기는 것으로 나타나는 것이다.

웨슬리의 사회성화는 그리스도인에게 책임과 연대의식을 심어주었다. 이제 참 그리스도인은 세상과 사회에 대해 책임의식을 가지고 이웃사랑과 청지기 의식을 고양한다. 그는 이웃에 대한 책임의식을 가지고 선행을 추구하고 인류복지를 도모하고 인간 사이의 평화와 선의를 증진함으로써, 피조물 전체의 행복을 추구하고 악과 부도덕을 치유, 극복하는 현 세상에서의 구원을 목표해야 한다. 또한 참된 종교는 연대의식을 통해 사회적 정감과 긍휼의 실천을 가져오게 된다. 웨슬리의 감리교 운동은 각 개인에게 사회인식을 높였고 그의 성화사상은 선행과 사랑을 통해 이웃에 대한 관심과 돌봄에 까지 우리의 의식을 확장시켰다. 이웃과 함께하는 연대의식은 우월감 대신 섬기는 데로 나아가며, 사회적 사랑으로 열매 맺게 된다. 웨슬리의 사회성화에서 윤리적인 삶은 소극적인 '하지 않음'에서 그치지 않고 적극적인 선행을 실천 하는 대로 나아간다. 웨슬리의 사회적 성화의 차원은 매우 포괄적이고 긍정적이다. 하나님께서

---

327) 이찬석, "존 웨슬리의 구원론," 『칭의와 정의』, 172.
328) 김영선, 『존 웨슬리와 감리교 신학』, 247-248.
329) John Wesley, "완전에 대하여," 『웨슬리 설교전집 6』 한국웨슬리학회 (서울: 대한기독교서회, 2006), 95-118.

창조하신 세계에 대한 청지기적인 책임이 강조되고, 인권과 함께 약자들, 가난한 자들, 억눌린 자들에 대한 관심이 새롭게 조명되었고, 특히 경제적인 문제들에 대한 기독교적인 태도에 대한 그의 지혜도 인식되고 있다. 웨슬리의 디아코니아 신학의 출발점은 하나님을 영적으로 체험하여 잃어버린 하나님의 형상을 회복하는 것이다. 그리고 그 목표는 바로 인격과 삶의 통적적인 완전한 성화이다. 웨슬리는 그것을 하나님 사랑과 이웃 사랑을 통한 하나님 나라 실현, 즉 개인과 사회 더 나아가서는 온 세계와 우주의 변모와 새 창조로 보았다.330)

III. 웨슬리의 디아코니아 경제윤리 사상

1. 청지기 경제윤리

웨슬리는 세상과 세상적인 것들, 그리고 재물에 대한 애착은 신앙의 기초를 파괴할 수 있고 인생을 파멸에 이르게 할 수 있는 재앙과 위험으로 보고, 부와 재물에 대한 태도와 사용331)에 있어서 그리스도인의 청지기 신앙을 엄격하게 가르쳤다. 웨슬리의 청지기 경제윤리 사상은 우리가 살아가는 세상에 지배하고 있는 탐욕이라는 경제의 근거를 무너뜨리는 것이었다. 웨슬리에게 경제란 인간의 물질적 욕구를 채우는 것이 일차적인 목적332)이 아니요 더불어 산업자본주의 논리에 근거한 것도 아닌 오로지 이웃의 필요를 채우고 나누는 것에 일차적인 목적을 가지고 있다. 이것이 그의 복음적

---

330) 이후정, 『성화의 길』, 126.
331) 웨슬리는 부와 재물을 바르게 사용할 때의 유익과 그 반대로 잘못 사용했을 때의 해악에 대해 엄격한 가르침을 주었다. 그는 부와 재물의 사용에 대해 다섯 편의 설교 즉 '돈의 사용', '부의 위험', '부에 관하여', '재물축척의 위험성에 관하여'그리고 '선한 청지기'를 출판하였다.
332) 웨슬리의 디아코니아 청지기 사상에 대한 관점은 다음에 나오는 설교 내용에서 찾아 볼 수 있다. "하나님이 사랑하시는 여러분의 형제 중에 많은 사람이 먹을 음식, 의복, 잠잘 곳이 없습니다. 왜 그들이 그렇게 비참하게 살아갑니까? 그것은 하나님께서 그들의 필요를 채우라고 주신 것들을 여러분이 불경건하고, 불의하게, 그리고 잔인하게 붙잡고 있기 때문입니다! 가난에 찌들고, 추위에 떨며, 반나체가된 그리스도의 가난한 지체들을 보십시오! 그들이 그렇게 힘들게 살아가는 동안 여러분은 이 세상의 음식, 고기, 음료, 의복을 풍성하게 가지고 있습니다. 하나님의 이름으로 여러분은 무엇을 하고 있습니까? 하나님과 사람들을 두려워하지 않습니까? 왜 가난한 사람들에게 빵을, 헐벗은 사람들에게 옷을 주지 않습니까? 그들의 필요를 충족시키는 대신에 여러분은 비싼 옷을 입고 있는 것은 아닙니까? 하나님이 여러분에게 그렇게 하도록 말씀하셨습니까? 하나님이 그 일로 여러분을 칭찬하시겠습니까? 이러한 목적 때문에 하나님이 여러분에게 물질을 맡기셨습니까?" John Wesley, "기독교의 무능함에 대한 원인들"『웨슬리 설교전집 7』한국웨슬리학회 (서울: 대한기독교서회, 2006), 277-278.
333) 이성덕, "존 웨슬리의 부에 대한 이해와 메소디스트 공동체의 이상"「신학논단」84(2016), 45.

경제학의 핵심[333]이라고 말할 수 있다.

　웨슬리의 경제적 사회성화를 위한 첫 번째 관심은 바로 소유의 문제였다.[334] 그의 청지기 경제윤리에 대한 관점은 사유재산에 대한 신학적 비판에 해당된다. 이러한 입장은 사유재산을 불가침의 신성한 것이라고 생각하는 사람들에게 놀라운 것일 수 있다. 웨슬리는 당시의 시대조류와는 다르게 소유의 절대적인 보호를 위한 이론을 반대하였다. 이러한 그의 주장은 그의 신학적인 기반에 근거한다. 즉 인간은 단지 하나님의 청지기로서만 소유권을 가질 수 있으며 따라서 하나님은 언제든지 그 소유권을 박탈하실 수 있는 분이시다. 결국 인간은 소유자가 아니라 관리자, 즉 청지기이며 이는 축적의 문제보다는 소유자이신 하나님의 뜻에 따른 적절한 사용의 문제를 강조하게 된다.[335] 하나님의 뜻에 따른 청지기 경제 윤리란 바로 디아코니아의 실천이다. 웨슬리는 도움을 필요로 하는 사회적 약자 특히 가난한 자들에 대한 보살핌에 대한 사명을 청지기 사상에 입각한 부르심의 소명으로 이해한다.[336] 그는 그리스도인이 온전한 성화를 이루기 위하여 복음주의적 경제관을 가진 청지기로서 돈을 올바르게 사용해야 한다는 것을 가르쳤다. 하나님은 우리에게 재물을 분배해 주셨는데 이는 우리의 기쁨을 위해서 먼저 사용하기보다 이웃의 기쁨을 위해 사용하라는 목적이 담겨져 있다는 것이다. 특별히 복음주의 경제관에 입각한 청지기적인 삶이란 모든 것을 가난한 이웃에게 나누어 주는 디아코니아적 삶이라고 웨슬리는 가르쳤다.[337] 그는 돈

---

334) 웨슬리는 부와 재물 자체가 우리에게 악한 영향력을 주는 것이 아니라 오히려 부유한 자들이 사악한 영향력을 끼쳤다고 다음과 같이 이야기 한다. "돈 자체가 사악한 것은 아닙니다. 그것은 나쁜 목적뿐만 아니라 좋은 목적에도 사용될 수 있습니다. 그러나 그럼에도 불구하고 의심할 바 없는 진리는 "돈을 사랑함이 일만 악의 뿌리라는 것입니다." 그리고 또한 부를 소유함이 그것에 대한 사랑을 낳는 다는 것입니다." John Wesley, "불법의 신비"『웨슬리 설교전집 5』한국웨슬리학회 (서울: 대한기독교서회, 2006), 321.
335) 박원기, 『기독교 사회윤리 : 이론과 실제』(서울: 이화여자대학교 출판부, 1995), 171.
336) 하나님이 소유주 되시며 우리는 단지 청지기라는 웨슬리의 입장은 다음과 같다. "천지의 소유자가 되신 하나님께서 여러분을 인간이 되게 하시고 세상에 두셨을 때, 여러분을 소유 자로서가 아니라 청지기로서 삼으셨다는 것을 생각하십시오. 이렇게 해서 하나님에서는 여러분에게 잠시 동안 여러 가지 종류의 재물을 맡기셨습니다. 그러나 이 모든 것의 완전한 소유권은 아직까지 는 하나님께 있는 것이고 하나님으로부터 분리될 수 없는 것입니다. 여러분 자신도 여러분의 것이 아니라 하나님의 소유인 것 같이, 마찬가지로 여러분이 누리고 있는 모두가 다 하나님의 것입니다. 여러분의 영혼과 육체도 마찬가지입니다. 여러분의 재물은 특히 더 그렇습니다." John Wesley, "돈의 사용"『웨슬리 설교전집 3』한국웨슬리학회 (서울: 대한기독교서회, 2006), 295-296.
337) 웨슬리는 금이나 돈 그 자체가 악한 것이 아니라 사용하는 사람들에 의해 악하게 된다는 점을 강조한다. 웨슬리는 돈 자체를 부정하게 보지는 않았다. 인류의 가장 고귀한 목적을 충족시키는 돈과 재물은 하나님의 훌륭한 선물로 여겼으며 돈을 개인의 이익이나 유익을 목적으로 사용하는 것이 아니라 이웃의 생계를 채워주는데 사용해야 한다는 점을 강조하였다. 앞의 책, "돈의 사용" 284.

이란 첫 번째 자신의 가족과 그리고 자신의 정당한 필수품을 공급하기 위해 사용되어야 하며, 그리고 남은 것은 가난한 사람들을 통하여 하나님께 돌려져야 한다고 가르쳤다. 하나님께서는 우리에게 재산의 일부를 위탁하셨는데 그 목적은 바로 가난한 사람들의 필수품을 공급하기 위함이라는 것이다. 하나님은 우리에게 받는 축복이 아니라 받는 것보다 주는 축복을 위탁하셨다. 웨슬리가 말하는 복음주의 경제관을 가지고 있는 청지기란 주린 자에게 먹을 것을 주고, 벗은 자를 입히고, 병든 자를 위로하며, 나그네 된 자를 돌보고, 고통 받는 자를 구원해야 하는 소명을 받은 자이다.[338]

웨슬리는 특별히 가난에 관하여 관심을 가지고 있었다. 그는 가난은 죄의 결과도 아니고 하나님의 선택에서 제외된 운명도 아니라고 보았다. 실제로 가난은 운명이나 신적인 형벌의 징표가 아니다. 웨슬리는 가난은 일반 대중의 무지와 지도자들의 무능, 사회적인 불의 그리고 잘못된 경제 구조에 의해서 나타나는 것으로 보았다.[339] 웨슬리는 가난한 사람들이 재물이 없어 고생하는 이유는 하나님이 가난한 사람들의 필요를 위해 부자들의 손에 맡겨 놓으신 것을 그들이 부정하게 그리고 무자비하게 억류하고 있기 때문이라고 주장하였다. 즉 우리가 우리의 필요 이상으로 부를 축적하고 소유하는 것은 하나님의 것을 도둑질 하고 가난한 사람들에 돌아갈 것을 약탈하는 범죄라는 것이다.[340] 웨슬리는 하나님께서 우리에게 물질을 허락하신 목적은 우리가 선을 행하는데 쓰기 위한 것임을 강조한다. 특히 하나님께서 우리에게 물질을 위임하신 목적은 배고픈 자를 먹이기 위해서, 헐벗은 자를 입히기 위해서 나그네와 과부와 고아를 돕기 위해서, 그리고 실로 힘이 닿는 한 모든 인류의 부족함을 면하게 하기 위해서 우리에게 물질을 위임하셨다는 것이다.[341] 웨슬리는 우리가 생활하는 데 필요한 것, 즉 충분한 식품과 입을 옷 그리고 누울 장소, 그것 이외의 것을 가진 자는 부자로

---

338) John Wesley, "선한 청지기," 『웨슬리 설교전집 3』 한국웨슬리학회 (서울: 대한기독교서회, 2006), 318.
339) Manfred Marquardt, 『John Wesley's Social Ethics - Praxis and Principles』 (Goettingen : VANDENHOECK & RUPRECHT 1992), 30-33.
340) 웨슬리는 "이성과 종교를 가진 분들에게 드리는 진지한 호소 (a Farther appeal to men of reason and religion)"라는 글을 통해 다음과 같이 이야기 한다. "당신은 분명히 이 사실을 인정해야만 합니다. 사치스런 고급 옷을 구입하는 그 행위에 죄악이 가득하다는 것 말입니다. 바로 당신의 이런 행위는 하나님과 가난한 사람들에게서 도둑질 하는 것입니다. 또한 이런 행위는 고아들과 과부들의 것을 속여 빼앗는 것과 같습니다. 당신의 욕망대로 소비하는 행위는 배고픈 자가 먹을 음식을 허비하는 것이고, 헐벗은 자의 옷을 빼앗는 것과 같습니다." 재인용 김진두, 『웨슬리와 사랑의 혁명』 (서울: 한들출판사, 2015), 53.
341) John Wesley, "재물 축적의 위험성에 대하여," 『웨슬리 설교전집 7』 한국웨슬리학회 (서울: 대한기독교서회, 2006), 377-378.

간주하였다. 자신의 의식주에 필요한 것과 최소한의 생활필수품보다 더 많은 것을 소유한다면 그는 부자이고, 그런 사람들은 많은 올무와 시험에 빠진다고 경고한다. 웨슬리는 많이 번 돈 그리고 많이 저축한 돈을 쌓아 놓는 부자들의 위험성에 대해서 강하게 충고한다. 하나님께서 우리에게 주신 재물은 삶의 필수적인 것을 제외하고는 모든 다른 사람들의 행복을 위하여 사용되어야 한다는 목적을 가지고 있다. 웨슬리는 사유재산을 부인하지는 않았다. 그는 오히려 사유재산의 철저한 사회적 책임을 강조하고 있다. 그는 재물의 축적을 인정하면서 그 책임성을 강조하였다. 즉 이웃에 대한 사랑의 동기에서만이 재물의 축적이 인정된다.[342] 웨슬리는 인간의 사유권보다 더 높은 하나님의 소유권, 즉 인간은 한정된 시간 동안만 재산의 처리권을 소유할 뿐이며 또 모든 재물의 사용에 대하여 분명한 명령을 내리시는 하나님의 권한을 강조함으로써 인간의 사유재산권을 극도록 제한하였으며 또 하나님의 사랑의 계명에 복종하기 위하여 재산을 사용하도록 분명하게 촉구하였다.

2. 직업윤리와 노동윤리

돈에 대한 소유의 문제는 무한한 소유를 꿈꾸는 인간의 욕망과 땀 흘리려고 하지 않는 거짓된 노동과 연관이 된다. 하나님의 부르심에 입각한 청지기 소명을 가진 인간으로서 가져야할 경제윤리는 근면과 검소 그리고 섬김이다. 이를 위해 웨슬리는 다음과 같이 세 가지 기준을 제시한다. 첫째 "할 수 있는 대로 많이 벌어라" 둘째 "할 수 있는 대로 많이 저축하라" 그리고 마지막 세 번째로 "할 수 있는 대로 모든 것을 주라"[343]

우리는 웨슬리의 가장 핵심적인 경제 윤리관인 돈의 사용 세 가지 원칙을 통해 직

---

342) 김영선, 『존 웨슬리와 감리교 신학』 400.
343) John Wesley, "돈의 사용" 281-299.

업윤리와 노동윤리 속에 나타난 디아코니아 신학을 발견하게 된다. 웨슬리는 재물의 가치를 인정하면서 어떻게 그리스도인이 재물을 선용할 것인가에 대하여 가르쳤다. 웨슬리는 돈의 사용의 첫 번째 원칙 "할 수 있는 대로 많이 벌어라"라는 원리를 통해서 그리스도인이 가져야할 직업윤리를 이야기 한다. 이 원칙은 수단과 방법을 가리지 말고 돈을 벌라는 의미가 아니라 정당한 이익 추구를 의미한다. 웨슬리의 문헌에는 모든 세상의 재물을 자발적으로 포기하라는 요구는 어디에도 발견되지 않는다. 그는 사람들에게 정직한 방법으로 가능한 최대로 돈을 벌라고 촉구한다.[344] 웨슬리는 이 원리를 통해 건전한 직업의 필요성을 역설하고, 정당한 노동의 중요성을 강조하였다. 웨슬리는 직업선택의 우선적인 기준을 능력과 적성을 고려하는데 있는 것이 아니라 하나님의 뜻에 합당할 수 있느냐라는 물음에서 시작한다. 재화의 획득과 직업 활동은 기독교적인 소명의 일부로서 자기 목적을 위한 것이 되어서는 안 되고 오직 더 높은 목표를 달성하기 위한 수단이 되어야 한다. 구체적으로는 사랑의 계명에 내재되어 있는 하나님의 뜻의 실현이 바로 이 더 높은 목표이다.[345]

웨슬리가 말하는 직업윤리는 본인의 행동이 타인에게 미치는 영향을 고려해야 한다는 것이었다. 가능한 한 돈을 많이 벌 되, 마음이나 건강을 해치거나 생명을 해치면서까지 벌려고 발버둥을 치지는 말며, 더 나아가 돈을 벌기 위해서 이웃이나 어떤 사람들을 상처를 주어서는 안된다. 수단과 방법을 가리지 않고 돈을 벌라는 의미가 아니라, 건전한 직업을 통해서 정직하고 온전한 마음으로, 그리고 부지런하게 돈을 벌라는 것이다.[346] 또 다른 측면에서의 직업은 기독교 사회윤리의 시험무대이다. 웨슬리는 시간 또한 하나님께서 우리에게 맡겨주신 재산임을 강조한다.[347] 직업은 우리들로 하여금 이 시간을 의미 있게 채워갈 수 있는 가능성을 열어 준다. 충분한 재산이 있어서 소득활동이 필요 없는 사람도 시간을 쓸모없이 허비해서는 안 되며 다른 사람들의 복지를 위하여 보내야 한다. 주어진 자유시간은 유용한 활동을 통하여 채워져

---

344) Manfred Marquardt, 『John Wesley's Social Ethics - Praxis and Principles』, 36.
345) Manfred Marquardt, 앞의 책, 39-40.
346) John Wesley, "The Use of Money", 285-286.
347) 앞의 책, 290.

야 한다. 이 유용한 활동에는 자선 사업 외에도 진지한 대화 상대자들과의 담화, 좋은 역사, 철학, 문학 서적을 통한 독서, 음악 및 정원의 일과 함께 육체와 영혼에 도움이 될 수 있는 일 등이 속한다. 사회적으로 고위직에서의 활동이나 영적인 직책들이 단순 육체 노동 보다 하나님을 더 기쁘게 하지 않는다. 모든 사람은 자기 직업에 합당하게 그리고 하나님 앞에서 책임적으로 진지하게 살며 일을 해야 한다.

> "하나님께서는 부와 명예에 따라서 인간을 판단하시지 않고 오직 하나님께서 주신 믿음과 사랑의 분량에 따라서 판단하실 뿐이다. 노동이 추구해가는 목표는 부의 축적이 아니며 하나님과 이웃에 대한 사랑에서 출발해야 한다."[348]

돈의 사용의 두 번째 원칙 "될 수 있는 대로 많이 저축하라"는 주제를 통해 웨슬리는 모든 종류의 사치스러운 생활을 거부하고 있다. 그는 우리의 자신과 가족을 위해서 사용하는 지출은 정당하지만, 육신의 정욕, 안목의 정욕, 생활의 허영심을 충족시키기 위해 사용되는 것은 귀중한 달란트를 바다에 던지는 것과 같다고 이야기 하였다.[349] 두 번째 원칙을 잘 지키기 위해 세가지 형태의 우상숭배를 피해야 한다고 웨슬리는 이야기 한다.[350] 첫 번째 육신의 정욕을 만족시키는 유혹을 피해야 한다. 너무나도 귀중한 달란트의 일부라고 육신의 정욕을 만족시키기 위해, 즉 감각적 쾌락을 얻기 위해 낭비하지 말 것을 강조한다. 우아한 쾌락주의에 빠지지 말고 단순한 인간의 본성의 필요에 만족해야 함을 일깨워 주고 있다. 두 번째 너무나도 귀중한 달란트의 일부라고 단지 안목의 정욕을 만족시키는데 낭비하지 말 것을 이야기 한다. 웨슬리는 우리에게 정말 호화로운 의복이나 불필요한 장신구, 값비싼 가구, 고가의 사진이나 그림, 금도금이 필요한지 질문하고 있다. 세 번째 이생의 자랑을 만족시키기 위해, 즉 사람들의 존경과 칭찬을 얻기 위해서라면 한푼도 쓰지 말 것을 말한다. 존경과 인정을 바라는 헛된 상상을 멀리하고 그들의 박수 갈채를 얻기 위해 값비싼 대가를 지

---

348) Manfred Marquardt, 『John Wesley's Social Ethics - Praxis and Principles』, 39-40.
349) John Wesley, "돈의 사용", 291.
350) 웨슬리는 "돈의 사용", "부의 위험성", "재물 축적의 위험성에 대하여" 이 세가지 설교를 통해서 요한 일서 2장 16절의 불행을 가져오는 세가지 욕망을 다루고 있다.

불하지 말고 오직 하나님으로부터 오는 영광으로 만족할 수 있기를 이야기 하고 있다. 웨슬리는 시편 49:16-19절 말씀을 통해서 하나님의 자녀가 육신의 정욕과 안목의 정욕, 이생의 자랑을 만족시키지 않으면, 하나님께서는 충분한 은혜로 그들의 필요를 채우시고 위로해 주실것이라고 이야기 한다.

마지막 세 번째 원리 "할 수 있는 대로 모든 것을 주라"를 통하여 우리는 박애주의를 넘어서 웨슬리의 진정한 하나님 사랑과 이웃사랑을 발견하게 된다. 돈의 사용에 관한 처음 두 가지 규칙은 다음의 세 번째 규칙에 의하여 비로소 그 정당성과 의미를 부여받게 된다. 웨슬리는 소유해야 하는 것과 나누어 주어야 하는 것 사이를 명확하게 구분하였다.[351] 올바른 직업윤리 의식을 가지고 정직하고 부지런하게 일을 하는 이유와 열심히 번 돈을 저축하는 이유는 개인의 이익과 유익을 위함이 아니요 하나님의 영광과 이웃의 필요를 위해 더 많이 나누기 위한 것이다. 웨슬리에 의하면, 위의 두 단계는 이 마지막 단계를 위한 준비에 불과하다.

돈은 그 자체로서는 악하지도 선하지 않으며, 특히 돈이 하나님의 자녀들의 손에서는 '배고픈 자들을 위한 식량이 되고 목마른 자들에게 마실 것이 되며, 헐벗은 자들을 위한 의복이 된다'는 견해에서 출발한 웨슬리는 돈이 그 소유자들에게 효과적인 사회구호의 가능성을 제공해준다는 사실을 명백하게 강조할 수 있었고 그래서 주저 없이 소득을 추구하도록 촉구할 수 있었다. 물론 그는 돈 그 자체에 어떠한 가치를 부여한 것은 아니었다. 선이나 악을 유발할 수 있는 모든 것은 인간이 그것을 어떻게 사용하느냐에 좌우된다고 믿었기 때문이다.[352]

웨슬리는 그리스도인들이 각자 하나님의 청지기로서 복음에 입각한 바른 경제윤리관을 가지게 된다면 개인의 변화는 물론 사회의 변화와 회복이 일어나고 이 땅위

---

351) Manfred Marquardt, 『John Wesley's Social Ethics - Praxis and Principles』, 36-37.
352) John Wesley, "돈의 사용" 284.

에 하나님의 나라가 실현될 수 있다고 보았다. 웨슬리의 경제윤리의 표본이 되는 돈의 사용이 가르쳐 주는 사회 윤리적 이론은 개인적인 측면과 사회적인 측면이 서로 결합되어 있음을 살펴볼 수 있었다. 즉 창조주요 주인으로서 하나님이 원하시는 바, 곧 궁핍한 이들에게 필수적 것을 주지 아니하고 세상의 재물을 축적함으로써 인간은 자기 자신에게와 또 다른 사람들에게 피해를 가져 다 준다. 재물의 축적을 위한 개인적인 노력과 사회적 불의는 동전의 양면과도 같다.

IV. 경제 윤리를 위한 존 웨슬리의 공헌 - 부의 윤리와 나눔의 윤리를 중심으로

4차 산업혁명 시대가 도래한 현대에 이르기까지 인류 사회를 가장 괴롭혀 온 문제가 바로 가난과 그로인한 불평등의 문제가 아닐까 생각한다. 가난이라는 주제는 시대가 지날수록 커지는 주요 관심사며 여전히 우리 사회가 풀지 못하는 가장 큰 문제 중의 하나이다. 특히 2019년 대한민국에는 가난 때문에 극단적인 선택을 했어야만 했던 사람들의 여러 가슴 아픈 소식들이 우리를 슬프게 하였다.[353] 경제협력개발기구 OECD 통계에 따르면 한국의 빈곤율은 17%로 38개국 가운데 다섯 번째로 높다. 노인 빈곤율은 43%로 모든 국가 중 가장 높고, 아동·청소년 빈곤율은 14%로 전체 빈곤율에 비해 다소 낮다. 다수의 전문가들은 상대적으로 낮은 아동 빈곤율의 이유를 가난한 이들이 더 이상 가족을 이루거나 출산하지 않기 때문이라고 설명한다. 1인 가구는 27%로 전체 가구 유형 중 가장 많고, 이들 중 47%가 빈곤층이다. 기초생활수급자의 66%가 1인 가구이며 이 비율은 계속 증가하고 있다.[354] 도대체 이 가난이라는 올가미를 누가 씌웠는가? 가난은 개인의 책임적 문제에서 비롯된 것인가 아니면 사회적 공동체의 책임인가? 이 문제에 대해서는 개인의 책임과 사회적 책임이 늘 부딪치면서 맞서온 문제이다. 가난이 개인의 문제에서 비롯되어졌다면 노력과 성실 그리

---

353) 2019년 1월 서울 중랑구 모녀의 죽음, 관악구 한부모 가정 탈북민 어머니와 상애인 아들 아사(餓死)(2019.7.31.) 관악구 50대 장애여성 고독사(孤獨死)(2019.8.20.) 강서구 80대 노모와 50대 중증장애인 아들 피살(2019.9.1.)등.
354) http://news.khan.co.kr/kh_news/khan_art_view.html?art_id=202002022106015. (2020.02.06 접속)

고 책임을 가지고 그 문제에 맞서 왔을 것이다. 그러나 가난은 그 자체를 개인이 통제할 수 없는 외부의 여러 가지 요인 즉 정치, 경제, 사회, 문화적 영향 때문에 발생되어 온 것은 누구나 부인할 수 없는 것이다. 웨슬리는 빈곤을 바라보는 시각 자체를 바꾸고자 역설한 인물이었다. 그는 가난을 가난한 사람들이 나태한 죄의 결과로 여기지도 않았으며 또 하나님의 선택에서 제외된 사람들의 불변적 운명으로 여기지도 않았고 가능한 모든 수단을 동원하여 극복해야 할 불행으로 여겼기 때문에 끊임없이 그 원인을 연구하고 책임 있는 이들을 질책하며 또 격려하고 부지런히 일하도록 부추겼으며 사회적인 불의를 제거하기 위해서 부유한 사람들과 영향력 있는 이들의 책임의식을 깨우려고 시도하였다.[355] 웨슬리는 가난한 사람들의 개인적인 문제의 관점에서 벗어나 정치 경제의 관계아래 '구조주의'에 초점을 맞추어 다시 말해 사회제도의 결함으로 나타난 가난이라는 문제를 사회제도의 결함으로 생각하여 그 문제를 풀어나가고자 했었다.[356]

이미 언급했듯이 웨슬리의 경제 윤리 사상 가운데 중요한 것 중 하나가 바로 소유의 개념이다. 웨슬리는 자본주의 시장경제를 인정하면서도 개인의 이기주의적인 소유욕과 자본주의의 독점화에 대한 문제점을 지적하면서 경제적 나눔과 재분배를 강조하였다. 18세기 정치 경제적 사조를 지배했던 존 로크와는 다르게 웨슬리는 소유권의 절대적인 보호를 위한 이론 전개를 반대하였다. 웨슬리는 소유하는 것이 절대 침해 받을 수도 없고 양도 할 수도 없는 것이라고 이해하지는 않았다.[357] 오히려 웨슬리는 인간은 오직 하나님의 청지기로서만 소유권을 가질 수 있으며 하나님은 언제든지 그 소유권을 박탈해 가실 수 있다고 믿었다. 청지기는 오직 하나님께서 지정해

---

355) Manfred Marquardt, 『John Wesley's Social Ethics - Praxis and Principles』 35-36.
356) 웨슬리의 가난한 자들을 위한 디아코니아 실천은 다음과 같다. 1. 가난한 자들을 돕기 위한 구제헌금 : "구제기금 청지기"를 임명하여 위임. 2. 대여금고를 설립 3. 고아사업과 어린이집, 전쟁 미망인을 위한 과부의 집, 노인들을 위한 감리교회집, 집없는 사람들을 위한 숙소와 식사를 위한 나그네 동무회 4. 영국 역사상 처음으로 실천한 무상 무료 의료 활동 :신도회를 통하여 가난한 자들에게 현금, 의복, 생활필수품, 연탄은 물론 의약품 제공, 가난한 사람들을 위한 진료소를 설립. 5. 교도소 개혁운동과 노예 해방운동 . 6. 가난한 자들을 위한 학교 설립, 산업노동자들을 위한 활동(노동조합운동) 김진두, 『웨슬리와 사랑의 혁명』, 67-121.
357) 18세기 정치 경제적 사조를 지배했던 존로크는 개인이 주어진 자연에 노동을 첨가하는 것이므로 그 생산물은 타인들의 공동 권리를 배제한다고 주장하였다. 그 이유는 노동은 분명히 노동자의 소유이므로 그만이 노동이 투여된 것에 대한 권리를 가질 수 있기 때문이다. 이러한 논리로 로크에게 있어서 소유는 양도할 수 없는 권리가 되었고, 그것은 보호되어야만 하는 것이다. Theodore Runyon/변선환옮김, 『웨슬리와 해방신학』 (서울: 전망사, 1987), 101.

놓으신 목적을 위해서만 소유한 것을 사용할 수 있으며 그리고 그 목적에 부합되지 않은 모든 것에 대해서는 도덕적 권리가 없다. 웨슬리에게 있어서 인간은 소유권자가 아니라 오히려 관리인이나 청지기에 지나지 않는다.[358] 이런 관점에서 웨슬리는 부자들에게 항상 필요에 따라 누구에게나 자신의 부를 나누어 주기를 이야기 하였다.

사회를 움직이는 세 가지 중요한 힘을 이야기 하자면, 그것은 돈과 권력 그리고 정보일 것이다. 돈이 윤리적으로 문제시 되는 것은 "소유"에 대한 맘몬주의와 연관된다. 맘몬이란 돈을 우상시하며, 돈을 최고의 가치척도로 삼는 것이다. 인간의 경제활동에 있어서 돈은 매우 중요하지만, 살아가는 데에 필요한 소유의 문제에 있어서 자신이 가지고 있는 것에 만족하지 못하고 무한한 소유를 꿈꾼다면, 그것은 맘몬을 섬기는 것과 같다.[359] 바울은 디모데에게 "부자가 되기를 원하는 사람은, 유혹과 올무와 여러 가지 어리석고도 해로운 욕심에 떨어집니다. 이런 것들은 사람을 파멸과 멸망에 빠뜨립니다."딤전 6:9라고 경고했다. 웨슬리는 이 말씀을 간과한 결과로 인류 역사가 큰 고통을 당하게 된 것이라고 생각했다. 맘몬주의가 도래하는 시대에 가장 특징적인 윤리 문제는 바로 부패이다. 사실 개인의 노력으로 땀 흘려 일한 대가에 대한 보상이 윤리적으로 불의하다고 볼 수는 없다. 부패의 원인은 바로 사랑해야 할 대상을 잘못 알고 사랑하는 것이다. 돈을 사랑하는 자 그들의 마음은 채우지 못하는 욕망과 욕구로 가득 차 있다. 지독한 탐욕 즉 자신이 가지고 있는 것보다도 더 많은 채우려는 욕망은 우리를 공존의 세계가 아니라 돈에 의한 계급주의 사회로 이끌어 나아간다.[360] '가난'과 '부요함'도 그 자체로는 추구할 가치가 없다. 웨슬리는 가난을 칭송하거나 권장하지 않았으며 부요함에 대해서는 명백하게 경고하였다. 가난과 부유함은 모두 인간에게는 특별한 유혹이며 이 유혹의 위험성이 과소평가 되어서는 안된다. 정당한 노동을 통하여 얻어지는 모든 것을 웨슬리는 하나님께서 맡겨주신 것으로 보았기 때문에 경제적 성공은 하나님의 은혜라고 볼 수 있었으나, 그로 인한 부의 위험성에 대

---

358) John Wesley, "돈의 사용", 295.
359) 유경동, 『기독교윤리학』(용인: 킹덤북스, 2015), 88-89.
360) John Wesley, "부의 위험성," 『웨슬리 설교전집 5』한국웨슬리학회 (서울: 대한기독교서회, 2006), 94.

해서도 분명하게 이야기 하였다. 웨슬리의 경제윤리의 강조점은 인간이 소유한 모든 것의 책임적인 성격과 유일한 주인이신 하나님께서 위임하신 올바른 관리에 있었다.

웨슬리의 경제윤리는 자본주의 시장경제를 인정하면서도 자본주의의 독점화와 이기주의화의 문제점[361]을 지적하면서 경제적 나눔과 재분배를 통한 더불어 사는 상생을 강조함으로서 대안을 제시한다. 특히 웨슬리는 경쟁을 부추기는 자유무역과 시장경제 체제를 거절하였다.[362] 왜냐하면 이러한 경제이론은 실업의 증가, 가난, 사회적 불평등, 시장독점화와 부동산 독점화현상을 나타내기 때문이다.[363] 웨슬리는 사회적인 불의를 제거하기 위해서 부유한 사람들과 영향력 있는 이들의 책임 의식을 일깨우려고 시도하였다. 이 문제에 대한 웨슬리의 중요한 문헌들 중에 하나가 "식량의 현재적 궁핍에 관한 생각"인데 이 문헌은 뜨거운 항거였으며 동시에 변화를 위하여 적절한 조치들을 제안하려는 시도였다. 이 문헌에서 웨슬리는 분명하게 드러난 경제적으로 불의한 상황들과 원인들에 대한 그의 견해 및 그가 실현가능하다고 여기는 개선책들을 언급하고 있다.

웨슬리는 직업과 소유의 윤리의 문제뿐만 아니라 재산의 사용에 관한 문제도 언급하였다. 부와 재산의 사용에도 분명히 합법적이고 도덕적인 원칙이 있다. 부를 가진 사람은 하나님에 대한 의무를 지는 사람이다. 부자는 가난한 자를 구제하고 사람들의 필요를 알고 보살펴야 한다. 부유한 사람은 불행한 사람들의 말을 듣고 그들을 돕고자 언제든지 자신의 재산을 처분할 준비가 되어 있어야 한다. 이것은 부를 가진 대가이다. 부자가 가난한 자들에게 재산을 나누어 준다고 해서 그의 덕행이나 공

---

361) 영국의 산업혁명 시대 속에서 살아온 웨슬리는 아담 스미스와 동시대 인물이었다. 아담 스미스는 그의 책 "국부론"을 통해서 시장의 가격기구에 따른 분배의 장점을 주장하였다. 그에 따르면 인간은 늘 다른 사람들의 도움을 필요로 하지만 정작 예를 들어 푸줏간 주인, 양조장 주인, 빵을 굽는 사람들의 궁극적인 목적은 타인의 유익이 아니라 자신의 이익을 위해서 일을 한다는 것이다. 그들은 공익을 증진할 의도도 없을 뿐만 아니라, 그들이 얼마만큼이나 공익을 증진하고 있는지 조차 모른다고 이야기 한다. 즉 각각의 개인들은 자신들의 사적인 이익과 목적을 위해 이윤을 창출하고 추구하는데 그 과정에서 그들이 의도하지 않은 어떠한 목적을 이루기 위해 그들은 보이지 않는 손에 의해 인도되어지고 있다는 것이다. 특히 보이지 않는 손에 의하여 개인의 사적인 이익 추구는 사회적 공익을 더 효과적으로 증진시키는 경우가 많다고 이야기 한다. 웨슬리는 이와 반대로 돈의 사용의 첫 번째 "할 수 있거든 최대한 벌어라"는 인간의 탐욕의 욕구를 통한 이익 창출이 아니라 다른 이들의 필요를 공급하기 위한 철저한 섬김에서 비롯된 것임을 강조한다. 웨슬리는 수입을 창출하여 재화를 획득하는 과정에 있어서 우리는 우리 자신과 이웃을 위해 정신적 육체적 해가 되지 않는 방향에서 공정하게 돈을 벌되 남을 해치거나 속여가면서 부를 얻는 불의에 대해 철저히 비판하고 있다. 특히 그의 청지기적 직업윤리의식은 부를 부정하게 축적하고자 하는 당시 지배계층을 향한 비판이기도 하였다. Adam Smith/김수행옮김, 『국부론 상』 (서울: 비봉출판사, 2003), 18-19.

적이 될 수는 없다. 웨슬리는 그의 설교 "부의 위험성"을 통해서 경제적 신분의 상승을 이루었으나, 자신과 가족의 생존 이상의 것을 가난한 사람과 나누지 않고 축적하는 감리교도를 보면서, 웨슬리는 부자가 되려는 자들은 영적인 위험에 있다는 것을 강경하게 지적하고 있다.[364] 웨슬리는 "재물 축적의 위험성"이라는 설교를 통해서 "부의 위험성"의 내용을 충실하게 이어 나아가고 있다. 설교 "재물 축적의 위험성"은 시편 62:10, "재물이 늘어도 거기에 마음을 두지 말지어다."라는 말씀을 본문으로 하고 있다. 할 수 있는 한 많이 벌고, 많이 저축하고, 많이 나누어준 사람은 그럼에도 점점 불어나는 재산에서 더 커져가는 영전 도전을 발견하게 된다. 불어나는 부는 늘어나는 걱정을 의미할 수도 있다. 윤리적으로 바람직한 상태는 욕심을 부리지 않고, 주님의 뜻 안에서 적절한 수준을 유지하는 것이다. 따라서 사람이 더 많은 부와 승진만을 위해서 노력하고, 하나님께 영광 돌리는 것을 생각하지 않는다면 이는 올바르지 않다. 또한 재산을 모을 수 있는 만큼 최대한 모으는 행동 보다는 절제를 알고, 필요한 만큼의 재산을 모으는 것이 바람직하다. 웨슬리는 타인의 노동력을 착취하여 이윤을 추구하고, 자본을 축적하여 재물을 얻는 것을 거부하였다. 오히려 그는 사회의 경제적 책임을 강조하였다. 돈을 벌기 위한 노동은 돈을 섬기는 우상숭배이며, 자기를 사랑하는 수단이지만, 거저 주시는 하나님의 은혜에 동참하는 노동은 하나님의 뜻에 순종하는 믿음이며 이웃을 사랑하는 수단이 된다. 돈과 재물이 사람들 사이에서의 분쟁의 대상이 된 것은 오늘 우리가 살아가는 사회만의 문제는 아닐 것이다. 부가 의로울 수 있는 것은 윤리적인 차원이기 이전에 영적인 문제이다. 웨슬리의 부의 윤리의 출발점은 부가 하나님의 것이라는 사실에 있다.

---

362) 웨슬리는 시장경제의 부당성을 그의 논문 "식량의 현재적 궁핍에 관한 생각"을 통해 비판하였다. 그는 영국사회에 수많은 사람들이 굶주려 죽어가고 현실에 대해 비난하면서 일자리 부족과 고용체제의 문제점, 과도한 음식 값의 폭등이유 그리고 큰 농장의 시장 독점에 대한 비판 그로 인해 나타나는 경제적 불평등, 귀족들의 수입증대를 위해 벌이는 고액의 부동산 임대료와 부당한 세금에 대해 비판하고 있다. John Wesley, "식량의 현재적 궁핍에 관한 생각,"『존 웨슬리 논문집 I』한국웨슬리학회 (서울: 한국웨슬리학회, 2009), 418-425.
363) 김홍기,『존 웨슬리의 경제윤리』(서울: 대한기독교서회, 2019), 160.
364) John Wesley, "부의 위험성", 87.

우리 사회의 격차를 심화시키는 가장 수많은 요인들 중의 하나가 바로 부의 대물림과 노동시장의 불평이다.[365] 한국의 비정규직 등 서민층은 아무리 일해도 가난에서 벗어나가 힘들고 특히 고학력 중산층은 자신의 능력에 따른 보상과 평가보다는 부의 세습에 따라 지위가 결정되는 귀속주의 원리가 사회를 지배하고 있다. 개인의 노력보다는 부모의 경제적 지위에 따라 성공을 논하는 사회가 되어 가고 있다.[366] 웨슬리가 관심을 가졌던 경제상의 문제점중의 또 다른 하나가 바로 상속에 관한 것이었다. 그는 상속되어지는 부는 원초적인 악이며, 상속되어지는 부가 그 자신을 해칠게 될 것이라는 점을 주장하였다. 웨슬리는 그의 8번째 산상수훈 설교에서 탐욕과 재산을 남기는 문제에 대하여 가르쳤다. 특히 하늘에 쌓는 저축에 관하여 설명하면서 신자의 모든 활동은 종교적 행동에서와 마찬가지로 순결한 심성이 뒷받침 되어야 함을 지적한다. 하늘에 재물을 쌓기 위해서 교만한 마음을 버리고 깨끗하지 않은 재물을 신뢰하지 말고, 자신과 가족의 생계를 넘어선 과도한 재물 축적을 삼가야 함을 드러내었다.[367] 웨슬리의 부의 초점은 개인의 안정과 번영이 아니라 오직 하나님의 영광이었다. 하나님의 영광을 위해서 보물을 쌓아두라는 넓은 의미는 이웃을 구제하고 나누어 주는 것을 뜻한다. 가난한 이웃에게 나누어 주는 것은 주님께 꾸어 주는 것이고 주님은 다시 그에게 갚아 주실 것이라고 웨슬리는 해석한다. 주님께로부터 거저 받았기에 거저 주어야 한다는 것이다.[368]

웨슬리의 경제윤리가 현대를 살아가는 우리에게 주는 메시지는 분명하다. 인간의 활동이나 노동의 목적이 부와 재물을 위해 노동이 되어서는 안된다. 인간의 노동의

---

365) http://www.hani.co.kr/arti/society/society_general/567730.html (2020. 2.15 방문)
366) 2022년 9월30일부터 10월 3일 경기도 부천시 만화영상 진흥원이 주최한 제25회 부천국제만화축제의 중등부 금상을 받은 작품 "아빠 찬스"가 새삼 주목을 받고 있다. 명문대를 목표로 동아줄을 붙잡고 오르는 입시생들을 저마다 다른 직업과 부의 수준을 상징하는 "아빠"들이 떠받치는 모습으로 대조시킨 그림이다. 특히 자녀가 서울대에 가는 길이 짧고 편안할수록 아버지 모습의 크기와 표정, 복장이 달라지는 점이 눈에 띈다. 우리 사회의 능력주의라는 허울이 얼마나 허망한지를 보여주는 그림이다. 최근 굿네이버스가 만 13세에서 24세 청소년을 대상으로 공정성에 대한 인식을 조사한 결과 청소년의 55.9%는 "우리 사회가 공정하지 않다"고 응답했다. 특별히 각 가정의 사회적 배경에 따라 공정성에 대한 인식이 다르게 나타났다. 주목할 점은 사회·경제적 형편이 좋다고 답한 청소년일수록 우리 사회가 공정하다는 인식이 높았다는 것이다. 즉 아버지의 학력이 높을수록, 가정의 경제적 수준이 높을수록 청소년들은 자신의 노력과 능력에 따라 사회적 계층 상승의 기회가 더 높아질 것이라는 인식을 가지고 있다. 주영민, "칼 들고 국민 쫓는 윤석열차... 부천만화축제 학생작품들 논란," 노컷뉴스, 2022.10.4. https://www.nocutnews.co.kr/news/5827022 (2022년 10월 10일 접속). 오요셉, "청소년 55.9%, '우리 사회 불공정'...능력주의 극복해야," 노컷뉴스, 2023.01.31. https://www.nocutnews.co.kr/news/5887607 (2023년 3월 15일 접속).
367) John Wesley, "산상설교Ⅷ,"『웨슬리 설교전집 2』한국웨슬리학회 (서울: 한국웨슬리학회, 2009) 221-243.
368) 김홍기,『평신도를 위한 신학 : 역사신학적 조명』(서울: 이화여자대학교출판부, 2006), 176-177.

목적은 자신의 이익을 넘어 공동체의 이익이 되어야 한다. 부는 유혹이다. 부 자체는 악이 아니라 유혹이다. 현대를 살아가는 사람들은 하나님 보다 재물을 신뢰한다. 그렇기에 부는 우리를 타락의 길로 인도하는 유혹이다. 웨슬리에게 독특한 공헌점이 있다면 그것이 그가 다양한 의미에서 경제에 성화를 연관시킨 점이다. 이것이야 말로 웨슬리의 청지기직에 관한 견해가 주는 지혜라고 말할 수 있다.

V. 최초로 노동조합을 만든 감리교회

존 웨슬리는 1703년에서 1791년까지 영국에서 18세기를 온전히 살았던 목회자요 복음 전도자요 신학자이며, 사회 개혁자로 일생을 살았던 사람이다. 웨슬리는 독일의 경건주의로부터 영향을 받아 부패한 영국사회를 개혁하는데 헌신한 인물이다. 존 웨슬리는 1729년 11월 옥스퍼드 대학교에서 동생 찰스 웨슬리가 몇몇 친구와 결성한 신성클럽 Holy Club의 리더가 되었다. 이 모임은 초대교회의 신학을 연구하며 성만찬 예배와 금식 기도 등의 경건 훈련에 전념하였다. 그들의 규칙적이고 엄격한 생활을 보고 사람들은 그들을 가리켜 규칙주의자들- 규칙쟁이들 Methodists이라고 불리게 되었고, 이것이 감리교회의 명칭이 되었다. 특별히 주목해 보아야 할 것은 신성 클럽의 성경연구의 첫 열매는 구제운동이었다. 웨슬리의 신성클럽은 하층 계급들의 비참함에 눈을 돌렸고, 빈부격차의 심각함 속에서 교육받지 못하고 산업지역의 도시 변두리 슬럼가에서 버려진 비참한 상황에 관심을 가졌다. 이러한 사회적 관심은 기독교 사랑 또는 박애의 정신과 노력으로 발전하였다. 그들은 가난한 자를 방문하고 병자 위문을 하는 등 여러 가지 봉사사업을 펼치게 되었다. 특히 그들은 감옥을 방문하여 죄수들이 필요로 하는 음식과 의복을 공급하고 그들이 진 부채를 갚아 주기도 하였다. 또 죄수들과 그들의 자녀를 위한 교육프로그램[369]도 만들었고, 이것이 발전하여

---

[369] 메토디스트 고아사업은 존 웨슬리가 1743년 초기 메토디스트 북부 선교 전략기구인 뉴캐슬에 고아원을 설립하면서 시작되었다. 이 최초의 고아원은 영국 북부 산업지대에서 버려진 고아들 중 거의 대부분을 돌보게 되었으며, 이때부터 메토디스트회는 "고아와 과부의 교회"로 불리게 되었다. 메토디스트 주일학교는 점차로 가난한 어린이들과 버림받은 어린이들의 학교로 형성되었다. 김진두, 『웨슬리와 사랑의 혁명』, 84.

시내 거주자의 자녀들도 가르치기 시작하였다.[370] 18세기와 19세기 영국의 산업지대의 고아들과 가난한 집 어린이들 대부분이 메토디스트로부터 돌봄과 교육을 받았다.

웨슬리는 물질을 가난한 이웃에게 나누어 주고 돕는 사회 구제 및 봉사 운동뿐 아니라 불의한 사회제도와 법을 개혁하는 사회 개혁 운동도 함께 했다. 웨슬리가 살았던 당시 영국은 세계 최초로 산업혁명이 진행되면서 온갖 경제적 불의와 부작용이 발생하던 시대였다. 웨슬리1703-1791가 활동했던 당시의 영국 사회는 산업혁명이라는 큰 변화가 시작되는 때였다. 농촌의 공동경작지는 문을 닫고, 공장이 세워지면서 도시에 인구가 집중되었다. 농촌의 가난한 사람들은 외곽의 산업지역, 혹은 도시 외곽에 위치한 빈민지역으로 이주를 하였다. 또한, 영국에서는 절대적인 빈곤층이 늘어나 대다수가 충분한 음식을 얻지 못했던 시대였다.[371] 이런 사람들의 모습을 웨슬리는 다음과 같이 이해하여 묘사한다.

> "나는 런던의 100마일 정도 내외에서 이렇게나 많은 처참한 몰골의 피조물들을 본 적이 없습니다. 그들은 창백한 얼굴, 쑥 들어간 눈, 가냘픈 수족을 가지고 거리에 서 있었습니다. 혹은 움직이는 그림자처럼 이리저리 기어 다니고 있었습니다… 지금은 그들이 입고 있는 옷밖에는 남아 있지 않으며, 음식은 들판에서 모을 수 있는 것이 전부입니다."[372]

땅을 잃은 농민들은 도시로 몰려와 날품팔이 도시 빈민이 되었고 이로 인해 발생한 주거 문제와 노동문제, 건강 문제 등은 차마 두 눈을 뜨고 볼 수 없을 만큼 끔찍한 상황이었다.[373] 이런 끔찍한 상태에서 웨슬리는 고통당하는 도시 빈민과 노동자, 광부, 농민 속으로 들어가 사회적 문제와 고통을 함께했던 목회자였다. 그들에게 복음을 전하기 위해서 공장을 방문하여 예배하였으며, 자비와 모금을 통해서 실업자들을 위한 교육 사업을 운영하기도 했다. 웨슬리는 더 나아가 "당시 성공회의 전통적인

---

370) 김진두,『웨슬리와 사랑의 혁명』, 103.
371) 박영범, "웨슬리의 부(富) 이해를 바탕으로 한 공감교회론 연구 ― "내 입에서 너를 토하여 내치리라"(계 3:16)," 「한국조직신학논총」 56 (2019), 159-160.
372) 존 웨슬리, "국가적 죄와 비극들,"『웨슬리설교전집』 4 (서울: 대한기독교서회, 2006), 335-336.
373) Manfred Marquardt,『John Wesley's Social Ethics - Praxis and Principles』 19.

예배에 참석할 수 없었던, 광산촌과 농촌 그리고 공장 지역의 가난한 이들을 대상"으로 옥외설교를 통한 복음 전도를 했다.

노동자의 사전적인 의미는 "노동력을 제공하고 얻은 임금으로 살아가는 사람"을 의미한다.[374] 이 노동자의 의미는 근대 자본주의 사회의 산물이다. 자본주의 사회 이전에는 임금으로 살아가는 노동자란 존재하지 않았다. 전근대 사회는 고대 노예든 중세 농노든 신분제도 아래서 자신을 소유하거나 지배하고 있는 특권 계급에 인생 자체가 종속되어 있었다. 토지와 신분에 묶인 노예나 농노에게 자유란 존재하지 않았다. 하지만 근대 사회의 노동인은 신분 제도의 구속을 받지 않는 자유인이다. 그러나 우리는 노동인이 얻은 자유는 진정 자유한가? 라는 질문 앞에 서게 된다. 노동인을 고용한 상공인과 노동인도 법 앞에서 평등하다. 그러나 실질적으로 그들이 평등하다 라고 이야기 하는 사람은 없을 것이다. 노동인은 자신의 노동력을 제공하고 그에 상응하는 대가를 상공인에게 지급 받는 노동 계약을 법적 형식 논리로 보게 되면, 노동인은 얼마든지 노동력 제공을 거부할 권리가 존재한다. 하지만 노동력을 제공하지 않는다면 임금을 얻을 수 없다. 생계의 위협을 받게 되는 노동인은 생존권의 위협을 받게 된다. 반면 자본가에게는 계약을 파기하더라도 생계와 생존의 위협에 시달리지 않는다. 가지고 있는 자본으로 얼마든지 그들의 삶을 영위할 수 있기 때문이다. 법 앞에 자유와 평등이 실제 구체적인 삶에 공허하게 다가올 수 밖에 없는 이유이다. 그래서 무엇보다도 중요한 것이 바로 노동인의 권리를 인식하는 것이다. 사람답게 살아가는 길에 노동의 문제를 건너 뛸 수는 없다. 그렇기에 노동운동이 중요한 것이었다. 인류 최초의 산업혁명이 영국에서 발생하였고, 그로 인한 노동자들의 인권 문제를 해결하기 위한 노동조합도 영국에서 최초로 발생하였다. 그런데 주목해 보아야 할 것은 이 인류 최초로 형성된 노동운동이 감리교도들에 의해 시작된 것이다.[375] 노동 조합은 산업혁명의 산물 중 하나다. 노동조합운동은 18세기부터 시작하였지만

---

374) 참고, 손석춘, 『새내기 노동인 ㄱㄴㄷ』 (서울: 철수와 영희, 2020), 165-170.
375) 김홍기, 『존 웨슬리의 경제윤리』, 108.

18세기 말엽에 메토디스트 사회선교가 효과적으로 영향력을 미치게 되면서부터 체계적이고 본격적으로 발전하였다.

노동조합운동은 본래 그 목적이 정치적이기보다는 경제적인 데에 있었다. 즉, 노동 임금과 노동 조건(환경, 노동시간, 복지 등), 그리고 노동법 개혁이 실질적인 목적이었다. 노동 조합은 크게 광부노동조합과 산업 노동조합, 그리고 농장 노동조합으로 구분되고, 직업과 노동 현장에 따라서 여러 종류의 노동조합이 활동하였다.[376] 초기 노동조합은 속회 구조와 똑같은 12명의 회원과 1명의 지도자로 이루어졌다. 속회처럼 각 회원은 매주 1페니씩 지도자에게 지불하였고, 그 돈은 그들의 정치적 자유와 보편적 자유를 얻는 목적에 사용되었다. 노동조합의 이름이 노동속회 Working-class였다.[377] 감리교 속회의 연장이 노동 현장에서 이루어진 것이다. 감리교회의 속회 지도자들과 지역 설교자들도 노동조합에 적극적으로 참여하였으며 감리교회는 노조 조직화 기술, 협동 행동의 중요성, 친교의 기쁨 등을 가르쳐 주었다. 오늘날 전 세계에서 보편화된 노동조합의 원조와 모태는 바로 존 웨슬리와 감리교회였다. 메토디스트 노동운동의 영향과 결과는 노동자 계층에 대한 인간의 존엄성과 가치, 평등과 자유사상을 일깨워 주었으며, 복음적 사랑의 실천을 깨우쳤으며, 도덕생활의 개혁과 교육 그리고 노동자의 권리와 노동환경 개선을 통한 실질적 효과를 많이 거두게 되었다.[378] 웨슬리의 사회적 성화의 실천은 웨슬리와 그를 뒤이은 감리교 역사에서 노동운동, 서성해방운동, 노예해방운동, 교도소개혁운동들의 여러 가지 형태로 전개되었다. 이로써 그는 인권에 대한 심오한 관심을 통해 인간의 자유와 평등, 사회정의의 향상에 기여하였으며, 가난한 사람들의 권리의 회복에 열정을 쏟았다.

---

376) 김진두, 『웨슬리와 사랑의 혁명』, 116-117.
377) 김홍기, 『존 웨슬리의 경제윤리』, 111.
378) 박인갑, "존 웨슬리의 디아코니아적 실천," 한국실천신학회 정기학술세미나 제60회, 231.

VI. 소결

웨슬리 신학의 궁극적인 목적은 "그리스도의 완전"이다. 그리스도의 완전은 개인적이고, 영적인 차원을 넘어서 그리스도인의 신앙의 실천적인 차원이자 사회윤리적인 삶을 의미한다. 즉 다시 말해 그리스도인의 완전이란 하나님에 대한 완전한 사랑과 이웃에 대한 완전한 사랑을 삶에서 나타내는 것을 의미한다. 그리스도인의 완전은 추상적인 덕의 축적이 아니고, 믿음으로 역사하는 사랑의 표현과 거룩한 삶의 생활화를 의미하는 것이다. 웨슬리는 단순한 믿음 그 자체만을 강조하지 않고 사랑으로 역사하는 믿음을 강조하였다. 그의 신학의 중심인 그리스도인의 완전을 사회에 대한 개인의 관계에 적용시킴에 있어서 웨슬리는 하나님 사랑과 이웃 사랑의 불가분성을 주장하였다. 웨슬리가 말하는 사랑이란 모든 사람들을 대상으로 하는 포괄적인 사랑을 의미하였다. 그리고 그가 말한 사랑의 개념은 개인적이라기보다 사회적이었다.

산업혁명이 시작된 18세기 부와 재물의 문제는 웨슬리에게 있어 신앙의 본질적인 문제였다. 물질을 인생의 중요한 가치고 여기고, 물질 추구를 인생의 최대 목표이자 행복으로 여기는 물질주의에 빠져든 세상 속에서 웨슬리가 전하는 복음적 경제학과 디아코니아 신학은 우리에게 많은 것을 깨닫게 한다. 더 나아가 웨슬리의 부의 윤리를 통해 우리는 부 자체가 우리의 영혼을 파괴시키기 보다는 부를 추구하는 욕구가 문제가 된다는 것을 알게 된다. 웨슬리는 부를 완전히 멀리하는 것을 바람직하게 보지는 않았고, 부를 다양한 관점 특히 디아코니아적 섬김과 나눔의 관점에서 바라볼 것을 강조하였다. 웨슬리를 통해 깨닫게 되는 디아코니아 삶이란 분명하다. 부의 소유의 문제를 넘어서 부의 사용에 관한 문제에 대해 우리는 집중해야 한다. 부와 재산의 사용에도 합법적이고 도덕적인 원칙이 있다. 여전히 우리 사회에 가난과 불평등으로 소외받는 우리의 이웃들이 있기에, 부와 재물은 이들의 필요를 채워주는 수단이 되어야 하지 우리 인생의 목적이 되어서는 안 될 것이다. 웨슬리에 따르면 부를 가진 사람은 하나님께 대한 청지기적 의무를 지닌 사람이다. 부를 가진 대가는 자명하다. 그들은 채울 수 없는 인간의 욕망을 위해 살아가기 보다는 가난한 이웃의 필요를 알고 그들을 위해 살아가야 한다.

맺는말

노동은 인간이 단지 먹고 살아가기 위해 땀 흘려야 하는 소극적인 의미를 넘어서 인간의 존엄함과 권리를 보장받는 적극적인 의미를 지니고 있다. 때론 노동이 고통이 되어 외면하고 피하고 싶지만, 노동은 그 자체로 자기 자신과 가족 그리고 우리가 살아가는 사회 공동체를 유지하고 발전시키는 인간의 활동이다.[379] 코로나-19 팬데믹을 경험하면서 우리는 돌봄과 청소, 배달, 보건, 위생 등 그 동안 경시되었던 직업들의 소중함을 느끼게 되었다. 이런 일들이 사회 공동체를 이루는 중요한 역할을 함에도 불구하고, 시장주도적 사회에서는 그 존엄성을 인정받지 못하고 있다. 안타까운 사실은 능력주의 시대에는 노동자들의 존엄과 더 나아가 그들이 하는 일의 가치조차도 깎아 내리고 있다. 이 시대는 시험 점수가 높은 사람들 그래서 세상에서 인정하는 대학에 입학한 소위 성공한 사람들을 칭송하면서, 능력주의적[380] 학력이 없는 사람들은 더 없는 나락으로 떨어뜨려버렸다.[381] 2020년 사회를 뒤흔든 이슈가 있었다. 대한의사협회가 국민에게 물었다. "전교 1등" 의사를 선택할지, "성적은 모자라지만 추천제로 입학한 공공 의대 출신" 의사를 고를 것인지. 학력 제일주의와 능력주의에 물든 부끄러운 외침이다.[382] 능력주의 사회에서 재능 있는 엘리트는 열심히 노력해서 사회에 기여할 만한 성과를 낸 우월한 사람으로 여겨지지만, 노동자들은 재능도 없고 노력도 하지 않은 열등한 사람으로 취급된다. 능력 있는 엘리트들은 능력주의를 통해 자신의 성취를 윤리적으로 정당화하며 자신의 성공을 지나치게 믿는다.

이와 반면에 노동자들은 날마다 착취와 억압의 구조에 노출되었으며, 상대적 박탈감과 함께 사회문화적 소외를 겪는다. 그들은 능력 있는 사람들에 의해 쉽게 지배되

---

379) 한승진, "구약성서를 토한 노동의 사회윤리적 의미," 「정신문화연구」 32 (2019), 166. 165-192.
380) 능력주의 논쟁을 무색하게 하는 사건들도 넘쳐난다. 화장실 유독가스로 사망한 2명의 조선소 노동 자, 옥상에서, 전신주에서 페인트칠하다가 추락한 노동자들, 컨테이너 날개에 깔려 숨진 항만 노동자, 날마다 통계에 잡히다시피 일어나는 총알 배송 택배·배달 노동자들의 사망·사고들이다. 김진희, "위험노동 거부할 수 없는 사회에서 능력주의란?," 프레시안, 2021.07.19., https://www.pressian.com/pages/articles/2021071911481998036 (2023년 1월 10일 접속)
381) 참고 Michael J. Sandel,『공정하다는 착각 - 능력주의는 모두에게 같은 기회를 제공하는가』, 308-331.
382) 이재호, "전교1등 의사를 골라야? 혹 떼려다 붙인 '의협 연구소' 홍보물," 한겨레 2020.09.02., https://www.hani.co.kr/arti/society/society_general/960413.html (2023년 1월 11일 접속)

거나 차별당하고 억압당하는 경우가 많으며, 이로 인해 능력 있는 사람과 없는 사람들은 평등한 존재로서 관계를 맺지 못한다.[383] 더욱 큰 문제는 "일의 존엄성"을 무너뜨려 노동자들에게 더 은밀한 상처를 주고 있다는 것이다. 일은 "경제적 성격"을 띠면서 동시에 "문화적인 성격"을 띠며, 생계를 꾸려 나가는 방법이자 "사회적 인정과 존중의 근원"이기도 하다. "일" 다시 말해 "노동" 이 더 이상 사회적 존중의 원천이 되지 못하고 있다.[384] 노동이 존엄할 수 있는 이유는 노동의 본질이 각자의 삶을 유지하는 것을 넘어서서 그 안에 타인을 위한 사랑과 섬김이 담겨져 있기 때문이다. 그런데 노동과 관련하여 우리는 사랑과 섬김이 아니라 돈을 무엇보다도 먼저 생각한다. 노동이 우리의 삶을 유지하게 하며, 풍부하게 한다는 점에서 노동 그 자체를 의미 있게 보는 것이 아니라 단순한 소유와 임금과 관련하여 경제적 소득으로만 직업과 노동의 가치를 평가한다. 이러한 이데올로기를 받아들이는 그 만큼 노동의 의미는 공허해져만 간다. 자본주의의 야만성은 노동자들에게서 노동의 존엄성을 빼앗는데 있다. 우리 눈에는 대가를 받을 수 있는 것만이 가치가 있다. 좋은 노동(?) 많은 대가를 받는 노동이고, 나쁜 노동(?)은 적은 대가를 받는 노동이 되어버렸다.[385]

인간은 사랑하고 노동하는 존재로 창조되었다. 성서는 하나님이 인간을 창조하시고 에덴동산에서 동산을 가꾸고, 돌보게 하셨다.창2:15 그렇기에 일과 노동은 본래 하나님께서 인간에게 주신 축복이었다. 예수 그리스도 역시 "내 아버지께서 이제까지 일하시니 나도 일한다."요 5:17고 말씀하시며 일의 근거가 바로 하나님이심을 말씀하셨다.[386] 창세기 1장 28절 말씀을 통해 하나님은 그분의 형상으로 인간을 창조 하신 후 축복하시고 인간의 삶을 영위하는 세 가지 방식을 제정하신 후 이를 사람에게 위탁하셨다. "생육하고 번성하여 땅에 충만하라", "땅을 정복하라", "바다의 물고기와 하늘의 새와 땅에 움직이는 모든 생물을 다스리라"는 위탁이다. 특히 주목할 것은 두 번째 위탁인 "땅을 정복하라"이다. 이 말씀의 의미는 생육과 번성을 위해 노동을 하

---

383) 김주현, "능력주의에 대한 반론-허구, 지배 그리고 평등," 「법철학연구」 25 (2022), 43.
384) 서정혁,『공정하다는 착각의 이유, 원래는 능력의 폭정』(서울: 커뮤니케이션북스, 2022), 380-381.
385) Dorothee Sölle,『사랑과 노동 (창조의 신학)』박경미 옮김 (서울: 분도출판사, 1999), 109.
386) 워거찬,『성서와 현대사회윤리』(시흥: 지민, 2014), 384.

며 공동체와 문화를 형성하라는 말씀이다. 노동은 우리 인간이 우리의 삶과 생명을 영위하는 가장 기본적인 방식이며, 하나님의 축복의 질서에 포함된 것이다.[387] 따라서 노동이란 하나님이 인간의 수고를 통해 인류를 보살피시고 먹이고 입히고 잠자리를 마련하여 필요를 채우시는 도구이다.[388] 하나님은 이 땅위에 자신의 형상을 닮은 인간을 창조하시고 그들을 이 땅위에 그분의 대리자로서 세우셨다. 그 분의 대리자로서 인간은 자기 자신을 넘어 자신과 관계하는 모든 것, 이웃과 자연 그리고 세상을 위해 책임적으로 노동할 것을 명령받았다. 노동이 능력의 기준이 되고, 인간의 욕심을 채우는 수단으로 전락해서는 안 된다. 분명한 것은 하나님께서 인간에게 위임하신 노동은 거룩하고 아름다운 것이 되어야 한다. 그 안에는 어떤 차별도 존재해서는 안 된다. 노동이 아름다울 수 있는 것은 하나님이 인간을 위해 일하셨듯이 우리 인간도 섬김과 봉사를 통해 타인을 위해 일해야 한다는 것이다.

Ⅰ. 루터가 주장한 종교개혁의 핵심 사상인 칭의론은 그리스도인의 사회책임에 대하여 새로운 신학적 방향성을 제시해 주었다. 루터는 인간과 직업을 고정시켰던 중세신분제도를 깨뜨리고 직업을 이웃봉사의 기능으로 파악하는 길을 열었다. 특히 그는 노동과 구원 그리고 이웃 사랑이 구분 될 수 없음을 이야기 한다. 그의 인간 노동에 대한 생각은 전적으로 하나님을 향한 온전한 믿음에서 시작된다. 그는 당시 부름받은 자에게만 사용되었던 직업이라는 용어를 세속 영역까지 확장 적용함으로서 수도사 제도를 비판한다. 루터는 소명 위에 직업의 가치를 둠으로 세상 속에서 행해지는 모든 일은 평등하며 동등한 가치를 지니고 있음을 강조한다. 따라서 루터에게 있어서 어떠한 직업이라도 특권을 가질 수는 없다. 모든 직업이 차별 없는 하나님의 부르심을 입은 소명이기에 모든 직업은 자기성화에만 그치는 것이 아니라 이웃을 섬기는 일로 연결된다. 노동은 자신의 능력이나 업적 또는 사회적 지위를 얻어내기 위한 수단이 아니라 하나님께서 인간에게 위탁하신 이웃을 향한 섬김과 봉사로 이해된다.

---

387) 강원돈, "기독교 경제윤리의 관점에서 본 시장경제의 근본문제들,"「기독교 사회윤리」 44(2019), 15.
388) 유경동 외, 『기독교윤리학사전 - 종교개혁500주년 기념』 (용인: 킹덤북스, 2021), 267.

즉 노동은 이웃을 섬기기 위한 또 다른 의미를 지니고 있다. 노동은 이웃의 필요를 채우는 목적을 지니고 있다. 노동에 대한 생산과 수입 그리고 이윤이 중요한 것이 아니라 나의 이웃의 생계를 보살피는 목적을 가지고 있다. 노동은 우리 이웃과 연대함으로 공공의 선을 증진시키기 위한 봉사이다. 이웃을 향한 섬김과 나눔은 인간의 노동을 통해서 가능해 진다. 또한 루터는 근대 사회복지 제도의 기초를 놓았다. 마르틴 루터의 디아코니아 원칙과 영향은 16세기 중앙화된 빈자구호를 독일뿐 아니라 유럽에 확산시키는 역할을 했다. 즉 종교개혁은 디아코니아 복지 사업의 세상적 구조와 사회정책의 새로운 발전으로 가는 길을 열어 놓았다. 구체적으로 스칸디나비아 국가들, 즉 덴마크, 노르웨이, 스웨덴 그리고 핀란드는 루터의 사고를 종교개혁과 함께 받아들였다. 이들 각 나라는 서로간의 역사의 다양성으로 통일된 디아코니아적 모델은 말할 수 없지만 서로가 영향을 주고 받으면서 사회복지 국가를 형성해 나아왔다.

II. 불평등은 인간의 권리를 침해한다. 개인의 빈곤은 개인의 책임이라기보다는 사회구조적인 책임과 환경에서 비롯된다. 이 빈곤은 개인이 다양한 삶의 선택지들에 접근할 수단을 빼앗아가며 잠재력을 개발할 기회 또한 제한한다. 불평등은 인간의 기본적인 권리들과 자유를 직접적으로 침해한다. 특히나 소득차이가 큰 곳에서 사회적 거리는 더 멀고, 사회 계층은 더 중요해 진다. 불평등의 근본적인 원인은 부의 소유가 다수에게 나뉘어 있기 보다는 소수가 더 많은 부를 차지 한다는 것에 있다. 종교개혁자 칼빈에 따르면, 부자와 가난한 자가 공존하는 것은 바로 사람들의 교통 또는 교류를 위해서이다. 칼뱅은 빈부격차가 있는 것은 마치 물이 높은 데서 낮은 곳으로 흐르듯이 부가 많은 곳에서 적은 곳으로 흘러들어가는 것처럼 이해했다. 칼빈의 뜻은 분명하다. 많이 가진 사람들이 갖지 못한 사람들에게 나눠주라는 것이다. 하나님의 계획 가운데서, 사람들 사이의 불공평한 부의 분배는 다른 사람들을 해롭게 하려고 한쪽 사람들을 임의대로 유리하게 하는 것이 아니다. 반대로 이 불공평함은 가장 부유한 자들이 가장 가난한 자들에게 다가가는 방법으로 끊임없이 재화의 재분배를 이루어가기 위한 기능으로서 존재한다. 하나님의 뜻에 따르는 사회적 삶은 인간들의 상호의존적인 성격 즉 그들의 필연적인 연대성을 구체적으로 표현하는 것으로서 재화들을 끊임없이 순환시키는 일이다. 재화가 끊임없이 순환할 수 있는 이유 그것은 바로 노동을 통하여 얻어지는 이익이 우리 인간의 노력의 결과라기보다는 하나님께서 부여해 주시는 은혜로 이해했기 때문이다. 칼빈에게 있어서 직업적 소명은 하나님과 관련성 속에서 이해해야만 하며 하나님의 영광과 기쁨의 근원적 배경이 되는 것이다. 칼빈의 직업소명론이 우리에게 주는 메시지는 분명하다. 모든 직업은 하나님의 부르심 위에 서 있다는 점에서 차별이 있을 수 없다. 하나님의 소명 안에서 이해하는 직업은 나의 선택이 아니라 하나님의 부르심이기에 내가 주인이 아니라 하나님의 청지기로 설수 있는 계기를 마련해 준다. 그렇기에 하나님의 절대적인 주권아래에서 직업을 이해 할 수 있으며, 직업이 나의 삶을 만족시키기 위한 수단이 아니라 하나님의 영광과 이웃 사랑을 위한 목적 의식을 가질 수 있다. 하나님은 일하신다. 하나님은 인간의 일을 통해 일하신다. 즉 하나님은 인간의 일, 즉 노동을 통해 이 세상을 다스리시고 보존하신다. 더욱이 하나님은 인간을 통해 일하신다. 즉 인간의 일, 일하는 인간은 하나님의 일을 하는 것이라 이해할 수 있다. 그렇다면 우리는 일하는 인간의 소중함과 존귀함을 말하지 않을 수 없다. 하나님의 일하심과 인간의 일 사이에는 노동이 있으면 이 둘을 구별할 수 있으나 분리할 수는 없다. 따라서 기술이 노동을 대체하는 4차 산업혁명 시대가 직면한 사회 문제, 즉 노동 종말 혹은 노동 없는 사회에 대해 이해하기 위해 우리는 다시 칼빈이 개신교 신자들에게 물려준 유산을 기억할 필요가 있다. 그는 노동이 하나님의 영광을 위한 것이며 세상을 구원하기 위한 행위라고 말했다. 그러므로 인간 노동이 의미를 지니는 것은 노동이 인간 생존을 위한 활동이이라는 것 이외에 하나님께 영광을 돌리는 행위라는 사실과 생명을 살리는 일, 즉 구원을 위한 행위라는 사실에 있다. 칼빈의 사상은 오늘날에도 가치가 있고 의미하는 바가 크다. 부자나 가난한 자들이 서로 존중하고 사랑하며 살아가는 세상은 비현실적인 것이 아니다. 특히 가난한 자들이 어떤 경우에서든 보호받고 존중되며, 최소한 가난 때문에 궁핍하거나 좌절하지 않게 할 수 있다. 또한 현재 미움과 지탄의 대상이 되는 부자들 중에서 대중의 존경과 사랑을 받는 사람들이 생겨나고 점점 더 많아질 수 있다. 공정한 사회를 위해 우리에게 요구되는 것은 근본적으로 인식을 바꾸는 것이다. 사회적 변화는 정책을 통해 이루어지지만, 정책의 변화는 시민의 인식전환을 통해 이루어진다.

Ⅲ. 최초의 개혁과 종교개혁 도시라고 불리워지는 취리히는 교회 개혁만을 이루어 낸 것이 아니라 사회 전체를 개혁하는 일에도 성공하였다. 물론 이러한 도시 전체의 개혁을 이루기 위한 노력은 취리히뿐만 아니라 종교개혁의 중심에 있었던 모든 유럽 도시에서 시도된 개혁이었다. 그럼에도 불구하고 가장 이른 시기에 그와 같은 개혁을 시도하였기에 스위스 취리히에서 펼쳐진 개혁운동은 사회 전반 개혁에 선도적인 역할을 했다고 볼 수 있다. 이러한 취리히 개혁의 선두주자는 취리히의 종교개혁가로 알려진 홀드리히 츠빙글리이다. 이 책에서 나는 취리히의 종교개혁자 츠빙글리의 디아코니아 신학에 대하여 고찰해 보았다. 츠빙글리는 16세기 격변기 당시 취리히 사회의 구조적 모순과 중세 로마가톨릭교회의 문제점들을 직면하면서 신앙의 실천을 통해 취리히 사회 전반에 걸친 종교개혁을 펼쳤다. 즉 츠빙글리는 교회개혁뿐만 아니라 시의회를 통해 복지정책을 비롯한 사회개혁을 병행했다. 그의 사회개혁은 용병문제, 세금문제, 교육문제, 이자 등 경제문제를 중심으로 이루어졌다. 그는 경제윤리를 제시함에 있어서 하나님의 절대적인 의를 향한 인간의 의를 끊임없이 상대화시켰다. 말씀을 통하여 계시된 온전하고 완전한 하나님의 정의는 거듭난 인간의 향하여 "네 이웃을 네 몸과 같이 사랑하라"는 말씀처럼 행위의 동기에 초점을 맞추었다. 츠빙글리는 하나님의 정의와 인간의 정의의 관계 속에서 인간은 개인의 자유를 가지지만 청

지기로서의 책임감을 가지고 경제적 활동을 해야 한다는 사회윤리적인 관점을 보여주고 있다. 그의 노동에 대한 이해는 다른 종교개혁자들의 생각과 같은 길을 가고 있다. 노동은 인간을 게으르거나 타락하게 하지 않으며, 신성한 노동의 대가로 우리가 얻는 양식은 양심에 거스릴 것이 없는 귀한 것이라는 점을 강조하고 있다. 츠빙글리에게 노동은 신성한 것이며 더나아가 그 노동은 정당한 노동이어야 한다. 츠빙글리는 스위스 연방이 용병들의 피 값으로 먹고 살던 당시의 스위스 연방의 산업 구조와 스위스인들의 의식의 죄성을 신랄하게 비판하였다. 스위스 연방의 젊은이들을 용병으로 전쟁터에 보냄으로 그의 피흘림으로 얻은 노동의 결과는 정당할 수 없음을 주장하였다. 더 나아가 츠빙글리는 노동자가 땀 흘려 수확한 곡식을 마치 하나님이 그의 손으로 만물을 창조한 것과 같이 가장 아름다운 일이라고 격찬하였다.

함께 살아가야 하는 세상 속에 인간의 이기심은 타인을 목적이 아니라 자신의 이익을 위한 수단으로 만들어 버렸다. 하나님의 형상을 지닌 우리의 가난한 이웃의 모습은 돌봄과 보살핌의 대상이지 착취의 대상이 아니다. 가난은 개인적이며 사적인 차원을 넘어서 공적인 차원이며 사회적 책임이다. 무한한 소유를 꿈꾸는 인간의 이기적인 집착은 우리 모두가 누려야 할 공의와 정의를 무너뜨리게 하는 원인이 된다. 종교개혁자 츠빙글리의 디아코니아 신학의 근본 목적은 하나님의 정의에 기초하여 함께 살아가는 모든 우리의 이웃의 생명을 위하여 섬기는 것이었다. 츠빙글리는 스위스의 용병제도를 시작으로 여러 사회 경제적 상황을 비판함으로 소수가 다수를 지배하며 착취의 구조로 내몰아 가던 경제적 불의를 극복하려 하였고, 구조적인 악에 저항하면서 공동체 의식을 강조하고, 다른 나라와의 외교적 관계에서 중립성을 지킴으로서 스위스 고유한 국가적 가치를 만들어 내었다. 츠빙글리의 스위스 용병제도뿐만 아니라 여러 사회 문제를 개선한 것은 종교개혁이 교회 안의 개혁으로만 남아 있지 않고, 사회 경제적 불의를 치유하고, 공공의 선을 추구하는 개혁이었다.

Ⅳ. 웨슬리의 개혁신앙의 이상은 삶의 전 영역에서 그리스도의 완전 즉 거룩한 삶을 구현하고, 이것을 전 세계에 확산시키고자 하는 것이었다. 이 거룩한 삶을 표방하는 그리스도의 완전은 개인적이고 영적인 차원을 넘어서서 사회적인 차원이었으며, 특히 경제적인 영역에서 아주 중요했다. 존 웨슬리의 시대는 이전의 종교개혁시대와는 달리 본격적인 산업혁명이 시작되고 이와 더불어 산업 자본주의가 발전하던 시기였다. 이 시기에 부의 문제는 존 웨슬리와 메소디스트 운동에 있어 신앙의 주변적인 것이 아니라 본질적인 요소였다. 웨슬리는 성화의 삶 중에서 특히 경제적 성화를 중요하게 가르쳤다.

웨슬리 역시 전통적인 교회의 가르침대로 경제윤리의 근거를 청지기 의식에서 찾는다. 모든 재화는 하나님께서 맡기신 것이므로 사람은 그것을 소유하려하지 말고, 선하게 관리해야 한다. 웨슬리는 그의 설교 "돈의 사용"을 통해서 청지기로서 인간이 가져야 할 경제윤리를 근면, 검소, 그리고 제약 없는 섬김과 나눔이라고 이야기 하였다. 디아코니아 경제윤리를 위해 우리는 최선을 다해 벌어야 하며 최선을 다해 저축해야 한다. 특히 그는 디아코니아 경제 윤리를 위해 건전한 직업을 필요성을 역설하며 더 나아가 정당한 노동의 중요성도 강조하였다. 그의 논리 "최대한 많이 벌어라"라는 돈의 사용 첫 번째 원칙은 우리에게 약간의 오해를 불러일으키기도 한다. 많이 버는 것만을 목적으로 생각하게 만들 수 있기 때문이다. 그러나 웨슬리는 건강한 노동에 최선을 다하라는 이야기 였을 뿐 남에게 피해를 주는 노동은 절대적으로 반대하는 입장이었다. 부의 소유에 대한 관점에서도 대해서도 웨슬리는 가장 많이 소유한 사람은 가장 많은 것을 나누어야 할 책임이 있으며 자신과 가족의 필수적인 의식주와 편리한 생활을 위해 돈을 사용하되 그 이상 욕심을 부리지 말고 가난한 이웃에게 나누어 주는 청지기가 되라고 가르쳤다. 또 웨슬리는 "돈을 사랑함이 일만 악의 뿌리 딤전 6:10"라는 말씀을 많이 인용하면서 돈 사랑의 위험성을 경고했다. 웨슬리는 더 많이 소유한다고 해서 행복하거나 만족하지 않는다고 가르쳤다. 더 많은 것을 소유하고 더 풍요로운 삶을 살아가기 위해 우리 모두는 끊임없이 극한의 경쟁이 일상이 되어버린 사회에서 살아가고 있다. 대학입학시험부터 취업 그리고 그 이후 부의 축적과 그에 따른 엘리트 계급과 노동계급으로서의 계층상승에 이르기까지, 이 구조 안에서 어느 누구도 자유로울 수는 없다. 이 경쟁의 심화는 우리가 함께 살아간다는 연대감을 사라지게 만들고 나의 이웃은 싸워야할 대상으로 만들어 버리고 말았다. 시험 성적에 따른 등수가 한 사람의 능력이 되어버렸고, '경쟁력이 없다'는 이유로 소외되고 배제된 사람들이 넘쳐나고, 비정규직들의 고통이 울분의 형태로 끊임없이 분출되고, 노동 자체의 존엄함을 뭉개 버리는 차별적 인식들이 우리 사회를 병들어 가게하고 있다. 경쟁의 공정성을 훼손할 정도로 벌어진 사회적·경제적 격차에 대한 불만, 끝없는 경쟁으로 인한 피로와 사회 갈등, 그리고 발버둥 쳐도 어쩔 수 없는 미래에 대한 절망과 불안이 지배하는 사회가 우리가 살아가는 사회이다. 이러한 사회에게 웨슬리의 디아코니아 경제윤리는 많은 의미를 부여하고 있다.

종교개혁은 단순 종교 문제의 반성과 개혁 관점만이 아니다. 16세기 전개된 유럽의 종교개혁은 성경의 가르침을 따라 바른 신학과 바른 신앙 및 바른 사회를 이루기 위한 운동이었다. 중세 유럽은 종교와 사회 및 국가와 정치 등 모든 분야가 기능적으로 엮여져 있었다. 따라서 종교개혁은 단순히 가톨릭과 프로테스탄트 사이의 갈등의 문제가 아닌, 사회 전반의 변화를 의미했다. 그 변화의 물결 안에 디아코니아도 포함되어 있었다. 종교개혁은 섬김과 봉사의 활동 영역 안에서도 상당히 많은 부분 영향을 미친 사회개혁운동이었다. 종교개혁자들의 신학 사상 속에 나타난 "디아코니아"는 교회의 본질로서 단순한 선행이나 자선행위를 넘어 새로운 신학과 사회개혁운동으로 나타났다. 오늘날 한국 그리스도인들 가운데 여전히 디아코니아를 칭의와 무관하게 생각하고 아무런 관련이 없다고 생각하는 경우가 많다. 디아코니아는 교회가 생존하기 위한 수단이 아니라 교회의 본질이요 목적이다. 종교개혁자들은 칭의 사상을 섬김과 봉사와 무관하게 이해한 것이 아니라, 신앙자체가 선한 일이요, 그래서 믿음으로 의롭다 여김을 받은 모든 그리스도인은 이제 이웃을 위한 선한 일을 하는 책임적 존재가 되어야 한다고 이야기 하였다. 디아코니아란 이제 의롭다 여김을 받은 그리스도인들에게 신앙의 본질로 이해되어야 한다. 기도, 금식, 율법준수 등이 우리를 의롭다 여기는 것이 아니라 하나님을 향한 온전한 믿음이 우리를 의롭게 만들고 그 의로움이 우리에게 거룩한 삶의 방향성을 가르쳐준다.

참고문헌

Ⅰ. Diakonia 공동체를 꿈꾸며

강원돈,『인간과 노동』. 경기도: 민들레 책방, 2002.

강남순.『질문 빈곤 사회』. 경기도 파주: 행성비, 2021.

김균진,『조직신학 Ⅱ』. 서울: 연세대학교 출판부, 1987.

김광연, "포스트코로나와 공동체 윤리-타자의 윤리와 배려의 윤리를 중심으로,"「기독교사회윤리」49(2021), 9~38.

김판임. "예수의 비유를 통해서 본 하나님의 정의."「신학사상」162 (2013), 45-80.

김옥순, "파울 필리피의 그리스도 중심 디아코니아 신학에 관한 연구,"「신학과 실천」 26(2011), 277-319.

박권일,『한국의 능력주의』. 서울: 이데아, 2014.

박원빈,『레비나스와 기독교』. 서울: 북코리아, 2010.

서정혁.『공정하다는 착각의 이유, 원래는 능력의 폭정』. 서울: 커뮤니케이션북스, 2022.

송용원,『하나님의 공동선』. 서울: 성서유니온, 2020.

성신형,『틸리히와 레비나스의 윤리적 대화』. 서울: 한들출판사, 2018.

이도영『코로나 19 이후 시대와 한국 교회의 과제』. 서울: 새물결플러스, 2020.

오현선, "하나님의 연민과 인간의 연대 : 지역공동체와 기독교여성교육,"「기독교교육논총」47(2016), 189-218.

오준호.『기본소득이 세상을 바꾼다』. 경기도 고양시: 개마고원, 2017.

장은주.『공정의 배신 - 능력주의에 갇힌 한국의 공정』. 서울: 피어나, 2021.

조영호, "포스트 휴먼의 기독교 윤리적 함의,"「기독교 사회윤리」33(2015), 317-348.

Arendt, Hannah.『전체주의의 기원 2』이진우 옮김. 경기도: 한길사, 2006.

Aristoteles.『니코마코스 윤리학』. 이창우 김재홍 강상진 옮김. 서울: 이제이 북스, 2008.

Liessmann, Konrad Paul / Holzleithner, Elisabeth.『정의 *Gerechtigkeit*』서정일 옮김. 서울: 이론과 실천, 2014.

H. Richard Niebuhr, The responsible self, 정진홍 옮김『책임적 자아』. 서울: 한국장로교출판사, 2012.

Emmanuel Levinas, *Entre nous: Essais sur le penser a l'autre*, 김성호 옮김,『우리 사이 – 타자에 관한 에세이』, 서울: 그린비, 2019.

Young, Michael.『능력주의』. 유강은 옮김. 서울: 이매진, 2004.

Sandel, Michael J.『공정하다는 착각 : 능력주의는 모두에게 같은 기회를 제공하는가』. 함규진 옮김. 서울 : 와이즈베리, 2020.

Walter Brueggermann, *God, Neighbor, Empire: The Excess of Divine Fidelity and the Command of Common Good*, 윤상필 옮김,『하나님, 이웃 제국 – 하나님의 신실하심과 공동선 창조』. 서울: 성서 유니온, 2020.

Dietrich Bonhoeffer, *Sanctorum Communio. Eine dogmatische Untersuchung zur Soziologie der Kirche*, hg. v. J. von Soosten, DBW1, Muechen: Chr. Kaiser Verlag, 1986.

Jürgen Moltmann, *Diakonie im Horizont des Reiches Gottes*, studienbuch Diakonik. band 1. Neukirchen-Vluyn: Neukirchener Verlag, 2006.

Martin LutherD. *Luthers Werke: Kritische Gesamtausgabe Bd. 7*, Weimar : Böhlau, 1897.

Martin Robra, *koinonia – Diakonia. Schlüsselbegriffe ökumenischer Diakonie*, studienbuch Diakonik. band 1. Neukirchen-Vluyn: Neukirchener Verlag, 2006.

II. 루터의 종교개혁과 디아코니아

강원돈.『사회적 개신교와 디아코니아』. 오산: 한신대학교출판부, 2016.

강원돈.『인간과 노동 = 노동윤리의 신학적 근거』. 성남: 민들레책방, 2005.

강원돈, "기독교 사회윤리 관점에서 본 요한 힌리히 비헤른의 복지사상."『기독교사회윤리』14(2007), 7-41.

강원돈. "또다시 등장한 성장주의 담론을 경계하며" *Kang Won-Don's Essay*,(2018.5.14.), http://socialethics.org/wwwb/CrazyWWWBoard.cgi?db=essay

김한옥.『기독교 사회봉사의 역사와 신학』. 부천: 실천신학연구소, 2004.

김옥순.『디아코니아 신학 - 섬김과 봉사 교회의 디아코니아 활동을 위한 신학적 성찰』. 서울: 한들출판사, 2011.

김옥순, "종교개혁 핵심 진술에 나타난 자유의미와 디아코니아 실천에 관한 연구."『신학과 실천』53(2017), 185-215.

김옥순, "디아코니아 관점에서 본 보편적 복지의 타당성에 관한 연구."『신학과 실천』34 (2013), 411-442.

김주한.『마르틴 루터의 삶과 신학 이야기』. 서울 : 대한 기독교 서회, 2002.

박영호.『기독교 사회복지』. 서울: 기독교문서선교회, 2009.

손규태.『마르틴 루터의 신학사상과 윤리』. 서울: 대한기독교서회, 2005.

손규태.『개신교 윤리 사상사』. 서울: 대한 기독교서회, 1998.

우병훈, "루터의 소명론 및 직업윤리와 그 현대적 의의."『한국개혁신학』57(2018), 72-132.

이양호.『루터의 생애와 사상』. 서울: 대한 기독교서회, 2002.

이성덕. "마르틴 루터의 신학과 사회복지."『대학과 선교』10(2006), 323-345.

Martin Luther / 지원용 편역. 『루터선집 제5권』. 서울:컨콜디아사, 1984.

Martin Luther / 지원용 편역. 『루터선집, 제9권』. 서울: 컨콜디아사, 1983.

최무열. 『사회복지의 뿌리를 찾아서 - 기독교사회복지의 역사』. 서울: 나눔의 집, 2008.

최주훈. 『루터의 재발견 : 질문, 저항, 소통, 새로운 공동체』. 서울: 복있는 사람, 2017.

한기채. 『성서 이야기 윤리』. 서울 : 대한 기독교서회, 2003.

황의서, "루터 칼빈, 웨슬리의 경제윤리." 『신앙과 학문』16(2011), 285-312.

홍주민. 『디아코니아학 개론 - 다이코니아 신학적 실천을 위한 이론서』. 오산: 한국디아코니아연구소, 2009.

홍주민, "종교개혁과 디아코니아." 『신학연구』46(2004), 265-296.

홍주민, "섬김의 르네상스." 『기독교사상』4월호(통권 제592호), (2008), 228-238.

홍주민, "16세기 유럽 사회복지 형성과정에 나타난 개신교의 역할과 기여에 관한 연구 - 마틴루터와 요한네스 칼빈을 중심으로." 『한·독사회과학논총』제17권 제2호(2007), 221-253.

Dillenderger, John/ 이형기옮김. 『루터 저작선』. 고양 : 크리스챤다이제스트, 2013.

Martin Luther, *D. Luthers Werke: kritische Gesamtausgabe Bd. 6* (Weimar: Böhlau, 1888)

Martin Luther, *D. Luthers Werke: Kritische Gesamtausgabe Bd. 7* (Weimar: Böhlau, 1897)

Guenter Ruddat / Gerhard K. Schaefer. *Diakonisches Kompendium*. Goettingen: Vandenhoeck & Ruprecht GmbH & Co.KG 2005.

Gerhard K. Schaefer/ Volker Herrmann. "*Geschichte Entwicklungen der Diakonie von der Alten Kirche bis zur Gegenwart im Ueberblick*", Volker Herrmann/Martin Horstmann, 『*Studienbuch Diakonik - biblische, historische und theologische Zugaenge zur Diakonie band 1*』 Neukirchener-Vluyn: Neukirchener, 2008.

Reinhard Turre. *Diakonik - Grundlegung und Gestaltung der Diakonie*, Neukirchener Verlag des Erziehungsvereins Gmbh, Neukirchen-Vluyn 1991.

Theodor Strohm. *Diakonie und Sozialethik - beitraege zur sozialen Verantwortung der Kirche*, Heidelberg : Heidelberger Verlagsanstalt 1993.

III. 칼빈의 경제윤리와 디아코니아

강원돈, 『인간과 노동 = 노동윤리의 신학적 근거』, 성남: 민들레책방, 2005.

김기련, 『종교개혁사』, 서울: 한들출판사, 2011.

김준현 "칼뱅의 경제사상," 『신학과 사회』 15권 (2001), 257-278.
김흥섭, "존 칼빈의 경제, 경영 사상과 현대적 적용에 대한 연구 - 유통, 물류에의 적용 관점," 『한국항만경제학회지』 31권 (2015), 147-169.
남희수 "칼빈의 사회복지적 관점에서 조명한 목회사역 연구," 『교회와 사회복지』 22권 (2013), 123-154.
박영호, 『기독교 사회복지』, 서울: 기독교문서선교회, 2009.
이동호, "루터의 종교개혁과 디아코니아," 『기독교사회윤리』 제41집 (2018) 41-68.
이오갑, "칼뱅에 따른 돈과 재화," 『한국조직신학논총』 제40집 (2014), 7-45.
이양호, 『칼빈의 생애와 사상』, 서울: 한국신학연구소 1997.
한상화, "칼빈의 경제윤리," 한국칼빈학회 엮음, 『칼빈 신학 해설』, 서울: 대한기독교서회 1998.
황의서, 『경제 윤리』, 서울: 무역경영사, 2014.
황의서, "루터, 칼빈, 웨슬리의 경제윤리," 「신앙과 학문」 제16권 제2호, (2011), 285-312.
황봉환, 『기독교 경제윤리』, 서울: 예영커뮤니케이션, 2003.
정미현, "칼빈의 경제윤리와 젠더," 『기독교사회윤리』 제19집 (2010), 181-203.
최용준, "칼빈주의가 제네바의 변혁에 미친 영향에 관한 고찰," 「신앙과 학문」 23권 (2018), 323-351.
Bieler, Andre, 홍치모 『칼빈의 경제윤리』, 서울: 성광문화사 1985.
Bieler, Andre, 박성원 『칼빈의 사회적 휴머니즘』, 서울: 대한 기독교 사회 2003.
Fred Graham, 김영배 『건설적인 혁명가 칼빈 - 사회와 경제에 끼친 영향』, 서울: 생명의 말씀사 1995.
John Calvin, 원광연옮김, 『기독교 강요(상)』, 고양: 크리스챤 다이제스트, 2003.
John Calvin, 원광연옮김, 『기독교 강요(중)』, 고양: 크리스챤 다이제스트, 2003.
John Calvin, 한국칼빈주의연구원, 『칼빈의 예정론』, 서울: 기독교문화사 1993.
John Calvin, 『존 칼빈 성경주석 2: 공관복음 II』, 서울: 신교출판사, 1978.
John Calvin, 『존 칼빈 성경주석 9: 로마서 빌립보서』, 서울: 성서교재간행회, 1979.
John Calvin, 『신약성경주석 9: 고린도후서 에베소서 디모데전서 디모데후서』, 서울: 신교출판사 1978.
John Calvin, 김광삼옮김, 『칼빈의 십계명 강해』, 고양: 비전북 2011.
John Calvin, 『구약성경주석 5 출애굽기 레위기 민수기 신명기 III』, 서울: 신교출판사, 1978.
Haroutunian, Joseph, 한국칼빈주의연구원, 『칼빈의 조직신학 해석』, 서울: 기독교문화사 1993.
Max Weber, 김현욱, 『프로테스탄티즘 윤리와 자본주의 정신, 직업으로서의 학문/직업으로서의 정치-사회학 근본개념』, 서울: 동서문화사 2010.
Michael Hortan, 김광남 옮김, 『칼뱅이 말하는 그리스도인의 삶 - 하나님의 주권과 영광』, 서울: 이바서원 2016.

Meeks, M. Douglas, 홍근수 이승무 옮김,『하느님의 경제학』서울: 도서출판 한울, 1998.

Soelle - Sreffensky Dorothee, 박재순 옮김, 「사랑과 노동」, 천안: 한국 신학 연구소, 1992.

Herbert Krimm, *Quellen zur Geschichte der Diakonie* Bd. 2. Reformation und Neuzeit, Stuttgart :
    Evangelisches Verlags.werk 1963.

Gerhard K. Schaefer, Diakonie als "*Schwalter der Armen*"- Zur Diakonie bei Johannes Calvin, in Jähnichen,
    T, Thomas k. Kihn und Arno Lohmann, Calvin entdecken Wirkingsgeschichte -Theologie - Sozialethik,
    Muenster 2010.

IV. 종교개혁자 츠빙글리와 디아코니아

강원돈.『노동윤리의 신학적 근거 – 인간과 노동』. 경기도: 민들레 책방, 2005.

김옥순.『디아코니아 신학 : 섬김과 봉사 –교회의 디아코니아 활동을 위한 신학적 성찰』. 서울: 한들출판사, 2011.

홍주민. "종교개혁과 디아코니아,"「신학연구」46(2004), 265-296.

우병훈. "츠빙글리의 성화론, 그의 신론, 교회론, 국가론과 연결하여,"「한국개혁신학」64(2019), 148-192.

이성덕. "성상(Ikon)은 우상인가 - 성상에 대한 교회사적 고찰,"「대학과 선교」12(2007), 86-98.

이성덕.『이야기 교회사』. 경기도 파주: 살림출판사, 2011.

이은선. "츠빙글리의 목자에 나타난 목회윤리," 강경림, 김재성외 3명『한권으로 읽는 츠빙글리의 신학』. 서울: 세움북스, 2019.

이은선. "츠빙글리의 예술이해 : 성상파괴와 이미지의 활용을 중심으로,"「한국개혁신학」63(2019), 165-211.

이은선. "경제, 복지에 남긴 영향 "종교개혁자들의 경제관과 사회복지,"「기독교학술원」29(2017), 31-50.

오주철.『종교개혁자들의 삶과 신학』. 서울: 한들출판사, 2017.

정미현. "츠빙글리의 마리아론,"「한국조직신학논총」4(1999), 327-339.

정미현. "하나님의 정의와 인간의 정의: 츠빙글리 윤리의 현대적 적용,"「기독교 사회윤리」31(2015), 217-249.

임희국. "16세기 종교개혁자 츠빙글리(H. Zwingli)의 사회윤리에 조명해 본 오늘의 시장경제,"「장신논단」18(2002),
    219-248.

안인섭. "츠빙글리(Ulrich Zwingli: 1484-1531)의 사회 윤리 사상,"「신학지남」86(2019), 165-191.

맥키, 엘시 N.『개혁교회 전통과 디아코니아』. 류태선 옮김. 서울: 한국장로교출판사, 2000.

로게, 요하임. "종교개혁 초기 : 청년 루터, 청년 츠빙글리,"『KGE 교회사 전집 II-3,4』. 황정욱 옮김. 충남 천안: 호서대학교
    출판부, 2015.

게블러, 우리히.『쯔빙글리 그의 생애와 사역』. 박종숙 옮김. 서울: 아가페출판사, 1993.

주도홍.『개혁신학의 뿌리 츠빙글리를 읽다』. 서울: 세움북스, 2020.
츠빙글리, 훌드리히.『츠빙글리 저작선집 1』. 임걸 옮김. 서울: 연세대학교 대학출판문화원, 2014.
츠빙글리,『츠빙글리 저작선집 2』. 임걸 옮김. 서울: 연세대학교 대학출판문화원, 2014.
스티븐스, W.P.『츠빙글리의 생애와 사상』. 박경수옮김. 서울: 대한기독교서회, 2007.
G.K Schaefer/ V.Hermann. "*Geschichtliche Entwichklung der Diakonie von der Alten Kirche bis zur Gegenwart im Ueberblick*", in: V. Hermann/ M. Horstmann (Hg.), Studienbuch der Diakonik Band 1 : biblische, historische und theologische Zugaenge zur Diakonie Neukirchen – Vluyn : Neukirchener Verlag, 2006.
Lee Palmer Wandel. *Always Among Us: Images of the Poor in Zwingli's Zurich*, Cambridge: Cambridge University Press, 2002.
Martin Luther. *D. Luthers Werke: Kritische Gesamtausgabe Bd. 7*, Weimar : Böhlau, 1897.
M.E. Kohler. Diakonie, *Neukirchen – Vluyn : Neukirchener Verlag*, 1995.

V. 웨슬리의 사회성화와 디아코니아

김홍기.『존 웨슬리 신학의 재발견 - 개인적 성화와 사회적 성화의 재조명』. 서울: 대한기독교서회, 1993.
김홍기.『존 웨슬리의 경제윤리』. 서울: 대한기독교서회, 2019.
김홍기.『평신도를 위한 신학 : 역사신학적 조명』. 서울: 이화여자대학교출판부, 2006.
김영선.『존 웨슬리와 감리교 신학』. 서울: 대한기독교서회, 2010.
김진두.『웨슬리와 사랑의 혁명』. 서울: 한들출판사, 2015.
이후정.『성화의 길』. 서울 : 대한기독교서회, 2001.
이성덕. "존 웨슬리의 부에 대한 이해와 메소디스트 공동체의 이상." 「신학논단」84(2016), 39-68.
이찬석. "존 웨슬리의 구원론." 김동춘,『칭의와 정의』. 서울: 새물결플러스, 2017.
유경동.『기독교윤리학』. 경기도 용인시: 킹덤북스, 2015.
박원기.『기독교 사회윤리 : 이론과 실제』. 서울: 이화여자대학교 출판부, 1995.
박창훈.『존 웨슬리, 사회비평으로 읽기』. 서울: 대한기독교서회, 2014.
박득훈.『돈에서 해방된 교회- 교묘한 맘몬 숭배에서 벗어나는 길』. 서울: 포이에마, 2017.
배덕만. "존 웨슬리의 구원론 : 칭의와 성화, 사회적 종교." 김동춘,『칭의와 정의』. 서울: 새물결플러스, 2017.
Adam Smith/ 김수행 옮김.『국부론 상』. 서울: 비봉출판사, 2003.

Max Weber/ 박성수옮김.『프로테스탄티즘의 윤리와 자본주의 정신』. 서울: 문예출판사, 2011.
Theodore Runyon/ 변선환옮김.『웨슬리와 해방신학』. 서울: 전망사, 1987.
John Wesley/ 마경일옮김. "산상설교IV,"『존 웨슬리의 표준 설교집 I - 잠자는 자여 일어나라』. 서울: 도서출판 KMC 2005.
John Wesley/ 한국웨슬리학회. "명목상의 그리스도인."『웨슬리 설교전집 1』. 서울: 대한기독교서회, 2006.
John Wesley/ 한국웨슬리학회. "믿음으로 말미암는 구원."『웨슬리 설교전집 1』. 서울: 대한기독교서회, 2006.
John Wesley/ 한국웨슬리학회. "산상설교VIII."『웨슬리 설교전집 2』. 서울: 대한기독교서회 2006.
John Wesley/ 한국웨슬리학회. "성경적 구원의 길."『웨슬리 설교전집 3』. 서울: 대한기독교서회, 2006.
John Wesley/ 한국웨슬리학회. "돈의 사용."『웨슬리 설교전집 3』. 서울: 대한기독교서회, 2006.
John Wesley/ 한국웨슬리학회. "선한 청지기."『웨슬리 설교전집 3』. 서울: 대한기독교서회, 2006.
John Wesley/ 한국웨슬리학회. "불법의 신비."『웨슬리 설교전집 5』. 서울: 대한기독교서회, 2006.
John Wesley/ 한국 웨슬리학회. "부의 위험성."『웨슬리 설교전집 5』. 서울: 대한기독교서회, 2006.
John Wesley/ 한국웨슬리학회. "우리 자신의 구원을 성취함에 있어서."『웨슬리 설교전집 6』. 서울: 대한기독교서회, 2006.
John Wesley/ 한국웨슬리학회. "완전에 대하여."『웨슬리 설교전집 6』. 서울: 대한기독교서회, 2006.
John Wesley/ 한국웨슬리학회. "부에 대하여."『웨슬리 설교전집 7』. 서울: 대한기독교서회, 2006.
John Wesley/ 한국웨슬리학회. "기독교의 무능함에 대한 원인들."『웨슬리 설교전집 7』. 서울: 대한기독교서회, 2006.
John Wesley/ 한국웨슬리학회. "재물 축적의 위험성에 대하여."『웨슬리 설교전집 7』. 서울 : 대한기독교서회, 2006.
John Wesley/ 한국웨슬리학회. "식량의 현재적 궁핍에 관한 생각."『존 웨슬리 논문집 I』. 서울: 한국웨슬리학회, 2009.
John Wesley/ 한국웨슬리학회. "그리스도인의 완전."『존 웨슬리 논문집 I』. 서울: 한국웨슬리학회, 2009.

Martin Luther. *D. Luthers Werke: Kritische Gesamtausgabe Bd. 7*, Weimar : Böhlau, 1897.
Manfred Marquardt. *John Wesley's Social Ethics - Praxis and Principles* Goettingen : VANDENHOECK & RUPRECHT, 1992.
Schmolz, Werner. "*Gottes Mission und unser diakonischer Auftrag : die Diakonie der Evangelisch-methodistischen Kirche*" Storm Theodor 『*Diakonie in Europa ein internationaler und ökumenischer Forschungsaustausch*』 Heidelberg, Heidelberger Verl.-Anst, 1997.
http://news.khan.co.kr/kh_news/khan_art_view.html?art_id=202002022106015
http://www.hani.co.kr/arti/society/society_general/567730.html

VI. 맺는 말

강원돈. "기독교 경제윤리의 관점에서 본 시장경제의 근본문제들."「기독교 사회윤리」 44 (2019), 9-47.

김주현. "능력주의에 대한 반론-허구, 지배 그리고 평등."「법철학연구」 25 (2022), 27-52.

서정혁. 공정하다는 착각의 이유, 원래는 능력의 폭정. 서울: 커뮤니케이션북스, 2022.

유경동 외. 기독교윤리학사전 - 종교개혁500주년 기념. 경기도 용인시: 킹덤북스, 2021.

워거찬. 성서와 현대사회윤리. 경기도 시흥: 지민, 2014.

한승진, "구약성서를 토한 노동의 사회윤리적 의미,"「정신문화연구」 32 (2019), 166. 165-192.

Sölle, Dorothee. 사랑과 노동:창조의 신학. 박경미 옮김. 서울: 분도출판사, 1999.

Sandel, Michael J. 공정하다는 착각 : 능력주의는 모두에게 같은 기회를 제공하는가. 함규진 옮김. 서울 : 와이즈베리, 2020.

김진희, "위험노동 거부할 수 없는 사회에서 능력주의란?,"『프레시안』, 2021.07.19.,
    https://www.pressian.com/pages/articles/2021071911481998036 (2023년 1월 10일 접속)

이재호, "전교1등 의사를 골라야? 혹 떼려다 붙인 '의협 연구소' 홍보물,"『한겨레』 2020.09.02.,
    https://www.hani.co.kr/arti/society/society_general/960413.html (2023년 1월 11일 접속)

종교개혁과 디아코니아
경제윤리를 중심으로

지은이	이동호
초판 1쇄	2023년 10월 31일
발행처	서로북스
출판등록	2014.4.30 제2014-141호
주소	경기도 파주시 회동길480, A동 407호
홈페이지	www.seoro2.com
이메일	pfpub@naver.com
팩스	0504-137-6584
디자인	구광모

책값은 뒤표지에 있습니다.
ISBN 979-11-87254-48-5 (93230)

ⓒ 서로북스, 2023